BEI GRIN MACHT SICH IHR
WISSEN BEZAHLT

- Wir veröffentlichen Ihre Hausarbeit,
  Bachelor- und Masterarbeit

- Ihr eigenes eBook und Buch -
  weltweit in allen wichtigen Shops

- Verdienen Sie an jedem Verkauf

Jetzt bei www.GRIN.com hochladen
und kostenlos publizieren

Bibliografische Information der Deutschen Nationalbibliothek:

Die Deutsche Bibliothek verzeichnet diese Publikation in der Deutschen National-
bibliografie; detaillierte bibliografische Daten sind im Internet über http://dnb.d-
nb.de/ abrufbar.

Dieses Werk sowie alle darin enthaltenen einzelnen Beiträge und Abbildungen
sind urheberrechtlich geschützt. Jede Verwertung, die nicht ausdrücklich vom
Urheberrechtsschutz zugelassen ist, bedarf der vorherigen Zustimmung des Verla-
ges. Das gilt insbesondere für Vervielfältigungen, Bearbeitungen, Übersetzungen,
Mikroverfilmungen, Auswertungen durch Datenbanken und für die Einspeicherung
und Verarbeitung in elektronische Systeme. Alle Rechte, auch die des auszugsweisen
Nachdrucks, der fotomechanischen Wiedergabe (einschließlich Mikrokopie) sowie
der Auswertung durch Datenbanken oder ähnliche Einrichtungen, vorbehalten.

Impressum:

Copyright © 2015 GRIN Verlag, Open Publishing GmbH
Druck und Bindung: Books on Demand GmbH, Norderstedt Germany
ISBN: 978-3-668-05104-1

Dieses Buch bei GRIN:

http://www.grin.com/de/e-book/306037/legal-highs-ein-neuer-trend-auf-dem-
deutschen-drogenmarkt

Björn Siebler

Legal Highs: Ein neuer Trend auf dem deutschen Drogenmarkt?

Eine rechts- und gesellschaftspolitische Betrachtung

GRIN Verlag

GRIN - Your knowledge has value

Der GRIN Verlag publiziert seit 1998 wissenschaftliche Arbeiten von Studenten, Hochschullehrern und anderen Akademikern als eBook und gedrucktes Buch. Die Verlagswebsite www.grin.com ist die ideale Plattform zur Veröffentlichung von Hausarbeiten, Abschlussarbeiten, wissenschaftlichen Aufsätzen, Dissertationen und Fachbüchern.

Besuchen Sie uns im Internet:

http://www.grin.com/

http://www.facebook.com/grincom

http://www.twitter.com/grin_com

Björn Siebler, LL.M., M.A.

Neue psychoaktive Substanzen („Legal Highs") –
Ein neuer Trend auf dem deutschen Drogenmarkt?
Eine rechts- sowie gesellschaftspolitische Betrachtung
dieser Substanzen

Diese Arbeit widme ich
meinem Großvater
Günther von Essen
sowie
Herrn Prof. Dr. Ohlemacher

I

Vorwort

Die vorliegende Arbeit wurde im Wintersemester 2014 von der Rechtswissenschaftlichen Fakultät der Ruhr Universität in Bochum als Masterarbeit angenommen. Die Abgabe der Masterarbeit erfolgte am 16. Februar 2015. Die vorliegende Arbeit befindet sich auf dem Stand August 2015.

Ich möchte an dieser Stelle den Menschen danken, die zur Entstehung dieser Arbeit beigetragen haben. Folgende Personen sind namentlich hervorzuheben: Meinem Dank geht zunächst an meinem Erstprüfer Herrn Prof. Dr. Behr (Prof. an der Akademie der Polizei Hamburg) sowie an meinem Zweitprüfer Herrn Prof. Dr. Feltes (Professor an der Ruhr-Universität Bochum). Sie standen zu jedem Zeitpunkt für Fragen und für Problemlösungen zur Verfügung und ließen mir in der Gestaltung der vorliegenden Arbeit den erforderlichen Freiraum. Besonders hervorzuheben ist die besondere Flexibilität der beiden Prüfer, da kurz vor der Abgabe mein ursprünglicher Erstprüfer Herr Prof. Dr. Ohlemacher schwer erkrankte und nicht mehr zur Verfügung stand. Die vorliegende Arbeit möchte ich daher Herrn Prof. Dr. Ohlemacher sowie meinem Großvater, der während der Erstellungsphase meiner Masterarbeit verstorben ist, widmen. Herr Prof. Dr. Ohlemacher gab wertvolle Hinweise, die ich in den jeweiligen Vorbesprechungen erhalten habe, die mir das strukturierte Erarbeiten des vorliegenden Themas wesentlich erleichterten. Dafür bedanke ich mich recht herzlich.

Dadurch, dass die vorliegende Arbeit auch empirische Elemente berücksichtigt, möchte ich mich bei allen involvierten Akteuren der niedersächsischen Landesschulbehörde –Regionalabteilung Osnabrück– sehr herzlich bedanken, dass ich bei einer niedersächsischen Schule eine „Vollerhebung" zu dem Thema Legal Highs durchführen durfte. Meinem Dank gilt daher auch den Lehrkräften sowie den Eltern in der Vergleichsschule und insbesondere dem dortigen Förderverein, der die Arbeit durch die Übernahme der Kopierkosten für die ausgehändigten Fragebögen unterstützte.

Zum Abschluss möchte ich meinen Eltern und meiner Großmutter sowie meiner Freundin danken. Auf ihre Unterstützung und Fürsorge, gerade aufgrund den o. g. Umständen, durfte ich jederzeit und in jeder Hinsicht vertrauen. Meinen universitären und beruflichen Werdegang haben sie daher wesentlich geprägt und gefördert.

Hannover, August 2015

Abkürzungsverzeichnis

Abkürzung	Bedeutung
4-MMC	4-Methylmethcathinon
5-MAPB	(1-(benzofuran-5-yl)-*N*-methylpropan-2-amine
A. A.	Andere Ansicht
a. F.	Alte Fassung
Abs.	Absatz
Abschn.	Abschnitt
AEUV	Vertrag über die Arbeitsweise der europäischen Union
AG	Amtsgericht
AMG	Arzneimittelgesetz
Art.	Artikel
Az.	Aktenzeichen
BasisVO	Basisverordnung
BDS	Berufsverbandes Deutscher Soziologen
BGBl.	Das Bundesgesetzblatt
BGH	Bundesgerichtshof
BGHSt	Entscheidungen des Bundesgerichtshofs in Strafsachen
BKA	Bundeskriminalamt
BMG	Bundesministerium für Gesundheit
BMI	Bundesministerium für Inneres
BNatSchG	Bundesnaturschutzgesetz

BtmÄndV	Betäubungskittelrechts-Änderungsverordnung
BtMG	Betäubungsmittelgesetz
Buchst.	Buchstabe
BVerfG	Bundesverfassungsgericht
BVerfGE	Bundesverfassungsgericht-Entscheidungen-
BVerwG	Bundesverwaltungsgericht
CDR	Centre for Drug Research
DGS	Deutsche Gesellschaft für Soziologie
DGUV	Deutsche Gesetzliche Unfallversicherung
Drs.	Drucksache
EG	Europäische Gemeinschaft
EMCDDA	European Monitoring Centre für Drugs and Drug Addiction
EMRK	Europäische Menschenrechtskonvention
EuGH	Europäischer Gerichtshof
EWG	Europäische Wirtschaftsgemeinschaft
FEV	Fahrerlaubnisverordnung
GC-MS	Gaschromatographie-Massenspektrometrie
GBL	Gamma-Butyrolacton
GHB	Gamma-Hydroxybuttersäure
GG	Grundgesetz
GüG	Grundstoffüberwachungsgesetz
GVG	Gerichtsverfassungsgesetz
Hrsg.	Herausgeber

i.V.m.	In Verbindung mit
JWH	John W. Huffmann
LC-MS/MS	Flüssigchromatographie- Tandem Massenspektrometrie
LFGB	Lebensmittel, Bedarfsgegenstände- und Futtermittelgesetzbuch
LG	Landgericht
LKA	Landeskriminalamt
m.w.N	Mit weiteren Nachweisen
MDPV	Methylendioxypyrovaleron
MK	Kultusministerkonferenz
MoSyD	Monitoring- System Drogentrends
NJW	Neue Juristische Woche
NPS	Neue psychoaktive Substanzen
Nr.	Nummer
NRW	Nordrhein-Westfalen
NStZ	Neue Zeitschrift für Strafrecht
NVwZ	Neue Zeitschrift für Verwaltungsrecht
OLG	Oberlandesgericht
OrgKG	Gesetz zur Bekämpfung des illegalen Rauschgifthandels und anderer Erscheinungsformen der Organisierten Kriminalität
OVG	Oberverwaltungsgericht
OzSR	Onlinezeitschrift für Sucht-Recht
PhamR	Pharma Recht
PKS	Polizeiliche Kriminalstatistik

ProdSG	Produktsicherheitsgesetz
QR-Code	Quick Response-Code
RC	Research Chemicals
RdErl.	Runderlass
Rn.	Randnummer
RM	Räuchermischungen
S.	Seite
SCHULBUS	Schüler- und Lehrerbefragungen zum Umgang mit Suchtmitteln
Sog.	Sogenannte
StGB	Strafgesetzbuch
StraFo	Strafverteidiger Forum
StRR	StrafRechtsReport
StV	Strafverteidiger
StVG	Straßenverkehrsgesetz
THC	Tetrahydrocannabinol
u. a.	Unter anderem
UNODC	United Nations Office on Drugs and Crime
VD	Verkehrsdienst
VG	Verwaltungsgericht
Vgl.	Vergleiche
Vorbem.	Vorbemerkung
VRS	Verkehrsrecht-Sammlung
VTabakG	Vorläufiges Tabakgesetz
z. B.	Zum Beispiel

Inhaltsverzeichnis

Tabellenverzeichnis

Abbildungsverzeichnis

1 Einleitung

Drogen und anderweitige Suchtmittel verursachen in Deutschland erhebliche gesundheitliche, soziale und volkswirtschaftliche Schäden. Diese Aussage ist kontinuierlich dem Drogen und Suchtbericht des Bundesministeriums für Gesundheit zu entnehmen. Ende 2014 sowie bereits zum Jahresanfang 2015 berichteten die Medien über sog. „Legal Highs" und darüber, dass es in der Folge deren Konsums zu erheblichen toxikologischen Wirkungen kommen kann, die zum Teil auch zum Tode der Konsumenten führen können. Zu Recht führte der Vizepräsident der Europäischen Kommission für Justiz, Grundrechte und Bürgerschaft daher zu dem Thema „Legal Highs" aus, dass es „ein tödliches und wachsendes Problem"[1] sei. Aufgrund der augenscheinlichen Gefährlichkeit durch die Medienberichterstattung ist das Thema NPS nun auch in den europäischen[2] sowie in nationalen[3] Gremien angekommen, wobei eine effektive Strategie noch fraglich scheint.

Dass das Thema „Legal Highs" nicht nur Europa oder Deutschland betrifft, illustriert NBC-News, sie berichteten, dass im Jahr 2014 in dem Bundesstaat New Hamshire der Ausnahmezustand ausgerufen wurde, weil es dort 44 toxikologische Zwischenfälle in Krankenhäusern gab. Der Grund war der Konsum des synthetischen Marihuana-Produkts „Smacked", das als Duftmischung verkauft wurde.[4] Ein ähnlicher gravierender Zwischenfall in den USA fand bereits im August und September 2013 in den Kliniken der University of Colorado in Aurora und in der Entgiftungsklinik in Denver statt, indem dort insgesamt 263 junge Konsumenten behandelt werden mussten, da sie unter Krampfanfällen, Verwirrung, Herzrasen oder lebensgefährlich verlangsamtem Herzschlag litten. Sieben von ihnen schwebten bei ihrer Einlieferung in Lebensgefahr. Die Ursache war ebenfalls der Konsum von synthetischen Marihuana-Produkten.[5] Die exemplarischen und auch sehr drastischen Fälle auf internationaler Ebene sollen lediglich illustrieren, welche Gefährlichkeit von „Legal Highs" für die Gesundheit der Bevölkerung ausgeht. Die Augsburger Allgemeine bildete dazu passend die folgende Schlagzeile hinsichtlich der zugerechneten Drogenart „Badesalz"

---

[1] http://www.wib.sachsen.de/10097.htm (Stand 23.11.2014).
[2] Näheres zum europäischen Frühwarnsystem und der Gremienbefassung siehe Anlage 1.1.
[3] Näheres zur nationalen Gremienbefassung siehe Anlage 1.2.
[4] http://www.focus.de/panorama/welt/44-faelle-von-ueberdosis-ausnahmezustand-wegen-designerdroge-in-us-staedten_id_4062950.html (Stand 31.08.2014).
[5] Monte, New England Journal of Medicine 2014; 370:389-390.

zu den „Legal Highs": *„Sogar Junkies warnen: So gefährlich ist die neue Psycho-Droge „Badesalz".*[6]

Die vorliegende Masterarbeit widmet sich daher unter Berücksichtigung der interdisziplinären Betrachtung juristischer sowie sozialwissenschaftlicher Art dieses Phänomens. Neben der rechtlichen Dogmatik, wie das Phänomen „Legal Highs" effektiv entgegengetreten werden kann, wird ein wesentlicher Schwerpunkt auf die Konsumerfahrungen, Motivgründe aber gerade auch der Informationsstand in der Bevölkerung über „Legal Highs" sein, um mögliche präventive Defizite aufzudecken. Weiterhin werden die Nebenwirkungen nach dem Konsum von „Legal Highs" erfragt, um daraus möglicherweise einen volkswirtschaftlichen Schaden abzuleiten.

2 Begriffserläuterung und Lagebild

2.1 Begriffserläuterung „Legal Highs"

Bevor eine nähere Betrachtung von NPS erfolgt, muss zunächst definiert werden, was unter Rauschmittel, explizit NPS, zu verstehen ist. Rauschmittel sind mit der menschlichen Geschichte untrennbar verbunden. Sie sind so alt wie die Menschheit. Den Kulturmenschen sind seit Jahrtausenden Drogen bekannt, Wildpflanzen, wie der Cocastrauch, der Hanf und der Schlafmohn, wurden zu Kulturpflanzen domestiziert. In der Zeit der ersten frühen Hochkulturen unterschied man bereits zwischen Pflanzendrogen, animalischen Drogen und Mineraldrogen. Je nach Wirkung und Anwendungsbereich wurden diese den Arzneidrogen, Gewürzdrogen oder Riechstoffen zugeordnet.[7] Die Geschichte der Drogen belegt auch, dass die Menschen auf den Gebrauch nicht verzichten konnten oder wollten, obwohl der Konsum von Drogen mit der Zeit auch erhebliche soziale und individuelle Probleme herbeiführte. Der Rausch gehöre daher, wie Essen, Trinken und Sex zu den fundamentalen Bedürfnissen des Menschen. Je technisierter und funktionaler eine Gesellschaft aufgebaut ist, desto stärker wird das Bedürfnis, aus dieser durch Rauschmittel auszubrechen. Unter Berücksichtigung dieser historischen Betrachtung findet augenscheinlich der Rausch mithilfe des Konsums von „Legal Highs" weitere Verwendung, sodass dieser Fachterminus näher zu erörtern ist.

---

[6] http://www.augsburger-allgemeine.de/panorama/Sogar-Junkies-warnen-So-gefaehrlich-ist-die-neue-Psycho-Droge-Badesalz-id27441752.html (Stand 31.08.2014).
[7] Thamm, S. 26; Schaper S. 100.

Der Begriff „Legal High" wird in der Fachwelt als Zusammenfassung für neue psychoaktive Substanzen (NPS) verwendet. Der englischsprachige Begriff „Legal High" bedeutet im Deutschen „legale Höhenmacher". Eine „Google-Recherche" am 31.1.2015, nach dem Wort „Legal Highs" führte zu ungefähr 7 200 000 Treffern. Eine Recherche nach dem Wort „neue psychoaktive Substanzen" führte lediglich zu einer Trefferzahl von ungefähr 51 600. Diese erhebliche Differenz zeigt deutlich, dass die vorliegende Systematik überwiegend unter dem Begriff „Legal Highs" in der Gesellschaft bekannt ist. Trotz dieses Bekanntheitsgrades unterliegen die Konsumenten einer gravierenden Illusion, sie glauben, dass die Substanzen ungefährlich seien, was gerade nicht der Fall ist (vgl. Abschn. 7.3.7). Bei dem Konsumenten wird durch die geschickte Aufmachung der Verpackungen der Eindruck suggeriert, er konsumiere ein professionell hergestelltes, harmloses Produkt, welches aufgrund seiner vermeintlichen Legalität keine gesundheitsgefährdenden Stoffe enthalte. Daher scheint für die vorliegende wissenschaftliche Diskussion der Begriff „neuartige psychoaktive Substanzen" (NPS) geeigneter, anstatt den Begriff „Legal Highs" zu verwenden und weiterhin den Eindruck der Verharmlosung zu suggerieren.

Der Begriff NPS kann durchaus auch als Synonym für den Begriff „Designer-Drogen" verwendet werden. Designer-Drogen sind nämlich chemische sowie natürliche Substanzen, die durch eine Veränderung der Molekularstruktur einerseits optimiert wirken sollen, andererseits wird damit das Ziel verfolgt, bei der Herstellung und dem Vertrieb strafrechtliche (z. B. betäubungsmittelrechtliche oder arzneimittelrechtliche) Vorschriften zu umgehen.[8] Diesen Zielrichtungen der „Designer-Drogen" unterliegen auch die NPS, da sie keiner Strafbarkeit unterliegen und weiterhin fallen sie häufig nicht gemäß Art. 3 des Ratsbeschlusses 2005/387/JI unter das Einheits-Übereinkommen der Vereinten Nationen über Suchtstoffe von 1961 sowie das Übereinkommen der Vereinten Nationen von 1971 über psychotrope Stoffe.[9] Unter Bezugnahme der historischen Entwicklung von Drogen ist die steigende Anzahl von NPS-Substanzen nicht verwunderlich (vgl. Abschn. 2.2), denn dies ist ein Resultat der ständig wachsenden technischen Fortentwicklung im Bereich der Chemie und Pharmazie.

---

[8] Werse/Eggers, S. 104 (105); Simon, S. 66 (85); Köhler, S. 102; Patzak, in: Körner/Patzak/Volkmer, § 1, Rn. 16, § 95 AMG, Rn. 17, zu Legal Highs vgl. Rn. 18.
[9] Vgl. auch „Drogen im Blickpunkt" http://www.emcdda.europa.eu/publications/drugs-in-focus/responding-to-new-psychoactive-substances (Stand 05.01.2015).

Im Bereich der NPS können drei Unterarten von Produkten festgestellt werden:

➢ Synthetische Cathinonderivate werden auf dem Drogenmarkt als Badesalze, Raumluftverbesserer und Pflanzendünger veräußert und beinhalten die Wirkstoffe wie Mephedron(4-Methylmethcathinon, 4-MMC), MDPV (Methylendioxypyrovaleron), Butylon, Dimethycathinon, Ethcathinon, Ethylon, Fluoromethcathinon, Methedron, Methylon, Pyrovaleron, Methamphetamin („Crystalmeth", „Pervitin") und 3,4-Methylendioxymethamphetamin („Ecstasy").[10] Cathinonderivate ähneln der Wirkung von Amphetamin, haben weiße, beige oder braune kristalline Form,[11] sodass diese Wirkstoffe als Substitut für verbotene Amphetamine (z. B. Crystal) verwendet werden

➢ Synthetische Cannabinoide werden dem Konsument als Kräuter- oder Räuchermischungen veräußert. Sie bestehen aus einem überwiegenden pflanzlichen Anteils, der als Trägerstoff für die Aromazusetze dient. Die künstlichen psychoaktiven Substanzen fungieren als Substitut für Tetrahydrocannabinol (THC), haben aber eine wesentliche stärkere Wirkung als THC.[12]

➢ Oft verwenden die Täter Wirkstoffe aus der medizinisch-pharmalogischen Forschung und davon abgeleitete Substanzen, über die in der wissenschaftlichen Fachliteratur berichtet wird, die teilweise doch unerforscht bleiben (daher die Bezeichnung „Research Chemicals"/Abfallprodukte).

Das Thema NPS wurde In der Bundesrepublik Deutschland erst Ende 2008 durch die Droge „Spice" bekannt, die jedoch Anfang 2009 mit der 22. Novellierung in die Anlage III des BtMG aufgenommen wurde.

---

[10] Glennon/Naimann/Kalix, S. 547 f.;
http://www.google.de/url?sa=t&rct=j&q=&esrc=s&source=web&cd=3&ved=0CC8QFjAC&url=http%3A%2F%2Fwww.bdk-deutschland.de%2Farbeitskreise%2Fak-sucht%2Fak-sucht-downloads%2Fcategory%2F180-downloads-ak-sucht-jahrestagung-2014%3Fdownload%3D796%3A2014-01-24-vortrag-tretter&ei=IggDVO3JHIiL4gTXgoGQBA&usg=AFQjCNEUWfwqm-8irj42clYtVRWQacguVA&bvm=bv.74115972,d.bGE (Stand 31.08.2014).
[11] Mirgel/Nauth, Zeitschrift Deutsche Polizei 2014, S. 21 (22); Karila/Reynaud, Drug Test Anal 2011; 3:552-559.
[12] Ewald/Jacobsen-Bauer/Klein/Uhl, NStZ 2013, S. 265; Schäper/Scheufler, OzSR 2013 S. 1 (3).

4

2.2 Bundesweites und landesweites Lagebild über NPS

Der aktuelle Weltdrogenbericht 2014 des Büros für Drogen und Kriminalitätsbekämpfung der Vereinten Nationen (UNODC) illustriert, dass sich die Anzahl der angebotenen NPS-Substanzen im Zeitraum 2009 bis 2013 verdoppelt hat und bereits 348 unterschiedliche Varianten von diesen Substanzen festgestellt werden konnten. Von diesen 348 Substanzen unterfallen lediglich 234 Substanzen dem Einheits-Übereinkommen der Vereinten Nationen von 1961 über Suchtstoffe sowie dem Übereinkommen der Vereinten Nationen von 1971 über psychotrope Stoffe (115 Substanzen).[13] Das aktuelle Lagebild 2015 der EMCDDA zeigt deutlich, dass im Jahr 2014 europaweit 101 neue psychoaktive Substanzen festgestellt wurden. Dieser Wert stellt den höchsten Wert gegenüber den anderen Jahren dar.[14]

Abbildung 1: Entwicklung von NPS Substanzen von 2005-2014 in Europa[15]

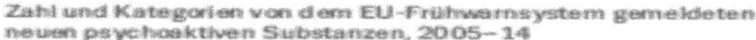

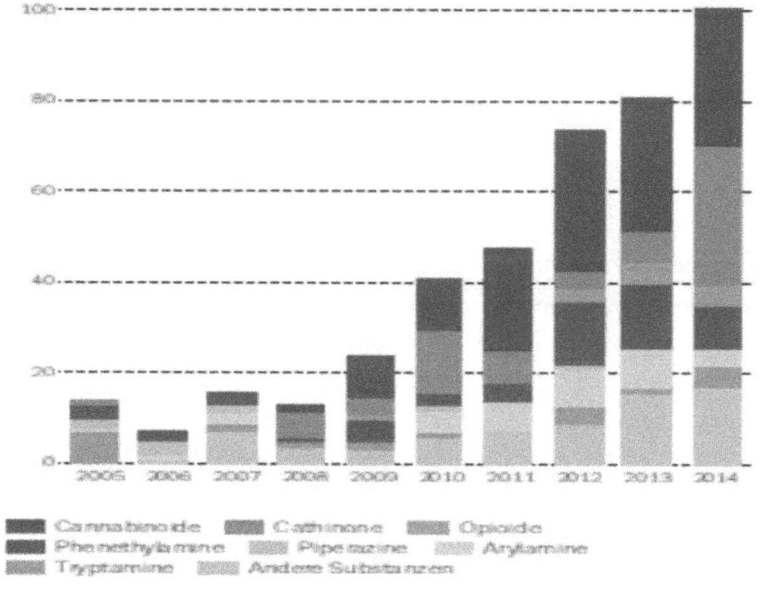

---

[13] http://www.unodc.org/documents/wdr2014/World_Drug_Report_2014_web.pdf   S.   51   (Stand 06.01.2015).
[14] Europäischer Drogenbericht 2015, S. 32.
[15] Europäischer Drogenbericht 2015, S. 33.

Ein parallel verlaufender Trend ist daher auch die steigende Sicherungsmenge von NPS, wie die nachfolgende Abbildung sehr anschaulich illustriert.

Abbildung 2: Sicherstellungsmengen von NPS in Europa[16]

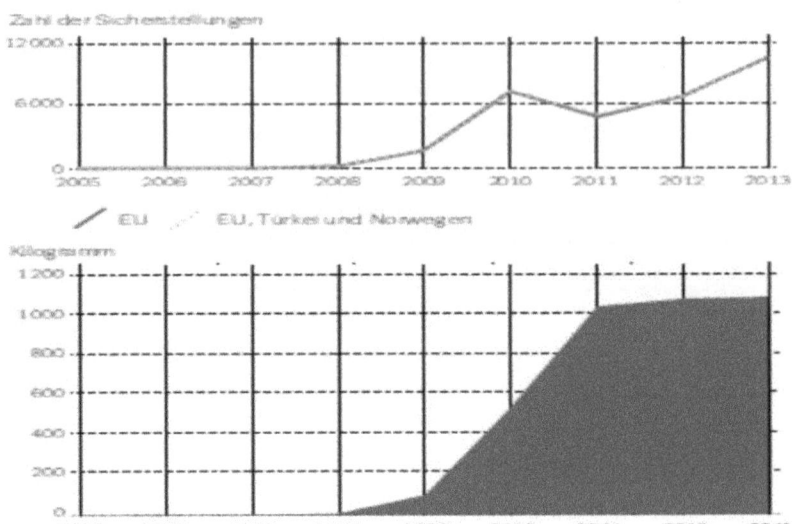

Eine nationale statistische Erhebung von Vorfällen im Zusammenhang von NPS, sei es im Rahmen der Strafverfolgungsbehörde oder im Gesundheitswesen (z. B. bei den Krankenkassen) werden mangels entsprechenden Summenschlüsseln nicht vorgehalten (vgl. Abschn. 7.3.9). Aufgrund dieser fehlenden Erfassung wurde im Rahmen der vorliegenden Arbeit festgestellt, dass das Thema NPS bei den Krankenkassen nicht bekannt ist.[17] Weiterhin konnte im Bereich der Strafverfolgungsbehörden festgestellt werden, dass eine mögliche Erfassung von NPS unter das vorläufige Tabakgesetz[18] oder unter das LFGB[19] nicht möglich ist, sondern in der Polizeilichen Kriminalstatistik (PKS) unter dem „PKS-Auffangschlüssel" 720079 „Sonstige strafrechtliche Nebengesetze" erfasst werden könnte. Diese Erfassungsmodalität führt jedoch zu dem Nachteil, dass in diesem Schlüssel ebenfalls andere Drogenmiss-

---

[16] Europäischer Drogenbericht 2015, S. 32.
[17] Vgl. Punkt 7.3.8 und Anlage Nr. 5.1.
[18] Vgl. Nr. 3.3.
[19] Vgl. Nr. 3.4.

bräuche subsumiert werden könnten, die nicht im Kontext mit NPS stehen. Eine verlässliche Analyse ist aufgrund der kumulierten Erfassungsformen nicht möglich.

Schlussendlich kann festgestellt werden, dass eine fundierte Datenbasis (bundes-
sowie landesweit) über NPS in Deutschland nicht existent ist, trotz ihrer augenscheinlichen Gefährlichkeit, wie später zu ersehen sein wird.

Um jedoch ein bedingtes nationales Lagebild über NPS abbilden zu können, wurde
seit dem August 2014 ein sog. „Google-Alert" vom Verfasser generiert. Google such-
te daher täglich nach neuen veröffentlichten Artikeln im Internet, in denen das Wort
„Legal Highs" vorzufinden war. Die daraus erhaltenen Befunde spiegeln vermutlich
nur einen Bruchteil der Vorfälle mit NPS wider, wobei aber durchaus festzustellen ist,
dass die Printmedien gerade in dem Bereich NPS sensibilisiert waren und dementsprechend berichteten und das Wort „Legal Highs" verwendeten. Auf der Grundlage
der veröffentlichen Berichterstattungen im Internet konnten wesentliche Schwerpunk-
te in der *Mitte und im Süden Deutschlands* festgestellt werden. Diese Vermutung
wurde ebenfalls von dem Göppinger Psychiater Hermle bei einer Fachveranstaltung
in Stuttgart bestätigt. Die meisten Todesfälle seien im Südwesten Deutschlands zwischen 2011 und Anfang 2014 zu verzeichnen (9 Todesfälle aufgrund von NPS[20]).
Dabei verwundert jedoch, dass das Bundesministerium für Gesundheit seit 2010 weiterhin insgesamt 20 Todes- und rund 500 Vergiftungsfälle in Deutschland gezählt
hatte, die auf „Legal Highs" zurückzuführen waren.[21] Aktuelle Zahlen des Bundeskri-
minalamts (BKA), über Fallzahlen oder Todesfälle oder sonstigen Erkenntnisse im
Kontext mit NPS, konnten für die vorliegende Arbeit mangels Auskunftsbereitschaft
bei dem Bundesministerium für Inneres (BMI) nicht einbezogen werden.[22] Die einzelnen Sachverhalte aus dem Internet („Google-Alert") sind wie folgt:

Im November 2014 verstarb eine 23-jährige Frau in Thüringen, nachdem sie NPS
konsumiert hatte. Wenige Tage später schwebte ein 32-jähriger Thüringer in Lebensgefahr.[23]

---

[20]   http://www.n-tv.de/wissen/Legal-Highs-sind-hochgefaehrlich-article13998526.html   (Stand:
01.12.2014).
[21]   http://www.pharmazeutische-zeitung.de/index.php?id=55193;   http://www.n-tv.de/wissen/Legal-
Highs-sind-hochgefaehrlich-article13998526.html (Stand: 27.11.2014)
[22] Vgl. Anlage 5.3.
[23]   http://www.finanznachrichten.de/nachrichten-2014-11/32150994-drogenbeauftragte-mortler-will-
schnelles-verbot-von-legal-highs-003.htm (Stand 01.12.2014).

Baden-Württemberg konnte im Jahr 2014 sechs Tote im Zusammenhang mit dem Konsum von NPS feststellen.[24]

Sehr auffällig ist die gravierende Zunahme von Vorfällen in Rheinland-Pfalz in den letzten Monaten festzustellen. Das Bundesland weist flächendeckend kontinuierliche Meldungen auf. Am 27.11.2014 hatte ein 18-Jähriger Kräutermischungen geraucht und kollabierte daraufhin, sodass er zu diesem Zeitpunkt in Lebensgefahr schwebte. Die Printmedien illustrierten den Sachverhalt wie folgt: *„Muss denn erst ein Kind sterben?"*[25] Das Trier-Klinikum berichtete seit dem Schulbeginn 2014 von 14 Intoxikationen jugendlicher Personen.[26] Diese Umstände führten dazu, dass bereits das LKA Rheinland-Pfalz vor dem Konsum von NPS öffentlich gewarnt hat.[27] Es sei ebenfalls in den letzten zwei Jahren zu 60 Fällen gekommen, bei denen insgesamt 89 Personen aufgrund NPS Konsum ärztlich sowie notärztlich behandelt werden mussten. In Rheinland-Pfalz seien ebenfalls mehrere Todesfälle im Jahr 2014 bekannt, wobei eine konkrete Zahl nicht ermittelt werden konnte.

In Bayern verstarb ein 28Jähriger im Jahr 2014, der als „Kiffer" bekannt war, ebenfalls an dem ausschließlichen Konsum von NPS.[28] Als möglichen regionalen Schwerpunkt können Augsburg und Würzburg[29] festgestellt werden. Bereits am 7.9.2014 hatte eine Mutter ihre beiden Söhne bewusstlos in ihrem Kinderzimmer vorgefunden. Diese hatten im Vorfeld NPS konsumiert.[30]

In Saarland verstarb ein 36jähriger nach dem Konsum einer Räuchermischung, wobei der Verstorbene in der Vergangenheit vermehrt Cannabis konsumiert hatte.[31]

Aber nicht nur die südlichen Bundesländer sind augenscheinlich betroffen, sondern NPS ist bereits auch in den nördlichen Bundesländern vorgedrungen. In Niedersachsen wurde im Jahr 2014 zwei polizeiliche Todesfälle im Zusammenhang mit NPS

---

[24] http://www.rtf1.de/news.php?id=5252 (Stand 14.01.2015).
[25] http://www.volksfreund.de/nachrichten/region/rheinlandpfalz/rheinlandpfalz/Heute-im-Trierischen-Volksfreund-Muss-denn-erst-ein-Kind-sterben-Hilferuf-einer-Mutter-Sohn-wegen-gefaehrlicher-Kraeutermischung-auf-Intensivstation;art806,4019083 (Stand 06.01.2015).
[26] http://www.volksfreund.de/nachrichten/welt/mehrwert/aktuell/Heute-im-Volksfreund-Kampf-gegen-gefaehrliche-Kraeuter;art8049,4058311 (Stand 01.12.2014).
[27] http://www.nr-kurier.de/artikel/35356-das-landeskriminalamt-warnt-eindringlich-vor-legal-high-drogen (23.01.2015).
[28] http://www.abendzeitung-muenchen.de/inhalt.kraeutermischung-badesalz-herbal-ecstasy-legal-high-muenchner-stirbt-nach-konsum-der-raeuchermischung.7ba87f59-5ad5-44a3-886d-a867c1c81626.html (Stand 30.08.2014).
[29] Dargestellte Vergiftungsfälle http://www.mainpost.de/regional/franken/mosaik;art1727,8512917 (Stand 14.01.20115).
[30] http://www.augsburger-allgemeine.de/dillingen/Gefaehrliche-bunte-Tuetchen-id31241152.html (Stand 01.12.2014).
[31] Weidig, Blutalkohol 2013, S. 57 (58).

bekannt. Eine Person verstarb an der Substanz „5-MAPB", einem amphetamin-ähnlichen Stoff, der nicht dem BtMG unterliegt.

Aus Schleswig-Holstein wurde ein 18- und ein 22-Jähriger notärztlich nach dem Konsum von Kräutermischungen behandelt.[32] Die Substanzen wurden über das Internet erworben.

Auch wenn die Berichterstattungen aus dem Internet marginal erscheinen, ist ein erhebliches Dunkelfeld gerade bei den Intoxikationen zu vermuten, da viele Mediziner die Symptome, die NPS hervorrufen, nicht kennen und daher nicht entsprechend melden. Bereits die aufgezeigte Todesfällen sollte dem Leser nachdenklich stimmen, da die Dunkelziffer wohl weitaus höher sein wird.

3 Juristischer Diskurs über NPS

Eine rechtliche Bedeutsamkeit von NPS wurde mit dem EuGH-Urteil[33] im Jahr 2014 wieder virulent und bedarf im vorliegenden Kapitel einer Erörterung, weil dieses Urteil durchaus zu „Folgeschäden" in der Gesellschaft führen könnte.

Der Europäische Gerichtshof (EuGH) illustrierte in seinem Urteil, dass die Herstellung und der Handel mit NPS nicht dem Arzneimittelgesetz (AMG) unterliegt, da das AMG gerade Substanzen erfasst, die eine pharmakologische Wirkung haben, den Gesundheitszustand wiederherstellen, korrigieren oder zu einer heilenden oder verhütenden Wirkung führen und nicht ausschließlich konsumiert werden, um einen berauschenden Zustand zu erhalten. Der EuGH führte diesbezüglich aus: *„[Substanzen] deren Wirkungen sich auf eine schlichte Beeinflussung der physiologischen Funktionen beschränken, ohne dass sie geeignet wären, der menschlichen Gesundheit unmittelbar oder mittelbar zuträglich zu sein, die nur konsumiert werden, um einen Rauschzustand hervorzurufen, und die dabei gesundheitsschädlich sind"* fallen nicht unter das AMG.[34] Ein Einbezug der Substanzen unter das Betäubungsmittelgesetz (BtMG) kann dagegen nur erfolgen, wenn diese in der Anlage I-III einbezogen wurden. In dieser Konstellation spricht man von einem sog. „Hase/Igel-Prinzip". Dies meint, dass ein Wettlauf zwischen Verkäufern, Strafverfolgern und dem Gesetzgeber besteht, da die Hersteller ihre NPS-Produkte stets geringfügig chemisch verändern

---

[32] http://www.02elf.net/rechtswesen/kripo-warnt-vor-konsum-von-kraeutermischungen-879355 (Stand 14.01.2015).
[33] EuGH, Urteil vom 10.07.2014, Az. C-358/13 und C181/14.
[34] EuGH, Urteil vom 10.07.2014, Az. C-358/13 und C181/14.

oder völlig neue Substanzen auf dem Markt anbieten, damit ihre Substanzen nicht in die Anlagen I-III des BtMG einbezogen werden und daher nicht in die Strafbarkeit fallen.[35] Bereits jetzt wird erkennbar, dass das EuGH-Urteil augenscheinlich eine strafrechtliche Regelungslücke geschaffen hat, da vor dem EuGH-Urteil die Strafverfolgungsbehörden eine Strafbarkeit nach dem AMG annahmen, vorausgesetzt das BtMG war nicht anwendbar. Diese vorliegende kursorische Illustration der rechtlichen Problematik über NPS wird nachfolgend näher verifiziert, um eine entsprechende juristische Lösung darzustellen, wie das Problem „NPS" effektiv entgegentreten werden könnte.

3.1 Aus der Sicht des Betäubungsmittelgesetzes

Das BtMG, welches aus dem Opiumgesetz im Jahr 1972 entstanden ist, hat einen doppelten Zweck: die notwenige medizinische Versorgung der Bevölkerung sicher zu stellen und daneben den Missbrauch von Betäubungsmitteln sowie dem Entstehen oder Erhalten der Betäubungsmittelabhängigkeit entgegenzuwirken. Um diesen Prinzipien gerecht zu werden, wurde am 15.7.1992 durch Art. 2 Nr. 1 OrgKG eine sog. Eil- oder Dringlichkeitsverordnung in § 1 Abs. 3 BtMG implementiert. Das Bundesministerium für Gesundheit (BMG) kann ab diesem Zeitpunkt neue Substanzen (für ein Jahr)[36] in die Anlage I-III aufnehmen, ohne den Bundesrat zu beteiligen und ohne Anhörung eines Sachverständigenausschusses, wenn dies für die Sicherheit oder zur Kontrolle des Betäubungsmittelverkehrs oder ein unverzügliches Handeln zum Wohle der Volksgesundheit notwendig ist.[37] Bereits in der Einleitung zu dem Kapitel 3 wurde das „Hase/Igel-Prinzip" angesprochen. Durch die Verordnungsermächtigung gemäß § 1 Abs. 3 BtMG wird versucht, dieses Prinzip auf ein Minimum zu reduzieren und schnell agieren zu können, damit neue Substanzen schnellstmöglich in den Anlagen I-III erfasst werden (vgl. 28. BtMÄndV, indem 32 gängige NPS-Wirkstoffe den Bestimmungen des BtMG unterstellt wurden).[38] Es ist davon auszugehen, dass die Hersteller schon vor dem Inkrafttreten der 28. BtMÄndV reagieren und die nun betäubungsmittelrechtlich erfassten Stoffe durch anderweitige Wirkstoffe mit einem ver-

---

[35] Mirgel/Nauth, Zeitschrift Deutsche Polizei 2014, S. 21 (22).
[36] Eine solche Verordnung tritt jedoch nach Ablauf eines Jahres außer Kraft, § 1 Abs. 3 S. 2 BtMG, so dass innerhalb dieser Zeit die Aufnahme nach § 1 Abs. 2 BtMG erfolgen muss.
[37] Patzak, in: Körner/Patzak/Volkmer, § 1 BtMG, Rn. 31.
[38] http://www.deutsche-apotheker-zeitung.de/politik/news/2014/10/15/verbot-fuer-32-neue-psychoaktive-substanzen/14061.html (Stand 01.12.2014).

gleichbaren Wirkungsspektrum ersetzt haben.[39] Die dogmatische Schwäche des BtMG ist daher der ausschließliche Einbezug von individuellen Substanzen, die sich die Hersteller, aber auch Händler zunutze machen. Aufgrund der Unflexibilität des BtMG in zeitlicher sowie auch in dogmatischer Hinsicht wird aktuell eine Lockerung des verfassungsrechtlichen „Bestimmtheitsgebot" diskutiert, um den Einbezug von ganzen Stoffgruppen in das BtMG zu ermöglichen und so alle NPS erfassen zu können.[40] Es stellt sich daher zunächst die Frage, ob eine Ergänzung des Enumerationsprinzips angezeigt ist, um die Einführung einer generischen Klassifizierung zumindest einzelner Stoffgruppen und somit die Erweiterung der Strafbarkeit auf die Herstellung und den Besitz von Derivaten der Ausgangssubstanzen mit dem rechtsstaatlichen Bestimmtheitsgebot in Einklang zu bringen und so eine neue Möglichkeit der Sanktionsform für NPS zu ermöglichen.

3.1.1 Bedeutung des Bestimmtheitsgrundsatzes

Das Bestimmtheitsgebot wird auf verfassungsrechtlicher Ebene aus Art. 103 Abs. 2 GG und den dort verbrieften Grundsätzen der Tatbestandsbestimmtheit „nullum crimen sine lege" und der Strafandrohungsbestimmtheit „nulla poena sine lege" entwickelt.[41] Darüber hinaus findet sich dieses Gebot in Art. 49 Europäische Grundrechtecharta, in dem Art. 7 Abs. 1 EMRK und im einfachen nationalen Recht in § 1 StGB wieder. Das Bestimmtheitserfordernis hat den Zweck einer zunächst freiheitssichernden Funktion. Niemand darf in die Gefahr einer Bestrafung geraten, wenn die entsprechende Strafnorm nicht bereits im Zeitpunkt der Tatbegehung erlassen und in Kraft getreten ist. Die Anforderungen an die Bestimmtheit von Strafgesetzen (u.a. das BtMG) sind wegen Art. 103 Abs. 2 GG höher als in anderen Rechtsgebieten, die die Grundrechtsausübung weniger tangieren.[42] Eine nähere Betrachtung des Bestimmtheitserfordernisses führt weiterhin zu einer zweiteiligen Unterscheidung:

> ➤ Eine Schutzfunktion für den einzelnen Rechtsunterworfenen und
>
> ➤ eine kompetenzrechtliche Seite, die allein dem Gesetzgeber, nicht der Exekutive oder Judikative die Festlegung der Strafbarkeit eines Verhaltens zuweist.[43]

---

[39] Ewald/Jacobsen-Bauer/Klein/Uhr, NStZ 2013, S. 265.
[40] Vgl. vor allem Rössner/Voigt.
[41] Schmidt-Aßmann, in: Maunz/Düring, Art. 103 Abs. 2 GG, Rn. 178.
[42] BVerfGE 62, 203 (210); 58, 257 (277 f.); BVerfG, NJW 1998, 669 (670).
[43] Schmidt-Aßmann, in: Maunz/Düring, Art. 103 Abs. 2 GG, Rn 179 f.

Die Schutzkomponente gegenüber dem Individuum soll den individuellen Rechtsunterworfenen vor und bei seinem Handeln vergewissern können, ob dieses Tun unter Strafe steht oder nicht.[44] Damit schützt der Bestimmtheitsgrundsatz die grundrechtlich verbürgten Freiheiten.[45] Das BVerfG führte diesbezüglich wie folgt aus: *„Art. 103 Abs. 2 GG gewährleistet, dass eine Tat nur bestraft werden kann, wenn die Strafbarkeit gesetzlich bestimmt war, bevor die Tat begangen wurde. Dies verpflichtet den Gesetzgeber, die Voraussetzungen der Strafbarkeit so genau zu umschreiben, dass Tragweite und Anwendungsbereich der Straftatbestände für den Normadressaten schon aus dem Gesetz selbst zu erkennen sind und sich durch Auslegung ermitteln und konkretisieren lassen.[46] Das Grundgesetz will auf diese Weise sicherstellen, dass jedermann sein Verhalten auf die Strafrechtslage eigenverantwortlich einrichten kann und keine unvorhersehbaren staatlichen Reaktionen befürchten muss.[47] Mit der strengen Bindung der strafenden Staatsgewalt an das Gesetz gewährt das Bestimmtheitsgebot Rechtssicherheit und schützt zur Wahrung ihrer Freiheitsrechte das Vertrauen der Bürger, dass der Staat nur dasjenige Verhalten als strafbare Handlung verfolgt und bestraft, das zum Zeitpunkt der Tat gesetzlich bestimmt war."[48]*

Die kompetenzbegrenzende Funktion hat die Aufgabe, die Strafgewalt des Staates zu begrenzen. Das strafwürdige Verhalten soll nur durch die unmittelbar nach Art. 38 GG legitimierte Legislative festgelegt werden.[49] Der Gesetzgeber muss selbst über den Umfang der Strafbarkeit bestimmen. Der Funktion kommt daher eine Art Selbstkontrolle der Legislative über ihr bevorstehendes Handeln zu.

3.1.2 Bestimmtheitsgebot vs. Blanketttatbeständen

Unter Berücksichtigung der allgemeinen Ausführungen zum Bestimmtheitsgebot stellt sich die Frage, ob eine Auflockerung des BtMG zum Nachteil der zugesprochenen Schutzfunktion möglich ist. Die Diskussion über die Lockerung des Bestimmtheitsgrundsatzes wurde durch ein Rechtsgutachten der Philipps-Universität Marburg, beauftragt durch das Bundesministerium für Gesundheit (BMG), in die dogmatische Diskussion eingeführt, denn so würde es möglich, Stammsubstanzen mithilfe des

---

[44] BVerfGE 25, S. 269 (285); 45, S. 363 (370).
[45] Schmidt-Aßmann, in: Maunz/Düring, Art. 103 Abs. 2 GG, Rn. 179.
[46] BVerfGE 41, 314 (319); 47, 109 (120); 55, 144 (152); 73, 206 (234); 75, 329 (340); 78, 374 (381 f.).
[47] BVerfGE 41, 314 (319); 45, 346 (351); 47, 109 (120); 48, 48 (56); 64, 389 (393 f.); 85, S. 69 (72 f.).
[48] BVerfGE 95, S. 96 (130 f.).
[49] BVerfGE 47, 109 (120); Schmidt-Aßmann, in: Maunz/Dürig, Art. 103 Abs. 2 GG, Rn 180; Pieroth, in: Jarass/Pieroth, Art. 103 GG, Rn. 51; Schulze-Fielitz, in: Dreier, Art. 103 Abs. 2 GG, Rn. 38.

Bestimmtheitsgrundsatzes grundsätzlich mit einzubeziehen.[50] Ein Vorschlag dieses Gutachtens ist u. a. eine neue Ermächtigungsgrundlage (§ 1 Abs. 5 BtMG) als Anlage IV „Betäubungsmittel ähnliche bzw. verwandte Substanzen" in das BtMG einzubeziehen. In die Anlage IV soll nicht mehr ein konkreter Stoff, sondern eine Stoffgruppe einschließlich deren Derivate dem BtMG unterstellt werden.[51] Denn angesichts der vielfältigen Bandbreite an synthetischen Cannabinoiden ist die bisher angewandte Strategie neue, raucherzeugende und dementsprechend unerwünschte Substanzen möglichst schnell in die Anlagen des BtMG aufzunehmen und einer umfassenden Kriminalisierung zu unterziehen, gescheitert.[52] Weiterhin hätte das Einbeziehen von Stoffgruppen den Vorteil, dass im Bereich der Analyse der vorzufindenden Stoffe keine umfänglichen Untersuchungen durchgeführt werden müssten, weil durch das Einbeziehen von Hauptgruppen dies nicht mehr notwendig scheint.[53] Das Einbeziehen einer Anlage IV[54] führt jedoch zu einem dogmatischen Dilemma, weil auf der einen Seite individuelle Substanzen in den Anlagen I-III und ganze Stoffgruppen in der Anlage IV aufgeführt werden. Das Gutachten weißt aber durchaus interessante Ansätze aus, die für eine Berücksichtigung einer Anlage IV "Betäubungsmittel ähnliche bzw. verwandte Substanzen", gerade unter Hinzuziehung von ausgewählten BVerfG-Rechtsprechungen, sprechen können. Das BVerfG führt in diesem Kontext wie folgt aus:

„a) [...] Prinzipiell muß der Normadressat mithin anhand der gesetzlichen Regelung voraussehen können, ob ein Verhalten strafbar ist; in Grenzfällen geht er dann, für ihn erkennbar, das Risiko einer Bestrafung ein. Beides ist nur möglich, wenn in erster Linie der für den Adressaten verstehbare Wortlaut des gesetzlichen Straftatbestandes maßgebend ist. Führt erst eine über den erkennbaren Wortsinn der Vorschrift hinausgehende Interpretation zu dem Ergebnis der Strafbarkeit eines Verhaltens, so kann dies nicht zu Lasten des Bürgers gehen.[55] [...]
b) Eine Strafe kann nach Art. 103 Abs. 2 GG nur aufgrund eines förmlichen Gesetzes oder aufgrund einer Rechtsverordnung verhängt werden, die im Rahmen einer nach Inhalt, Zweck und Ausmaß derart bestimmten gesetzlichen Ermächtigung ergangen

---

[50] Rössner/Voigt, S. 24.
[51] Rössner/Voigt, S. 46 f.
[52] Nobis, NStZ 2012, S. 422; Krumdiek, StRR 2011, S. 213 (216).
[53] Schäper/Scheufler, OzSR 2013, S.1 (2).
[54] Wobei Substanzen für Forschungszwecke oder für die Industrie ausgenommen werden müssten.
[55] BVerfGE 47, 109 (121, 124); 64, 389 (393).

ist. Die Voraussetzungen der Strafbarkeit und die Art der Strafe müssen für den Bür-
ger schon aufgrund des Gesetzes, nicht erst aufgrund der hierauf gestützten Verord-
nung voraussehbar sein.[56] Nach Art. 104 Abs. 1 Satz 1 GG hat der Gesetzgeber
beim Erlaß einer Strafvorschrift, die Freiheitsstrafe androht, mit hinreichender Deut-
lichkeit selbst zu bestimmen, was strafbar sein soll, und Art und Maß der Freiheits-
strafe im förmlichen Gesetz festzulegen. Wird der Straftatbestand eines Blankett-
strafgesetzes durch ein anderes förmliches Gesetz ergänzt, kann bei der Normierung
des Blankettstrafgesetzes auf die ausfüllende Norm verwiesen werden. Erfolgt die
Ergänzung eines Blankettstrafgesetzes jedoch durch eine Rechtsverordnung, so ge-
nügt eine derartige Verweisung nicht; vielmehr müssen zugleich die Voraussetzun-
gen der Strafbarkeit sowie Art und Maß der Strafe entweder im Blankettstrafgesetz
selbst oder in einer anderen gesetzlichen Vorschrift, auf die das Blankettstrafgesetz
Bezug nimmt, hinreichend deutlich umschrieben werden. Dem Verordnungsgeber
dürfen lediglich gewisse Spezifizierungen des Straftatbestandes überlassen werden.
Dies ist vor allem gerechtfertigt, wenn wechselnde und mannigfaltige Einzelregelun-
gen erforderlich werden können.[57]

c) Der Gesetzgeber muß die Strafbarkeitsvoraussetzungen allerdings um so genau-
er festlegen und präziser bestimmen, je schwerer die von ihm angedrohte Strafe ist.
Das Gebot der Bestimmtheit des Gesetzes darf indes auch dann nicht übersteigert
werden; die Gesetze würden sonst zu starr und kasuistisch und könnten dem Wandel
der Verhältnisse oder der Besonderheit des Einzelfalles nicht mehr gerecht werden.
Diese Gefahr läge nahe, wenn der Gesetzgeber stets jeden Straftatbestand bis ins
letzte ausführen müßte.[58]" Unter Berücksichtigung der jeweiligen BVerfG-
Rechtsprechung und dem Ecstasy-Urteil des BVerfG[59] könnte ein Einbezug von
Substanzgruppen durchaus konstruiert werden, wenn der Täter sich aufgrund seines
sachlichen Fachverstands überblickt, welche Substanzen unter der jeweiligen Sub-
stanzgruppe zu subsumieren sind. Der BGH hatte daher im Kontext mit dem Bestimmtheitsgebot bzgl. den Blankettgesetzen auf einen sachkundigen Täter abgestellt. Hinsichtlich des sachkundigen Täters führte der BGH in seinem Artenschutzfall,
wie folgt aus: *„Der deutsche Gesetzgeber hat mit der Beschreibung der Tathandlun-*

---

[56] Vgl. Art. 80 Abs. 1 Satz 2 GG; BVerfGE 14, 174 (185 f.).
[57] BVerfGE 14, 174 (185 ff.); 14, 245 (251); 22, 21 (25); 23, 265 (269).
[58] BVerfGE 14, 245 (251); 48, 48 (56 f.).
[59] BVerfG, NJW 1998, 699 f.

gen in § 30 a[60] in Verbindung mit § 30 Abs. 1 Nr. 3 BNatSchG einerseits und der Bezeichnung der vom Aussterben bedrohten Tierarten als Tatobjekt (§ 30 a Abs. 2 BNatSchG) andererseits die Voraussetzungen der Strafbarkeit selbst hinreichend deutlich umschrieben (vgl. BVerfGE 75, S. 343). Auch ohne Verweisung auf die Verordnung (EWG) Nr. 3626/82 wäre der so umschriebene Straftatbestand bereits aus sich heraus verständlich. Das Tatbestandsmerkmal der Zugehörigkeit der Tiere zu einer "vom Aussterben bedrohten Art" knüpft an beweisbare Tatsachen an. Sie sind dem interessierten Normadressaten grundsätzlich zugänglich. Dies gilt insbesondere für sachkundige Personen, die im Sinne des § 30 a BNatSchG gewerbs- oder gewohnheitsmäßig handeln,....'[61] Werden diese hervorgehobenen Argumente des BGH auf den normalen Konsumenten von NPS subsumiert, ist es bereits offenkundig, dass der Konsument in der Vielzahl von Fällen nicht überblicken kann, welche Substanzen sich in den Verpackungen befinden, auch wenn die Substanzgruppen erfasst würden, fehlt in der Vielzahl der Fälle die Bezeichnung der Inhaltsstoffe auf den Verpackungseinheiten. Lediglich bei den Research Chemicals wird häufig der Inhaltsstoff angegeben. Weiterhin ist es daher mehr als fraglich, dass dies weiterhin an beweisbare Tatsachen anknüpft, überwiegend auch in subjektiver Hinsicht, da der Konsument weiß, dass es sich um verbotene Stoffe nach dem BtMG handelt und daher ein Tatbestandsirrtum durchaus gemäß § 16 StGB denkbar ist.[62] In den häufigsten Fällen kommt es dem Konsumenten auf einen Rauschzustand an. Die eigentliche Zusammensetzung ist für den Konsumenten nur sekundär, jedoch ist gerade dieser Umstand tatbestandsrelevant für das BtMG. Eine Zugänglichkeit der umfassenden Informationen hinsichtlich der Inhaltsstoffe von NPS ist daher dem normalen Konsumenten nicht zuzumuten, da eine molekulare Untersuchung erst den wahren Inhalt offenbart. Unter Berücksichtigung des BGH-Urteils hinsichtlich des sachkundigen Täters ist es nachvollziehbar, eine Strafbarkeit zu begründen und eine Parallelität anzunehmen, da ein sachkundiger Täter gegenüber einem Unwissenden keiner besonderen Schutzbedürftigkeit unterliegt. In Anbetracht dieser Erwägungen kann einer Ausdehnung des Bestimmtheitsgebots gerade zum Wohle der normalen Konsumenten nicht zugestimmt werden, da in vielen Fällen der Tatbestand, gerade der

---

[60] Seit dem 3.4.2002 außer Kraft.
[61] BGH, Beschluss vom 16. August 1996 – 1 StR 745/95 –, BGHSt 42, 219-225, Rn. 16.
[62] Dazu umfassend Oglakcioglu, StV 2013, S. 720 f.

subjektive Tatbestand, nicht erfüllt sein wird.[63] Die meisten Ermittlungsverfahren werden wohl aufgrund des „in dubio pro reo"-Grundsatzes eingestellt werden. Aus Verteidigersicht wäre dem potentiellen Mandanten zu raten, aufgrund der Vielfalt der NPS auf die Unwissenheit abzustellen, sodass die vorsätzliche Begehungsweise und daher schlussendlich eine Straflosigkeit die Konsequenz wäre. Eine mögliche fahrlässige Strafbarkeit vgl. § 29 I, IV BtMG ist nur bei einem besonderen Personenkreis (z. B Hersteller, Prozent) festzustellen, sodass diese Adressaten nicht grundsätzlich das Argument der Unwissenheit vorbringen könnten. Der eigentliche Konsument wird jedoch dadurch nicht pönalisiert. Eine Strafbarkeit nach dem BtMG unter Berücksichtigung von Stoffgruppen ist daher nur bei den Händlern und Produzenten möglich.

3.1.3 Problem „nicht geringe Menge"

Sollte der Gesetzgeber eine Anlage IV einbeziehen, ist das Problem der NPS nicht gelöst, sondern es wird ein neuer Prozess der Diskussion über die „nicht geringe Menge" im BtMG eröffnet. Der BGH entschied dazu aktuell über einen Grenzwert für synthetische Cannabinoiden, denn die Wirkungen sind gegenüber Haschisch oder Marihuana um ein Vielfaches höher. Bei den synthetischen Cannabinoide JWH-018 und CP 47, 497-C8-Homologes befindet sich der Grenzwert bei 2 g, wobei der BGH bei den Produkten JWH-073 und CP 47,497 den Grenzwert der „nicht geringen Menge" bei einem Wirkstoffgehalt ab 6 g für sinnvoll hält.[64] Das zuvor genannte BGH-Urteil stellte eine wesentliche „Marschrichtung" bei der Grenzwertproblematik hinsichtlich der damaligen NPS dar, die in das BtMG aufgrund einer BtMG-Novelle einbezogen wurden. Auf der Grundlage eines möglichen Einbezugs von Stoffgruppen in das BtMG wird das Problem Grenzwert erneut virulent, da bereits gezeigt wurde, dass eine Vielzahl von unterschiedlichen NPS auf dem Markt vorhanden und dementsprechend auch unterschiedliche Wirkgehalte zu erwarten sind, sodass die analytischen Möglichkeiten der Strafverfolgungsbehörden an ihre Grenzen stoßen werden.[65] Diese praktischen Schwierigkeiten zeigen deutlich, dass durch die Schaffung einer Stoffgruppe im BtMG eine „Tür" geschlossen, aber auf der anderen Seite wieder eine „Tür" geöffnet wird, wenn es um den Tatbestand der „nicht geringen Menge"

---

[63] Rössner/Voigt, S. 24.
[64] BGH, Urteil vom 14.01.2015, Az. 1 StR 302/13; ähnliche Urteile zu Wirkstoffgehalte siehe LG Ulm, Urteil vom 24.03.2011 – 1 KLs 22 Js 15896/09; LG Kleve, Urteil vom 06.02.2012, Az. 120 KLs 40/11; OLG Nürnberg, Urteil vom 29.04.2013, Az. 1 St OLG Ss 259/12 bei 75 mg Fentanyl; Ewald/Jacobsen-Bauer/Klein/Uhl, NStZ 2013, S. 265.
[65] Ewald/Jacobsen-Bauer/Klein/Uhl, NStZ 2013, S. 265 (266 f.).

geht. Eine „nicht geringe Menge" kann daher wegen der rasanten Entwicklung nicht für jede neue auftretende Substanz per Grundsatzurteil festgelegt werden. Sollte aus politischer Sicht an der Substanzgruppenschaffung festgehalten werden, ist es aus pragmatischen, aber auch aus ökonomischen Gründen sinnvoll, wenn an dem BGH-Urteil zum Grenzwert der „nicht geringen Menge" von LSD zu orientieren. Damals entschloss sich der Senat, bei der Festlegung der „nicht geringen Menge" sich nicht an einer Grenzmenge, sondern auch an der Anzahl der Konsumeinheiten[66] (Trips) zu orientieren und formulierte: *„Zugleich kann der Senat für die Fälle, in denen eine chemische Untersuchung des Betäubungsmittels nicht möglich ist oder mit einem unverhältnismäßig großen Aufwand verbunden wäre, aussprechen, dass bei mindestens 300 LSD-Trips dieses Merkmal ohne weiteres gegeben ist."*[67] Unter Berücksichtigung der BGH-Entscheidung, die sich exemplarisch an der Substanz JWH-018 orientiert, ist eine „nicht geringe Menge" bei 400 Konsumeinheiten (Konsumeinheit 5 mg pro Wirkstoffgehalt[68]) festzustellen.[69] Das Festlegen nach Konsumeinheiten ist durchaus praxisrelevant, jedoch aus Sicht der Strafverfahrensmaximen bedenklich, da für den Angeklagten lediglich die Unschuldsvermutung und ergo auch das konkrete Unrecht nachgewiesen werden muss und daher auch den Wirkstoffgehalt. Diesem Dilemma kann jedoch dadurch entgegengetreten werden, wenn die Substanzen grundsätzlich dem AMG unterliegen, da eine Differenzierung von „nicht geringer Menge"[70] im AMG nicht vorgesehen ist, sondern nur das BtMG vorsieht.[71]

3.2 Arzneimittelrecht

Aufgrund der eingeschränkten sachlichen Anwendbarkeit des BtMG bedienten sich die Strafverfolgungsbehörden in der Vergangenheit dem AMG, solange dieses auf NPS anwendbar war. Zwar ist die Anwendbarkeit der Strafvorschriften des AMG in der Regel[72] anders als im BtMG nicht von einem abschließenden Katalog verbotener Substanzen abhängig, sondern von einer Allgemeineinordnung des jeweiligen Stof-

---

[66] Eine Arbeitsgruppe der Kriminalämter schlug eine Konsumeinheit auf 300 vor (NStZ 2013, S. 265 f.)
[67] BGH, Urteil vom 1.9.1987, Az. 1 StR 191/87.
[68] LG Ulm, Urteil vom 24.03.2011 - 1 KLs 22 Js 15896/09; LG Kleve, Urteil vom 6.2.2012, Az. 120 KLs 40/11 (3 mg pro Konsumeinheit).
[69] Pro Packung 10 Konsumeinheiten, näheres vgl. Ewald/Jacobsen-Bauer/Klein/Uhl, NStZ 2013, S. 265 (267).
[70] Ausnahme u.a. bei der Dopingstrafbarkeit.
[71] Ausnahme bei den Dopingverstößen vgl. § 6a AMG.
[72] Einzige Ausnahme stellt der Besitz verbotener Stoffe in nicht geringer Menge zu Dopingzwecken im Sport dar, der gemäß § 95 Abs. 1 Nr. 2a AMG auf eine abschließende Liste verbotener Stoffe im Anhang zum AMG verweist.

fes als sog. „Präsentations-" oder „Funktionsarzneimittel" i. S. d. § 2 Abs. 1 Nr. 1 oder Nr. 2 AMG. Nachdem der deutsche Gesetzgeber durch das Gesetz zur „Änderung arzneimittelrechtlicher und anderer Vorschriften" vom 17. Juli 2009[73] den nationalen Arzneimittelbegriff in § 2 Abs. 1 AMG neu gefasst hat und dabei die Umsetzung der europäischen Richtlinie „europarechtliche Arzneimittelbegriff" gemäß Art. 1 Nr. 2 Buchst. a und b der Richtlinie 2001/83/EG in der durch die Richtlinie 2004/27/EG geänderten Fassung in das deutsche AMG implementiert hat, unterscheidet das nationale Recht demgemäß -wie die Richtlinie- zwischen sog. Präsentationsarzneimitteln ("nach der Bezeichnung/ Bestimmung") gemäß § 2 Abs. 1 Nr. 1 AMG und sog. Funktionsarzneimittel ("nach der Funktion") gemäß § 2 Abs. 1 Nr. 2 AMG.

Die Umsetzung des europäischen Rechts in das nationale Recht führte dazu, dass der 2. sowie der 3. Strafsenat[74], die jeweils die Strafbarkeit von Kräutermischungen im Kontext mit dem AMG prüfen mussten, Beide Senate legten jeweils ein Vorabentscheidungsverfahren gemäß Art. 267 AEUV dem EuGH vor, da diese eine unionsrechtliche Auslegung des Begriffs „Arzneimittel" erreichen wollten. Der EuGH sprach sich mit dem Urteil vom 10.7.2014[75] gegen die Anwendbarkeit des AMG bei Kräutermischungen aus, sodass diese Entscheidung gerade bei Strafverfolgungsbehörden zu einem großen Unverständnis führte. Die Strafverfolgungsbehörden hatten vor dem EuGH-Urteil in der Vielzahl der NPS-Fälle Ermittlungsverfahren gegen die Händler gemäß § 95 Abs. 1 Nr. 1 AMG und gegen die Hersteller gemäß § 96 Nr. 4 AMG eingeleitet, da das AMG als Auffanggesetz gegenüber dem BtMG betrachtet wurde. Bereits an diesem Punkt soll darauf hingewiesen werden, dass das AMG aufgrund des definierten Zweckes des Gesetzes gemäß § 1 AMG (im *„Interesse einer ordnungsgemäßen Arzneimittelversorgung [...] für die Sicherheit im Verkehr mit Arzneimitteln [...] zu sorgen")* als Auffanggesetz missbraucht werden sollte.[76] Der § 1 AMG legt die Zweckbestimmung des AMG fest und bildet den Maßstab für die teleologische Auslegung.[77] Vor diesem Hintergrund hatte § 1 AMG nicht nur deklaratorischen Charakter, sondern nur normativen Gehalt, der von zentraler Bedeutung für die Auslegung und Anwendung des AMG ist.[78] Daraus folgend ist es bereits nicht mit

---

[73] BGBl. I, S. 1990.
[74] BGH, StraFo 2013, S. 327 f.
[75] EuGH, NStZ 2014,S. 461 f.
[76] Koyuncu, in: Deutsch/Lippert, § 1 AMG, Rn. 1 f.
[77] Kügel/Mueller/Hoffmann, § 1 AMG, Rn. 3.
[78] Kügel/Mueller/Hoffmann, § 1 AMG, Rn. 4.

Sinn und Zweck des AMG zu vereinbaren, eine Anwendung mit dem *alleinigen* Zweck zu konstruieren, Gesetzeslücken des BtMG zu schließen, weil die Stoffe betroffen sind, die weder als Arzneimittel hergestellt, noch vertrieben werden, sondern ohne jegliche medizinische Indikation lediglich zu Rausch- oder Genusszwecken konsumiert werden.[79] Die sich insoweit darstellende Willkür wird besonders deutlich, wenn nach der Legaldefinition des AMG aus den §§ 2 ff. AMG je nach Bedürfnis auch Alkohol, Kaffee oder Nikotin unter das AMG subsumiert würde.[80] Dieses Vorgehen der Strafverfolgungsbehörden das AMG als Auffangtatbestand zu betrachten wurde jedoch nach dem EuGH-Urteil[81] aufgehoben, wobei das Urteil erheblicher Kritik ausgesetzt war und noch ist.[82]

Der 2. sowie der 3. Strafsenat folgten dem EuGH in seinen späteren Entscheidungen sowie auch der 1. Strafsenat, der jedoch kein Vorabentscheidungsverfahren dem EuGH vorgelegt hatte.[83] Die Grundlage des Urteils war das Auseinandersetzen mit der Richtlinie 2001/83/EG (Gemeinschaftskodex für Humanarzneimittel). Die Richtlinie 2001/83/EG postuliert, dass ein Arzneimittel dann vorliegt, wenn eine Definition des Art. 1 Nr. 2 der Richtlinie erfüllt ist. Ein Arzneimittel nach <u>Nr. 2</u> sind:

a) *„alle Stoffe oder Stoffzusammensetzungen, die als Mittel Eigenschaften zur Heilung oder zur Verhütung menschlicher Krankheiten bestimmt sind, oder*

b) *alle Stoffe oder Stoffzusammensetzung, die im oder am menschlichen Körper verwendet oder einem Menschen verabreicht werden können, um entweder die menschlichen physiologischen Funktionen durch eine **pharmakologische**, immunologische oder metabolische **Wirkung wiederherzustellen**, zu **korrigieren** oder zu **beeinflussen** oder eine medizinische Diagnose zu erstellen."*

Aufgrund der Systematik des Art. 1 könnte durchaus eine autarke Betrachtung zwischen den beiden Definitionen der Buchstaben a) und b) vermutet werden. Der EuGH sieht jedoch zwischen den beiden Definitionen einen Kontext, sodass beide Definitionen zusammengelesen werden müssen. Dies führte auch zur Konsequenz, dass der EuGH als Erwägungsgrund die Richtlinie 2004/27/EG herangezogen hat,

---

[79] Krumdiek StRR 2011,S. 213 (215).
[80] Krumdiek StRR 2011, S. 213 (215)
[81] EuGH, Urteil vom 10.07.2014, Az. C-358/13 und C181/14.
[82] Patzak/Volkmer/Ewald, NStZ 2014, S. 463 f.
[83] 1. Strafsenat, Urteil vom 23.7.2014, Az. 1 StR 47/14; 3. Strafsenat, Urteil vom 4.9.2014, Az. 3 StR/12; 2. Strafsenat, Urteil vom 13.8.2014, Az. 2 StR 22/13.

der den Schutz der menschlichen Gesundheit einem hohen Niveau zumisst.[84] Durch den Fokus des Schutzes der menschlichen Gesundheit ist daher die wesentliche Ratio des EuGH die *gesundheitsfördernde Wirkung*, die bei der Subsumtion hinsichtlich der Präsentationsarznei- aber auch bei den Funktionsarzneimitteln zu berücksichtigen sind.

3.2.1 Präsentationarzneimittel

Im AMG wird der Begriff Präsentationsarzneimittel unter den § 2 I Nr. 1 AMG erfasst, sodass alle Produkte mit einer therapeutischen oder prophylaktischen Zweckbestimmung, namentlich sämtliche Stoffe und Zubereitungen aus Stoffen, die zur Anwendung im oder am menschlichen Körper bestimmt und als Mittel Eigenschaften zur Heilung oder Linderung oder zur Verhütung von Krankheiten oder Beschwerden bestimmt sind. Der EuGH stellt daher fest, dass unter Berücksichtigung des Art. 1 Nr. 2 Buchst. a der Richtlinie 2001/83/EG auf „Eigenschaften, die als Mittel zur Heilung oder zur Verhütung von Krankheiten bestimmt sind", Bezug genommen wird. Aus dieser Wendung lässt sich eindeutig das Bestehen einer positiven Wirkung für menschliche Gesundheit ableiten. NPS sind weder nach ihrer Produktbeschreibung noch aus Sicht des Herstellers, Händlers oder des durchschnittlichen Verbrauchers zur Heilung, Linderung oder Verhütung von Krankheiten und Beschwerden bestimmt. Sie werden ausschließlich vielmehr zu Genuss- und Rauschzwecken konsumiert, sodass NPS keine Präsentationsmittel darstellen.[85]

3.2.2 Funktionsarzneimittel

Im Gegensatz zu den Präsentationsarzneimitteln kommt es für die Einstufung eines Stoffes als Funktionsarzneimittel zunächst nach dem Wortlaut der Vorschrift nicht auf die originäre Verfolgung eines der genannten therapeutischen Zwecken an. Nach dem Wortlaut des § 2 Abs. 1 Nr. 2 AMG fallen unter dem Begriff der Funktionsarzneimittelstoffe, die im oder am menschlichen Körper angewendet oder einen Menschen verabreicht werden können, um die physiologischen Funktionen durch eine pharmakologische (...) Wirkung wiederherzustellen, zu korrigieren und zu beeinflussen. Ergänzend zu der nationalen Vorschrift, führte der EuGH unter Berücksichtigung des Art. 1 Nr. 2 Buchst. b der Richtlinie 2001/83/EG wie folgt aus:

---

[84] EuGH, NStZ 2014, S. 461 (462).
[85] Patzak/Volkmer, NStZ 2011, S. 498 (500); Weidig, Blutalkohol 2013, S. 5 (64).

„[...] auch Art. 1 Nr. 2 Buchst. b dieser Richtlinien nimmt Begriffe in Bezug, die das Bestehen einer gesundheitsfördernden Wirkung implizieren, da Ende der Bestimmung von einer „medizinischen Diagnose" die Rede ist und eine solche Diagnose der Kennung weniger Krankheiten zwecks deren rechtzeitiger Behandlung dient. Nichts anderes kann für die Ausdrücke „herzustellen" und „korrigieren" gelten, die in der Definition des Arzneimittels in Art. 1 Nr. 2 Buchst. b der Richtlinie 2001/83/EG im Zusammenhang mit den physiologischen Funktionen verwendet werden. Diese Ausdrücke sind nämlich so zu verstehen, dass darin der Wille des Gesetzgebers zum Ausdruck kommt, die positive Wirkung herauszustellen, die die betreffenden Stoffe für das Funktionieren des menschlichen Organismus und folglich- ob unmittelbar oder mittelbar- für die menschliche Gesundheit haben sollen, und zwar auch ohne dass eine Krankheit vorliegt."[86] Dies hat zur Konsequenz, dass auch der Ausdruck „beeinflussen" in der Form ausgelegt werden muss, dass er die Stoffe erfasst, die geeignet sind, dem Funktionieren des menschlichen Organismus und folglich der menschlichen Gesundheit zuträglich zu sein.[87] Der Begriff der Funktionsarzneimittel nimmt daher im Zusammenhang mit NPS eine entscheidende Rolle ein, die zwischen straffreiem oder strafbaren Verhalten entscheidet, sodass die zwei wesentlichen Kernbereiche (pharmakologische Wirkung sowie die Zielrichtung des AMG) in dieser Begriffsdefinition näher betrachte werden müssen.

3.2.2.1 Pharmakologische Wirkung

Der EuGH definierte in einem Grundsatzurteil, bezüglich der Anwendbarkeit des AMG, den Begriff der pharmakologischen Wirkung in der Form, dass die Wirkung u.a. dann vorliegt, wenn eine Wechselwirkung zwischen einer Substanz und körpereigenen Zellen besteht.[88] Unter dieser Betrachtung ist eine pharmakologische Wirkung bei den synthetischen Cannabinoiden grundsätzlich nicht abzusprechen, wobei dies jedoch nicht verallgemeinert werden kann,[89] zumal es in zweifacher Hinsicht fraglich ist, ob sämtliche Produkte und Inhalte eine pharmakologische Wirkung entfalten. In diesem Zusammenhang hat das BKA durch Studien festgestellt, dass bei

---

[86] EuGH, NStZ 2014,S. 461 (462).
[87] Der EuGH machte in seinem Urteil deutlich, dass eine Parallelität zu empfängnisverhütenden oder schwangerschaftsunterbrechenden Erzeugnissen, die ebenfalls wie die NPS keine heilende Funktion innehaben, aufgrund der besonderen Stellung in der Richtlinie 2001/83/EG nicht anwendbar ist (vgl. Art. 4 Abs. 4 Richtlinie 2001/83/EG).
[88] EuGH, Urteil vom 6. 9. 2012, Rs. C-308/11.
[89] A. A. Patzak/Volkmer NStZ 2011,S, 498 (500).

selbst untersuchten Produkten mit dem gleichen Namen zum Teil unterschiedliche Inhaltsstoffe, zum Teil aber auch überhaupt keine gleichen Inhaltsstoffe, die eine pharmakologische Wirkung entfalten, vorzufinden waren.[90] In den meisten Fällen des Konsums von NPS werden jedoch pharmakologische Wirkungen festzustellen sein, wobei die Zielrichtung negativer oder positiver Art sein kann.

3.2.2.2 Wiederherstellung, Korrektur oder beeinflussungsphysiologischer Funktion

Ist eine pharmakologische Wirkung festzustellen, ist weiterhin gemäß § 2 Abs. 1 Nr. 2 AMG nur solche Stoffe erfasst, die die physiologischen Funktionen Wiederherstellen, Korrigieren oder Beeinflussen erfüllen.

In Rechtsprechung und Literatur zu § 2 Absatz 1 Nr. 2 Buchst. a AMG ist umstritten, ob hinsichtlich des Merkmals "beeinflussen" ausreichend ist, dass Körperfunktionen durch die pharmakologische, immunologische oder metabolische Wirkung des eingenommenen Stoffes in irgendeiner - gegebenenfalls gesundheitsschädlichen - Weise beeinflusst werden, oder ob ein "Beeinflussen" nur vorliegt, wenn damit ein therapeutischer Nutzen oder jedenfalls eine positive Beeinflussung der physiologischen Funktionen im Sinne einer therapeutischen Zielrichtung erreicht wird.

Letztgenannte Auffassung wird von Teilen der verwaltungsgerichtlichen Rechtsprechung sowie Teilen der verwaltungs- und strafrechtlichen Literatur vertreten,[91] da es entscheidend nicht ausschließlich an den Wortlaut anzuknüpfen, sondern einschränkend unter Berücksichtigung seines Verwendungszwecks, der Modalitäten seines Gebrauches, des Umfangs der Verbreitung, seine Bekanntheit bei den Verbrauchern und der Risiken, die seine Verwendung mit sich bringen kann, zu beurteilen ist.[92] Hierzu werden auf zwei aktuelle höchstrichterliche BVerwG- Entscheidungen hingewiesen, die das aktuelle EuGH-Urteil bereits im Zusammenhang mit nikotinhaltigen Flüssigkeiten (Liquids) miteinbezogen hatten.[93] Auf der Grundlage der Auslegung der Tatbestände des § 2 Abs.1 Nr. 2 Buchst. a AMG "wiederherstellen" und "korrigieren", wird eindeutig der positive Zweck der Anwendung des Arzneimittels hervorgehoben; es sei nicht ersichtlich, dass die dritte Variante "beeinflussen" unter diesem

---

[90] Nobis, NStZ 2012, S. 422 (423).
[91] OVG Münster, Beschluss vom 23.4.2012 - 13 B 127/12,; VG Köln, Urteil vom 20.3.2012 - 7 K 3169/11,; OVG Magdeburg, Beschluss vom 5.6.2012 - 3 M 129/12,; Rennert, NVwZ 2008, S. 1179 (1184); zust. aus der strafrechtlichen Literatur Krumdiek, StRR 2011, S. 213 (215); Nobis, NStZ 2012, S.422 (424 f.); Weidig, Blutalkohol 50/2013, 57, 63 ff.
[92] BVerwG Urteil vom. 26.5.2009 - 3 C 5.09; BVerwG Urteil vom 25.7.2007- 3 C 21.06; EuGH Urteil vom 21.3.1991- Rs. C-60/89; vom 15.1.2009- Rs. C-140/07; und vom 30.4.2009- Rs. C-27/89.
[93] BVerwG, Urteil vom 20.11.2014, Az. 3 C 25.13; 3 C 26.13.

Niveau bleiben solle. Bei einem anderen Verständnis seien zudem die "Wiederher-
stellung" oder "Korrektur" der physiologischen Funktionen als besonders ausgewie-
sene Ziele überflüssig, da die dritte Variante des "Beeinflussens" ohnehin alles um-
fassen würde.[94] Es genügt für eine Qualifikation als Arzneimittel nicht irgendeine
Wirkung auf den Organismus, sondern es muss sich daher gerade um eine gesundheitsfördernde Wirkung handeln. Dies ergibt sich auch aus dem in den Gesetzge-
bungsmaterialien zur Richtlinie erwähnten Erfordernis, die etwaige Schädlichkeit eines geprüften Erzeugnisses in Beziehung zu seiner therapeutischen Wirksamkeit zu
setzen.[95] Dieses Verständnis trage auch der Begriffsdefinition "nach der Funktion"
Rechnung, denn die Funktion eines Arzneimittels liege gerade in der Bekämpfung
von Krankheiten und unerwünschten körperlichen Zuständen und Befindlichkeiten,
nicht aber darin, Gesundheitsgefahren auszulösen.[96] Darüber hinaus bedürfe der
ansonsten uferlose Arzneimittelbegriff einer einschränkenden Auslegung,[97] die auf
diesem Wege erreicht werden könne. Deshalb können nur Produkte mit therapeutischen oder prophylaktischen Zweckbestimmung ein Funktionsarzneimittel sein. Es
genügt für eine Qualifikation als Arzneimittel nicht irgendeine Wirkung auf den Organismus, sondern es muss sich gerade um eine gesundheitsfördernde Wirkung handeln. Vom Arzneimittelgesetz nicht erfasst sind daher solche Produkte, mit denen
primär andere Zweck verfolgt werden, wie beispielsweise Ernährungs-, Genuss-
Rauschzwecke.[98] Ein entsprechender therapeutischer Zweck wird den NPS-
Produkten aber weder von den Herstellern und Händlern noch von den Verbrauchern, die die Produkte zur Erzeugung von Rauschzuständen konsumieren, beige-
messen. Der EuGH[99] bediente sich daher in seiner aktuellen Entscheidung der objektiven Eignung der Substanzen für die Gesundheitsförderung, sodass den NPS
keine therapeutische Wirkung zugesprochen wird.

Wesentliche Argumente, die gegen das EuGH-Urteil vorgebracht werden und daher
auf keine ausschließliche Heilungswirkung abstellen, sind u.a. dass der Arzneimittelbegriff abstrakter gesehen und daher nicht nur positive, sondern auch negative Wir-

---

[94] OVG Münster, Beschluss vom 23.4.2012 - 13 B 127/12, ZVR-online 11/2012 Rn. 25 ff.; Nobis, NStZ
2012, S. 422 (424); Krumdiek, StRR 2011, S. 213 f.
[95] Leipold-Beukelmann, NJW-Spezial 2014, S. 505.
[96] BVerwG Urt. 3.3.2011 – 3 C 8.10; OVG NRW Urteil vom 23.4.2012 -13 B 127/12; Rennert, NVwZ
2008, S. 1179 (1184)
[97] BVerfG, Beschluss vom 16.3,2006 - 2 BvR 954/02; NJW 2006,S. 2684 (2685).
[98] OVG NRW Urteil vom 23.4.2012 -13 B 127/12; VG Köln, Urteil vom. 20.3.2013 – 7 K 3169/11; VG
Frankfurt (Oder) Beschluss vom 14.10.2011 – 4 L 191/11; Rehmann, § 2 AMG, Rn. 6.
[99] EuGH, NStZ 2014,S. 461 (462).

kungen auf den körperlichen Organismus haben kann. Sie sehen hingegen das Merkmal bei jeder nennenswerten Beeinflussung der physiologischen Funktionen als gegeben an, sei sie positiv im Sinne eines therapeutischen Nutzens oder negativ im Sinne einer schädlichen Einwirkung.[100] Maßgeblich sei auf die (pharmakologische) Wirkung des Stoffes abzustellen, die - abhängig von der verabreichten Dosis - zu einer positiven oder negativen Beeinflussung der Körperfunktionen führen könne.[101] Für die Beantwortung der Frage, ob eine Beeinflussung stattfindet und damit die Einstufung als Funktionsarzneimittel, sei entscheidend, ob es durch die Einnahme zu einer Veränderung komme, die außerhalb der normalen im menschlichen Körper ablaufenden Lebensvorgänge liege.[102] Dies sei auch der Fall, wenn Stoffe oder Zubereitungen zum Zwecke der Rauscherzeugung eingesetzt würden.[103]

Dieser augenscheinlichen Veränderung liegt auch das GBL-Urteil des BGH[104] zugrunde. GBL (Gamma-Butyrolaction) ist eine Chemikalie, die hauptsächlich in der Industrie als Ausgangsstoff für chemische Synthesen oder als Wirkstoffe in Reinigungs-und Lösungsmitteln eingesetzt wird. Mit einem Reinheitsgehalt von rund 99,9 % wird GBL aber auch als Droge verwendet. Es wird bei oraler Einnahme im menschlichen Körper sehr schnell in GHB metabolisiert und hat deshalb dieselbe berauschende Wirkung wie GHB. GHB wiederum ist ein verschreibungsfähiges Betäubungsmittel der Anlage III, welches unter anderem bei Injektionsnarkosen verwendet wird. Der BGH entschied, dass das unerlaubte Inverkehrbringen von GBL zu Konsumzwecken nach dem Arzneimittelgesetz strafbar ist. Diese BGH Rechtsprechung ist allerdings unter der Geltung des § 2 Abs. 1 AMG a.F. ergangen. Dort wurden Arzneimittel wie folgt definiert: *„Stoffe und Zubereitungen aus Stoffen, die dazu bestimmt sind, durch Anwendung am oder menschlichen oder tierischen Körper*

---

[100] Aus verwaltungsrechtlicher Sicht: OVG Saarlouis, Urteil vom 3.2.2006 - 3 R 7/05, ZLR 2006, S.173 (188); VG Potsdam, Beschluss vom 9.6.2008 - 3 L 115/08; aus strafrechtlicher Sicht: OLG Nürnberg, Urteil vom 10.12.2012 - 1 St OLG Ss 246/12; LG Limburg, Urteil vom 27.9.2012 - 5 KLs 3 Js 14210/11; Koyuncu, in: Deutsch/Lippert, § 2 AMG, Rn. 18, 21; Müller, in: Kügel/Müller/Hofmann, § 2 AMG, Rn. 91; Volkmer, in: Körner/Patzak/Volkmer, Vorbem. AMG, Rn. 72, § 95 AMG, Rn. 8; Diehm/Pütz, Kriminalistik 2009, S. 131 (135); Patzak/Volkmer, NStZ 2011,S. 498 (500)
[101] OVG Saarlouis, Urteil vom 3.2.2006 - 3 R 7/05, ZLR 2006, S. 173 (188).
[102] Volkmer in: Körner/Patzak/Volkmer, Vorbem. AMG, Rn. 72.
[103] BGH, Urteil vom 8.12.2009, Az. 1 StR 277/09, Rz. 25; Koyuncu, in: Deutsch/Lippert, § 2 AMG, Rn. 18; Volkmer, in: Körner/Patzak/Volkmer, Vorbem. AMG, Rn. 72.
[104] BGH, NJW 2010, S. 2528 f., BGH, Urteile vom 03.12.1997 – 2 StR 270/97; BGHSt 43, 336.

1. Krankheiten, Leiden, Körperschäden oder krankhafte Beschwerden zu hei-
len, zu lindern, zu verhüten oder zu erkennen [...]

5. Beschaffenheit, den Zustand oder die Funktion des Körpers oder seelische
Zustände zu beeinflussen. "

Auch der deutsche Gesetzgeber ist bei der weitergehenden Überführung des unions-
rechtlichen Arzneimittelbegriffs in das deutsche Arzneimittelrecht im Jahr 2009 davon
ausgegangen, dass Designerdrogen zwar Beimischungen synthetischer Stoffe mit
cannabinoider oder ähnlicher Wirkung bei einer Beurteilung nach ihrer Funktion Arzneimittel im Sinne von § 2 AMG sein können.[105] Auf der Grundlage der aktuellen
EuGH Entscheidung stellt sich daher die Frage, ob die Einstufung von GBL als Funktionsarzneimittel von der „gesundheitlichen Zuträglichkeit" des Konsums von GBL
selbst oder von derjenigen des GHB abhängig sein soll.[106]

Weiterhin ist die Ratio des AMG heranzuziehen, da die Rechtsnorm verhindern will,
dass grundsätzlich gefährliche Arzneimittel nicht den Markt erreichen, bei denen
nach dem jeweiligen Stand der wissenschaftlichen Erkenntnisse der begründete
Verdacht besteht, dass sie beim bestimmungsgemäßen Gebrauch schädliche Wirkungen hervorrufen, die über ein nach den Erkenntnissen der medizinischen Wissenschaft vertretbares Maß hinausgehen. Dieses Ziel ist u. a. im § 5 Abs. 1 AMG
(vgl. Art. 117 Abs. 1 RL 2001/83/EG) postuliert. Unter Berücksichtigung dieser Zielrichtung scheint es daher nicht „zuträglich" zu sein problematische Arzneimittel, wie
NPS, nicht dem Arzneimittelbegriff zu unterziehen.[107] Die Gefährlichkeit wird aufgrund der Historie von NPS geschlussfolgert. John W. Huffmann, auf dessen Namen
auch die Bezeichnung JWH zurückgeht, hatte an der Clemens University in den USA
seit Mitte der achtziger Jahren ein Substitut für Cannabis zu erstellen, um sie letztlich
therapeutisch, z. B. zur medizinischen Behandlung von Schmerz-und Krebspatien-
ten, nutzbar zu machen.[108] Das Ergebnis war die Generierung von 450 synthetischen
Cannabinoiden, die unterschiedliche Molekularstrukturen hatten. Wegen der erheblichen Nebenwirkung der Substanzen sind sie allerdings nicht die Arzneimittelproduk-

---

[105] BT-Drs. 16/12256, S. 41.
[106] Anmerkung zum EuGH Urteil von Patzak-Volkmer-Ewald, NStZ 2014, S. 463 (464); Weidig, Blutalkohol 2013, S. 57 (65).
[107] Anmerkung zum EuGH Urteil von Patzak-Volkmer-Ewald, NStZ 2014, S. 463 f.
[108] Meinecke/von Harten, StraFo 2014, S. 9.

tion gekommen.[109] Die erste ähnliche Substanz die auf dem europäischen Markt festgestellt wurde, war JWH-018. Diese konnte in den Produkten „Spice", „Shunk" und „Yucatan Fire" 2008 festgestellt werden. Jenseits der negativen Nutzen-Risiko-Bilanz sind jedoch auch von synthetischen Cannabinoiden therapeutische sinnvolle Wirkungen zu erwarten, die denen des THC strukturell ähnlich sein dürften.[110] Dass auch mit THC eine positive Wirkung im Bereich der Schmerztherapie erreicht werden kann, zeigte das jüngste Urteil des VG Köln.[111] Im Urteil wird unter strengen Voraussetzungen der private Anbau von Cannabispflanzen für Therapiezwecke zugelassen. Sollte NPS (Kräutermischungen) als Substitut für Cannabis konsumiert werden, bestehen jedoch keine fundierten Studien, die eine Gefährlichkeit ausschließen. Allein die vielfältigen Veröffentlichungen in den Medien und den Erfahrungsberichten von Usern aus den einschlägigen Internetforen können keinen Nachweis führen, dass den in den Stoffzusammensetzungen der einzelnen Produkte enthaltenen Kräutern tatsächlich eine Wirkung im Sinne der europarechtlichen Richtlinie zukommen kann und eine Studie kann so auch nicht ersetzt werden. Fraglich ist jedoch *wer* oder *wie* diese Zuträglichkeit bestimmt werden soll, um das Funktionsarzneimittel zu bestätigen.

An dem Beispiel Ketamin ist diese Problematik sehr gut zu illustriert. Ketamin wird als verschreibungspflichtige Arzneimittel in der Humanmedizin vor allem zur Einleitung und Durchführung einer Vollnarkose, als Ergänzung bei Regionalanästhesien sowie als Schmerzmittel in der Notfallmedizin verwendet. Wegen seiner bewusstseinsverändernden Wirkung ist Ketamin indessen auch in Techno-Party-Umfeld beliebt und wird hier zum „Chill-out" oder im Rahmen von „After-Hour-Partys" missbräuchlich angewandt.[112] An dem Beispiel von Ketamin ist deutlich festzustellen, dass es darauf ankommt, aus welcher Perspektive der Begriff der Zuträglichkeit assoziiert wird. Je nachdem, wie die Zuträglichkeit beurteilt würde, könnten Ärzte und Apotheker (wenn ein Funktionsarzneimittel zu bestätigen wäre) dann im Rahmen ihrer beruflichen Tätigkeit den (Straf-)Bestimmungen des AMG unterworfen werden; der Ketamin-Dealer

---

[109] Anmerkung zum EuGH Urteil von Patzak-Volkmer-Ewald, NStZ 2014, S. 463 (464); Jellinghaus, S. 29 (30).
[110] Grotenhermen/Müller-Vahl, Deutsche Ärzteblatt Int. 2012, 109 (29-30): 495-501.
[111] http://www.vg-koeln.nrw.de/presse/pressemitteilungen/archiv/2011/01_110121/index.php (Stand 08.11.2014); Schmidt, NJW 2014, S. 2995 (2999 f.).
[112] Bericht 2011 des nationalen REITOX- Knotenpunkts an die EMCDDA, S. 56, Bericht 2012, S. 50.

auf der Techno-Party bräuchte das AMG demgegenüber nicht zu fürchten, da hier die Substanz lediglich zum Zwecke der Rauscherzeugung veräußert wird.[113]

Ein weiteres Argument gegen die EuGH-Rechtsprechung ist ebenfalls historisch geprägt. Heroin galt als „Arzneimittel", das Schmerzen lindert und eine hustendämpfende Wirkung hat. Erst durch die Aufnahme von Heroin in die Anlage I zum BtMG (nicht verkehrsfähige Betäubungsmittel) wurde es von dem arzneimittelrechtlichen Regelungsgefüge ausgeschlossen und unterlag daher ab diesem Zeitpunkt nicht mehr dem Begriff des Funktionsarzneimittels.[114] Der Grund der Überführung in die Anlage I war vermutlich das erhebliche Potenzial der Gefährlichkeit für die "menschliche Gesundheit", wobei Heroin im Vorfeld durchaus unter das AMG zu subsumieren war. Dieser Ansicht ist jedoch entgegenzuhalten, dass Heroin eine nicht so fassettenreiche Zusammensetzung wie NPS beinhaltet, sodass für Heroin kein Problem mit dem Bestimmtheitsgrundsatz bestand.

Es ist durchaus ersichtlich, dass genügend Gründe für eine Modifizierung des EuGH-Urteils sprechen, wobei jedoch in näherer Zukunft keine Änderung der europäischen Jurisprudenz abzusehen ist. Eine grundsätzliche Straflosstellung von Herstellern und Produzenten von NPS ist nicht anzunehmen, da das vorläufige Tabakgesetz sowie das LBFG eine weitere Möglichkeit der Repression bieten könnte.

3.3 Vorläufiges Tabakgesetz

Neben den bereits aufgeführten Bezügen in das BtMG oder AMG, wurde zum ersten Mal beiläufig von dem OLG Nürnberg die Anwendbarkeit des VTabakG bei Kräutermischungen erwähnt, wobei damals das VTabakG im Rahmen der Tateinheit wegen dem AMG nicht berücksichtigt wurde.[115] Nach dem EuGH-Urteil im Juli 2014 griff der 5. Strafsenat diesen Hinweis erneut auf, nachdem dieser über eine Strafbarkeit im Kontext mit Kräutermischungen entscheiden musste. Der Strafsenat tenorierte, dass Kräutermischungen primär zum Rauchen verwendet werden und daher das vorläufige Tabakgesetz gemäß § 3 Abs. 2 Nr. 1 VTabakG anzuwenden sei.[116] Der 5. Strafsenat nahm den Gedanken des OLG Nürnberg auf und führte wie folgt aus:

---

[113] Anmerkung zum EuGH Urteil von Patzak-Volkmer-Ewald, NStZ 2014, S. 463 (464-465).
[114] Anmerkung zum EuGH Urteil von Patzak-Volkmer-Ewald, NStZ 2014, S. 463.
[115] OLG Nürnberg, Urteil vom 10.12.2012, Az.1 St OLG Ss 246/12.
[116] BGH, Urteil vom 05.11.2014, Az. 5 StR 107/14.

„Nach dieser Vorschrift ist allein maßgebend die dem Rohtabak ähnliche Zweckbestimmung (hier: Rauchen). Einbezogen sind unter anderem Erzeugnisse ähnlich Zigaretten, die aus Kräutern oder synthetisch erzeugten Rohstoffen hergestellt werden, ohne dass es darauf ankommt, ob sie mit Tabakerzeugnissen verwechselbar sind.[117] *Die Zweckbestimmung trifft nach den Feststellungen auf die vertriebenen Kräutermischungen zu. Wortlaut und Wortsinn des § 3 Abs. 2 Nr. 1 VTabakG bieten dabei keinen Ansatz, etwa solche tabakähnliche Erzeugnisse auszugrenzen, bei denen der Konsument wegen – in welcher Form auch immer – zugesetzter psychoaktiver Stoffe in der Folge des Rauchens eine Rauschwirkung erzielen will.*[118] *Der auch mit der Verbotsvorschrift des § 20 Abs. 1 Nr. 1, 2 VTabakG verfolgte Zweck des Verbraucher- und Gesundheitsschutzes*[119] *würde einer Reduktion im genannten Sinn widerstreiten. Gleichfalls enthält der Tatbestand anders als die in § 17 VTabakG normierten strafbewehrten (§ 52 Abs. 1 Nr. 9, 10 VTabakG) Verbote kein Täuschungselement, weswegen es nicht darauf ankommt, ob die Abnehmer die Zusammensetzung der jeweiligen Mischung kannten, insbesondere wussten.“*[120]

Diese Rechtsauffassung des 5. Strafsenats widersprach der Rechtsauffassungen des 2. sowie des 3. Strafsenates,[121] sodass der 5. Strafsenat einen Anfragebeschluss gemäß § 132 Abs. 3 Nr. 1 GVG gegenüber dem 2. und dem 3. Strafsenat erließ. Aus kriminalpolitischen Erwägungen aber auch aus rechtsdogmatischen Gründen wäre es wünschenswert gewesen, wenn sich der 2. und 3. Strafsenat sich an der Meinung des 5. Strafsenats angeschlossen hätte, da das Tatbestandmerkmal „tabakähnliche Erzeugnisse" aufgrund seiner offenen Gestaltung eine Vielzahl an Produkte erfassen würde. Unter tabakähnlichen Erzeugnissen werden Erzeugnisse aus anderen Pflanzen, die zum Rauchen, Kauen, anderweitigem oralen Gebrauch oder zum Schnupfen bestimmt sind und <u>nicht</u> oder unter Verwendung von Rohtabak hergestellt werden.[122] Entscheidend ist die Zweckbestimmung zum Rauchen, Kauen, wobei Bonbons unter das LFGB zu subsumieren sind, da der Bonbon auch oral zu

---

[117] Zipfel/Rathke, § 3 VTabakG, Rn. 22; RGSt 14, 145, 147.
[118] Vgl. aber dazu in Abgrenzung zum Arzneimittel – unklar – OLG Nürnberg, PharmR 2013, 94 (97).
[119] VG Augsburg, Urteil vom 1.10.2013 – Au 1 K 13.767, juris Rn. 22; Rohnfelder/Freytag, in: Erbs/Kohlhaas, Vorläufiges Tabakgesetz, Vorbemerkungen Rn. 1.
[120] BGH, Urteil vom 05.11.2014, Az. 5 StR 107/14.
[121] 2. Strafsenat, Beschluss vom 13.08,2014, Az. 2 StR 22/13; 3. Strafsenat, Beschluss vom 04.09.2014, Az. 3 StR 437/12.
[122] Rohnfelder/Freytag, § 3 VTabakG, Rn. 9.

sich genommen wird, aber nicht dem VTabakG unterliegt.[123] Unter Berücksichtigung der hiesigen Befunde (vgl. Abschn. 7.3.4) konsumiert jeder zweite NPS-Konsument (66%) die Substanzen durch Rauchen und durch die Sanktionsform des 5. Strafsenats wäre ein Großteil der NPS- Produkte gegenüber den Herstellern und Produzenten sanktionierbar gewesen.

Unter Berücksichtigung der Grenzziehung des § 3 Abs. 2 Nr. 1 2. Alt. VTabakG würden ebenfalls die Produkte unter Strafe stehen, die oral sowie nasal aufgenommen werden können, sodass durchaus ein Instrumentarium gegen Hersteller und Vertreiber von NPS gemäß § 52 Abs. 1 Nr. 9, 10 VTabakG vorgelegen hätte. Unter der Berücksichtigung, dass durch eine kumulierte Betrachtung aller drei Konsumhandlungen (rauchen, kauen, nasal) die befragten Konsumenten (vgl. Abschn. 7.3.4) rund 86 % darstellen, könnte durchaus bei den Herstellern und Vertriebspersonen eine Strafbarkeit nach dem VTabakG anzunehmen sein. Dieser wesentliche Einbezug von einem Großteil der Produkte illustriert deutlich, dass der Anstoß des 5. Strafsenats in der Jurisprudenz als ein wesentlicher Schritt in die richtige Richtung zum Wohle der Volksgesundheit gesehen werden kann. Dieser Enthusiasmus ist jedoch dadurch zu dämpfen, dass die NPS, die injiziert werden, nicht über das VTabakG erfasst werden können. Weiterhin gestaltet sich die Abgrenzung zu den NPS-Produkten relativ schwierig, die ausschließlich synthetischer Natur sind und keine natürlichen Trägerprodukte in Verbindung stehen und die sehr häufig in Pillenform oder Pulverform geschluckt werden. Hier dürfte die Grenze des VTabakG ebenfalls erreicht sein.

Die bemerkenswerte Vorreiterrolle des 5. Strafsenats das VTabakG bei Kräutermischungen anzuwenden, wurde jedoch vom 1. Strafsenat, im Rahmen des Anfrageschlusses, niedergeschmettert.[124] Die wesentliche Argumentation gegen die Anwendung des VTabakG wurde durch den nicht vorhanden Zweck bei Kräutermischungen, unter Berücksichtigung des VTabakG gem. §§ 3 Abs. 1, 2 Nr. 1 VTabakG abgelehnt, da sie nicht zum Rauchen bestimmt sind und sie nicht aus Rohtabak oder unter Verwendung von Rohtabak hergestellt werden. Diese Sichtweise ist nicht nachvollziehbar, dass das Tatbestandsmerkmal „tabakähnliche Erzeugnissen" (vgl. § 3 II Nr. 1. 2. Var. VTabakG) gerade die Ratio enthält, dass die Erzeugnisse gerade nicht aus Pflanzen (Rohtabak), die zum Rauchen, Kauen, anderweitigem oralen Gebrauch oder zum Schnupfen bestimmt sind sowie auch <u>nicht</u> unter Verwendung von Rohtabak

---

[123] Zipfel/Rathke, § 3 VTabakG, Rn. 22.
[124] BGH, Beschluss vom 20.02.2015, Az. 3 Ars 28/14.

hergestellt werden, erfasst werden sollen. Durch die Klarstellung des 1. Strafsenats wurde ein weiteres „Sanktionstor" gegenüber der Bekämpfung des NPS-Handels von der Rechtsprechung geschlossen, sodass ein erforderliches Handeln des Gesetzgebers offenkundiger wird.

3.4 Lebensmittelfuttergesetz/Produktsicherheitsgesetz

Neben dem stringenten Zielstreben nach einer Repression, sollte der Gesichtspunkt des Verbraucherschutzes nicht außer Acht gelassen werden. In der bis dato geführten Diskussion über die Strafbarkeit von NPS wird immer wieder das Rechtsgut der Volksgesundheit benannt und daher nach einer Begründung für eine Strafnorm gesucht. Es ist jedoch in Vergessenheit geraten, dass auch der Verbraucherschutz dasselbe Ziel anstrebt. Das LFGB soll u. a. folgendes gewährleisten: die menschliche Gesundheit, den Schutz vor Täuschung, die Unterrichtung der Verbraucher.[125] Dieses Rechtsgebilde kann durchaus die rechtlichen Lücken, die trotz des VTabakG nicht geschlossen werden konnte, schließen, gerade bei synthetischen Produkten, die in Pillen- oder Pulverform konsumiert werden. Eine Anwendbarkeit des ProdSG auf Lebensmittel ist wegen des § 1 Abs. 3 Nr. 3 ProdSG nicht gegeben.[126] Lebensmittel nach § 2 Abs. 2 LFGB i. V. m. Art. 2 BasisVO 178/2002 stellen alle Stoffe und Erzeugnisse (auch Genussmittel) dar, *„die dazu bestimmt sind oder von denen nach vernünftigem Ermessen erwartet werden kann, dass sie in verarbeiteten, teilweise verarbeiteten oder unverarbeiteten Zustand von Menschen aufgenommen werden."* Die Begrifflichkeit „Aufnahme" in der Verordnung (EG) Nr. 178/2002 führt durchaus zu der Annahme, dass die Zuführung von Substanzen in jeglicher Handlungsform berücksichtigt wird, ergo auch die intravenöse Zufuhr oder in sonstiger oraler Form, da das VTbakG ausscheidet. Die Verordnung nennt jedoch weiterhin u. a. in Art. 14 und 15 der Verordnung die Tathandlung „Verzehr", sodass aufgrund der einheitlichen fachlichen Terminologie davon auszugehen ist, eine Einheitlichkeit zu verwenden. Aus der amtlichen Begründung der europäischen Kommission zu der Verordnung 178/2002 wird wie folgt ausgeführt: *„Der Begriff „Aufnahme durch den Menschen" wurde gewählt, um alle Erzeugnisse zu erfassen, die den Magen-Darmtrakt durchlaufen, einschließlich aller Stoffe, die durch Mund und Nase eingenommen oder durch Magen-Intubation verabreicht werden. Auf parenteralem Wege direkt in den Blut-*

---

[125] Rohnfelder/Freytag, in: Erbs/Kohlhaas, § 1 LFGB, Rn. 2.
[126] Schucht, in: Klindt, § 1 ProdSG, Rn. 63 f.

kreislauf eingeführte Erzeugnisse wären dagegen mit dieser Definition nicht abge-deckt."[127] Der nationale Gesetzgeber bestätigt diese Sichtweise in der Form, dass die Begriffsbestimmung „Verzehren" in § 3 Nr. 5 LMBG identisch mit der Kommissions-meinung ist, sodass die Zufuhr über den Blutkreislauf nicht erfasst wird aber in ande-ren Formen.

Neben dem Merkmal bei der Lebensmitteldefinition „Aufnehmen" ist weiterhin frag-lich, ob die dort erfassten NPS auch zur Aufnahme bestimmt sind. Gerade syntheti-sche Substanzen haben durchaus neben dem Verzehr auch anderweitige Anwen-dungsbezüge wie z. B. im Haushalt, sodass fraglich ist, wie die Bestimmtheit zu kon-kretisieren ist. Dieser Bereich wurde von der Literatur und Rechtsprechung noch nicht erörtert, sodass nach hiesiger Sicht eine subjektive Eignung für die entspre-chende Zweckbestimmung (Verzehr) erforderlich ist, um den Begriff „Lebensmittel" nicht zu weit auszudehnen.[128] In der Vielzahl der Fälle ist daher von einem Verzehr-willen der Produzenten und Verkäufer abzustellen, auch wenn auf den Verpackun-gen der Hinweis „Nicht zum Verzehr" abgedruckt ist.

In Anbetracht der vorliegenden Argumente ist die Anwendbarkeit des LFGB bei syn-thetischen NPS-Produkten, *die nicht dem VTabakG unterliegen*, zu begründen. In Abschn. Punkt 7.3.7 wird ersichtlich, dass von NPS eine Gefährlichkeit für den Kon-sumenten ausgeht, sodass bereits gemäß § 5 Abs. 1 LFGB aufgrund der Gefährlich-keit eine Herstellung für den Konsum dieser Substanzen gemäß § 58 Abs. 1 Nr. 1 LFGB strafbar ist. Der Vertrieb der gefährlichen Substanzen ist dagegen gemäß § 59 Abs. 1 Nr. 2 i. V. m. § 3 Nr. 1 LFGB strafbewehrt.

Im Kontext mit den Räuchermischungen ist eine Strafbarkeit gemäß § 2 Abs. 4 Nr. 9, § 30 Nr. 1 LFGB i. V. m. § 58 Abs. 1 Nr. 13 LFGB bei Verwendung als Bedarfsge-genstand zur Geruchsverbesserung zu verneinen, da die dort umfassten Mittel und Gegenstände gemäß § 2 Abs. 4 Nr. 9 LFGB vor allem durch die Atemluft auf den menschlichen Körper wirken sollen.[129]

---

[127] Rohnfelder/Freytag, in: Erbs/Kohlhaas, § 3 LFGB, Rn. 16; Meyer, in: Meyer/Streinz, § 3 LFGB, Rn. 17; Rathke, in: Zipfel/Rathke, § 3 LFGB, Rn. 31.
[128] Vgl. BVerwG Urteil vom. 3.3.2011 – 3 C 8.10; EuGH Urteil vom 15.112007 –Rs. C-319/05; VG Köln Urteil vom 20.03.2013 – 7 K 3169/11 Reichweite des Arzneimittelbegriffs.
[129] Meyer, in: Meyer/Streinz, § 2 LFGB, Rn. 214.

3.5 Verwaltungsrechtliche Regelungen

Unter Berücksichtigung der Abschn. 3.1-3.4 konnte eine ausschließliche Strafbarkeit nur bei den Herstellern und Verkäufern, aber nicht bei dem Tatsubjekt „Konsument" festgestellt werden, da die Anwendbarkeit des BtMG aufgrund verfassungsrechtlicher Probleme nicht möglich ist. Die Konsumenten unterliegen auf dieser Basis keiner strafbaren Norm. Ein Schutz vor dem Konsum von NPS scheint jedoch zum Wohle der Bevölkerung offenkundig zu sein,[130] sodass präventive Erwägungen in die Debatte um NPS einbezogen werden müssen. Nicht nur eine pönalisierende Wirkung, sondern auch präventive Verordnungen (exemplarisch Polizeiverordnung) können dem Phänomen NPS effektiv entgegentreten. Zumal unter Anbetracht, dass das LFGB ebenfalls verwaltungsrechtliche Aspekte berücksichtigt, ist es nicht untypisch verwaltungsrechtliche Normen zu berücksichtigen. Eine ausschließliche präventive Regelung gegen den Konsum von NPS durch Konsumenten wäre u.a. eine Polizeiverordnung. Diese Alternative wird vorliegend nicht weiter aufgegriffen, da NPS ein föderales Problem darstellt und einzelne Polizeiverordnungen lediglich eine geografische Verlagerung des NPS-Konsums in Deutschland festzustellen wäre, was jedoch in der vorliegenden Problematik nicht zielführend ist. Diesbezüglich bedarf es einer bundesweiten Verordnung, die eine Harmonisierung zwischen den Bundesländern gewährleistet. Ein möglicher Aktionismus könnte sich aus dem Art. 74 Nr. 19 GG, der sich u. a. auf das Recht der Arzneien, der Medizinproduktion, der Betäubungsmittel und der Gifte erstreckt, ergeben. Nach Angaben von der Bundesdrogenbeauftragten wird aktuell zusammen mit den fachlich zuständigen Bundesministerien an einer umfassenden gesetzlichen Regelung gearbeitet. Ziel soll es dabei sein, die Verbreitung und Verfügbarkeit und damit den gefährlichen Konsum der nicht auf ihre Inhaltsstoffe deklarierten, hochgefährlichen Kräutermischungen, Badesalze oder Raumlufterfrischer zu unterbinden.[131] Es wird abzuwarten sein, wie die Lösung des Bundesministeriums für Gesundheit ausgestaltet wird.

---

[130] Siehe Punkt 7.3.7.
[131]   http://www.drogenbeauftragte.de/presse/pressemitteilungen/2014-04/legal-highs-werden-verboten.html (Stand 02.12.2014).

3.6 Zusammenfassung der juristischen Diskussion

Auf der Grundlage des BGH-Urteils zu dem Artenschutz[132] ist durchaus eine generische Klassifizierung von Substanzen in das BtMG möglich, wobei besonders hervorgehoben werden muss, dass in dem vorliegenden Urteil der sachkundige Täter einbezogen wurde und daher auf die vorliegende Problematik eine Strafbarkeit nur bei Herstellern und Verkäufern berücksichtigen werden darf. Der Einbezug von generischen Substanzgruppen überzeugt jedoch nicht, da aus Sicht des Verfassers die bis dato klar vorgegebene Struktur in den Anlage I-III im BtMG konterkariert wird und durchaus ein systematischer Bruch in der Form erkennbar wird, dass in der Anlage I-III ein stringentes und in der Anlage IV (Stoffgruppen) ein erweiterter Bestimmtheitsgrundsatz vorzufinden wäre. Eine Abkehr des stringenten Bestimmtheitsgebotes, um die Endverbraucher in die Strafbarkeit zu führen ist aus hiesiger Sicht nicht nachvollziehbar. Zumal es auch verwaltungsrechtliche Möglichkeiten gibt die Substanzen dem Endkonsumenten zu entziehen, ohne gleiche mit dem Schwert des Strafens zu agieren. Die Prävention (vgl. Abschn. 7.2.2) im Bereich der NPS kann nicht ausschließlich durch Repression erfolgen, sondern es bedarf aus hiesiger Sicht verwaltungsrechtlicher Vorschriften in Zusammenhang mit Präventionsprogrammen, wie es bereits im Bereich der Fahrerlaubnisverordnung praktiziert wird. Durch dieses Konglomerat wird die Mündigkeit der Konsumenten gestärkt und der Konsum durchaus auf ein Minimum reduziert. Es wird abzuwarten sein, wie der Entwurf des BMG verwaltungsrechtlich ausgestaltet sein wird oder ob die Strafverfolgungsbehörden über das LFGB das Phänomen NPS entgegengetreten werden, nachdem die Anwendbarkeit des AMG abgelehnt wurde. Als einzige Möglichkeit der Repression von Konsumenten bietet sich das BtMG an, vorausgesetzt das BMG entscheidet sich dafür das Bestimmtheitsgebot aufzulockern. Sollte sich die Legislative für eine Anlage IV aussprechen, wird das Problem mit NPS nicht gelöst werden, sondern das Problem der „nicht geringen Menge" wird automatisch virulent, was augenscheinlich in der aktuellen Diskussion nicht gesehen wird.

Eine repressive Verfolgung von Hersteller und Produzenten ist jedoch unumgänglich, da verwaltungsrechtliche Ansätze aufgrund der Motivlage sich nicht erfolgsversprechend darstellen. Ein Einbezug in das BtMG ginge jedoch vorliegend ebenfalls fehl, da eine Strafbarkeit durchaus nach dem AMG anzunehmen ist, wenn unter dem Arz-

---

[132] BGH, Beschluss vom 16.8.1996 – 1 StR 745/95.

neimittelbegriff der Tatbestand „beeinflussen" nicht nur positive, sondern auch negative Wirkungen erfasst werden, wie in den letzten Jahren von der Rechtsprechung [133] umgesetzt wurde. In Anbetracht des Vorlagebegehrens des 2. und 3. Strafsenats gegenüber dem EuGH und der Zeitspanne bis zum Urteilspruch wird erkennbar, dass diese gerade einmal 1 Jahr beträgt. Diese sehr kurze Bearbeitungszeit rekurriert daher, dass bei den beiden Verfahren des BGH Haftgründe betroffen waren und eine schnelle Entscheidung daher notwendig war. Aufgrund dieser kurzen Entscheidungszeit ist nicht auszuschließen, dass bei einem erneuten Vorabentscheidungsverfahren gegenüber dem EuGH ohne eine Dringlichkeit zu begründen, das Urteil möglicherweise von dem vorliegenden abweichen könnte.

Abgesehen von der Fokussierung auf die Sanktionsart über das AMG sind die Nebenstrafgesetze nicht zu vernachlässigen. Der 5. Strafsenat[134] hat einen ersten Schritt durch seinen Anfragebeschluss an den 2. und 3 Strafsenat getan, um gerade Kräuter-sowie Räuchermischungen in die Strafbarkeit des VTabakG einzubeziehen. Eine uferlose Einbeziehung aller NPS-Produkte über das VTabakG ist jedoch nicht anzunehmen, da die Grenze spätestens bei der Einnahme in Pillen- oder Pulverform anzunehmen sein wird, da diese Formen keine tabakähnlichen Erzeugnissen entsprechen, wobei der 1. Strafsenat den Antrag des 5. Senates aufgrund der fehlgehenden Zweckbestimmung von Kräutermischungen gegenüber das VTabakG klargestellt hatte. Kräutermischungen würden daher nicht dem VTabakG unterfallen, da sie nicht Ersatz für Tabakerzeugnisse darstellen, sondern zur Erreichung eines anderen Zweckes –der Versetzung in einem mit Tabakerzeugnissen *nicht* zu erreichenden Rauschzustand- geraucht werden.[135] Dieser Ansicht kann jedoch vorliegend nicht geteilt werden, da der Begriff tabakähnlich gerade eine Surrogateigenschaft gegenüber dem Rohtabak suggeriert.

Eine Strafbarkeit des Herstellers sowie des Verkäufers ist jedoch weiterhin denkbar, da nach der Definition des LFGB bei den NPS-Produkten, die nicht dem VTabakG unterliegen, die Lebensmitteleigenschaft anzunehmen ist, solange die Zuführung nicht über den Blutkreislauf erfolgt. Eine rechtliche Grauzone bleibt jedoch bei den NPS-Substanzen festzustellen, die ausschließlich intravenös eingenommen werden, da der nationale Gesetzgeber gegenüber der weiten Auslegung in der Verordnung

---

[133] BGH, NJW 1998, S. 836 f.
[134] BGH, Urteil vom 05.11.2014, Az. 5 StR 107/14.
[135] BGH, Beschluss vom 20.01.2015, Az. 3 Ars 28/14.

(EG) 178/2002 eine intravenöse Einbeziehung gemäß § 3 Nr. 1 LFGB ausgeschlossen hat.

Eine Betrachtung des Grundstoffüberwachungsgesetz (GüG) im Kontext mit NPS unterblieb vorliegend, könnte in wenigen Einzelfällen bei Reinsubstanzen durchaus relevant werden, wenn dort Grundstoffe gemäß § 1 Nr. 1 GüG i. V. m. der Verordnung Nr. 273/2004/EG des Europäischen Parlaments und des Rates vom 11.2.2004 betreffend Drogenausgangsstoffe verarbeitet wurden.

4 Stand der empirischen Sozialforschung

Ziel der empirischen Sozialforschung ist es, Erkenntnisse über die soziale Realität zu erhalten bzw. sich ihr anzunähern.[136] Einen ersten Anstoß für eine empirische Forschung hinsichtlich NPS konnte 2008 festgestellt werden, als die Droge „Spice" auf dem deutschen Drogenmarkt vorzufinden war. Aufgrund dieser neuartigen Erscheinung führte 2009 die Universität Frankfurt am Main, Centre for Drug Research (CDR) eine Mixstudie (quantitative sowie eine qualitative Erhebung)[137] zum Thema „Spice, Smoke, Sende & Co.- Cannabinoidhaltige Räuchermischungen: Konsum und Konsummotivation vor dem Hintergrund sich wandelnder Gesetzgebung" durch. Diese Studie versuchte erste wesentliche Befunde zu den Konsummotivationen, der Konsumhäufigkeit sowie über allgemeinen soziologischen Variablen, die im Kontext mit dem Konsum von NPS in Betracht gezogen werden können, zu erheben. Im Jahr 2011[138] wurde dieses Projekt im Auftrage des Bundesministeriums für Gesundheit fortgeführt, wobei eine ausschließliche quantitative Erhebung im Fokus stand. Es wurden gezielt NPS-Konsumenten in speziellen Online-Foren angeschrieben, um von dem Wissensstand der Konsumenten partizipieren zu können. Neben den beiden zuvor benannten speziellen Studien über NPS veröffentlichte die CDR im Jahr 2014 bereits den 12. jährlich durchgeführten Monitoring-System Drogentrends (MoSyD) Jahresbericht für Frankfurt am Main.[139] In dieser Studie werden die Frankfurter Schüler neben Fragen zu den allgemeinen illegalen Drogen auch mit Fragen zu NPS konfrontiert, um gerade den „Drogentrend" in der Hauptzielgruppe der 15-bis 18-Jährigen abzuschätzen. Neben der örtlichen Betrachtung im Bereich Frankfurt am

---

[136] Häder, S. 20.
[137] Werse/Müller.
[138] Werse/Morgenstern.
[139] Werse/Morgenstern/Sarvari.

Main gibt es eine ähnliche Studie in Hamburg, die jedoch nicht kontinuierlich, sondern nur in mehrjährigen Abständen durchgeführt wird. Diese Schüler- und Lehrerbefragungen zum Umgang mit Suchtmitteln (SCHULBUS-Studie) wurde zuletzt 2012 durchgeführt, wobei auch dort Fragen hinsichtlich der Konsumhäufigkeit von Räuchermischungen (ab 2009) und Research Chemicals (ab 2012) einbezogen worden sind.[140] Neben den bereits benannten nationalen Studien wird lediglich noch auf eine Studie aus 2014 von einer Studentin von der Universität des Saarlandes verwiesen, die die Prävalenzrate von NPS im Bereich der Studentenschaft untersucht hatte.[141]

Im Bereich der europäischen empirischen Forschung, die u. a. separate Ergebnisse für Deutschland aufweisen, kann auf die 2011 veröffentlichte europäische Studie „Eurobarometer 2011"[142] verwiesen werden. Auftraggeber des Eurobarometers war das Direktorat für Information der EU-Kommission. Ziel der Befragung war der Vergleich der sozialen Bindungen in den verschiedenen EU-Ländern[143] sowie die Drogenaffinität in Europa bei der Altersgruppe 15 bis 24 Jahre widerzuspiegeln, wobei auch Fragen zu NPS berücksichtigt wurden. 2014 wurde dieselbe Studie wiederholt, jedoch mit marginalen Änderungen der Fragestellungen, sodass durchaus Vergleichsmöglichkeiten zwischen den Jahren 2011 und 2014 durchgeführt werden können. Diese wenigen Studien bieten eine erste Möglichkeit einen wesentlichen Überblick über die Popularität von NPS, gerade bei der Schülerschaft, zu erhalten. Bereits in dem Jahresbericht 2010 der Europäischen Beobachtungsstelle für Drogen und Drogensucht (EMCDDA 2010)[144] sowie im 1. Alternativen Sucht und Drogenbericht 2014[145] wurde illustriert, dass es kaum umfassende Erhebungsmaterialien zu den Prävalenzdaten zu dem Konsum von NPS bestehen. Neben den mangelnden Prävalenzraten bestehen keine Forschungsansätze bezüglich der Folgeschäden aus therapeutischer oder notärztlicher Sicht nach dem Konsum von NPS oder ob die Beschaffungskriminalität beim Konsum von NPS eine Rolle spielt. Es wird daher versucht, diese Forschungsdefizite durch die vorliegende explorative Studie wesentlich zu erhellen.

---

[140] Baumgärtner/Kestler.
[141] Oechsner.
[142] http://ec.europa.eu/public_opinion/flash/fl_330_en.pdf (02.02.2015).
[143] Müller-Benedict, S. 25.
[144] http://emcdda.europ.eu/publications/implementation-reports/2010 (Stand 22.08.2014).
[145] http://alternativer-drogenbericht.de/wp-content/uploads/2014/07/Alternativer-Drogen-und- Suchtbericht-2014.pdf, S. 22 f. (Stand 15.07.14); http://alternativer-drogenbericht.de/wp-content/uploads/2015/05/Alternativer-Drogen-und-Suchtbericht-2015.pdf (Stand 11.06.2015).

5 Forschungsleitende Fragen

Aufgrund der komplexen nationalen gesellschaftsorientierten Ausrichtung werden die forschungsleitenden Fragen derart offen gestaltet, dass sie ausreichend Raum und Flexibilität für die Untersuchung zulassen. Um eine Vergleichbarkeit mit den vorbenannten Studien (vgl. Abschn. 4) durchführen zu können, wurde die Fragestellung einmal an diesen Studien ausgerichtet, wobei weitere Fragestellungen darüber hinaus einbezogen wurden. Die wesentlichen forschungsleitenden Fragen waren:

➢ Kann eine Zunahme von NPS-Konsumenten in Deutschland festgestellt werden, die zu Schäden im Gesundheitssystem führen könnten?

Die Beantwortung der Frage ist dazu geeignet, Erkenntnisse über die Popularität hinsichtlich des Konsums von NPS zu gewinnen, aber zugleich auch die daraus resultierenden gesellschaftlichen Schäden für das Gesundheitswesen darzustellen.

➢ Stellt sich die Präventionsarbeit in Deutschland über NPS als sinnvoll und effektiv dar und wie betrachtet die Bevölkerung die Risiken von NPS?

Die Beantwortung dieser Frage kann für Institutionen im Zusammenhang mit der Präventionsarbeit (z. B. Beratungsstellen) dienlich sein, um entsprechende Präventionsprogramme im Kontext mit NPS anzupassen.

➢ Führt der Konsum von NPS zu einer gesteigerten Delinquenz?

In der Vergangenheit wird immer wieder eine Konnexität zwischen der Beschaffungskriminalität und dem Drogenmissbrauch gesehen. Dieser mögliche Zusammenhang soll vorliegend überprüft werden.

➢ Stellt der Konsum von NPS ein Substitut für Cannabis da?

Die letzte Fragestellung wird aus politischer Sicht zurzeit virulent, da aus verschiedenen gesellschaftlichen Schichten eine Legalisierung von Cannabis gefordert wird, die bis dato jedoch nicht entsprochen wird. Die fortführende repressive Betrachtung des Cannabiskonsums durch den Fiskus kann möglicherweise einen Konsumwechsel hin zu synthetischen Produkten (NPS) fördern.[146]

---

[146] 2. Alternativer Drogen- und Suchtbericht 2015, S. 11.

6 Angewandte Methodik

6.1 Erhebungsdesign

6.1.1 Methode der Datenerhebung

Um eine aussagekräftige Studie, die durch ein methodisches Vorgehen die jeweiligen forschungsleitenden Fragen umfassend abbildet, zu erhalten, ist es erforderlich, sich für die forschungsleitenden Fragestellungen die bestmögliche Erhebungsmethode zu wählen. Ein Standardinstrument empirischer Sozialforschung bei der Ermittlung von Fakten, Wissen, Meinungen, Einstellungen oder der Bewertung bei wissenschaftlichen Arbeiten stellt der Fragebogen dar.[147] Ein Fragebogen ist ein psychometrisch entwickeltes Messverfahren, in dem qualitative Informationen zur Beschreibung von aktuellen, vorübergehenden oder überdauernden Merkmalen von Personen, aus der sozialen, kulturellen Umwelt und der Arbeitswelt herangezogen werden.[148] Bei dem Fragebogen handelt es sich um ein standarisiertes Interview Verfahren, da das Interview ein Part der Befragung ist. Befragungen erfreuen sich daher hoher Popularität und haben eine hohe Bedeutsamkeit erlangt- für gesellschaftliche, politische aber auch wirtschaftliche Entscheidungen sowie für die Ausrichtung von Strategien in Unternehmen und Organisationen bis hin zu Investitionsentscheidungen. So wurden 2011 ganze 36% aller Befragungen in Deutschland, die über ein Markt- und Sozialforschungsinstitut abgewickelt wurden, als Online-Befragung durchgeführt; 2010 waren es lediglich 3 %.[149] In diesem Kontext wurde sich in Form einer „atypischen" Mixstudie bedient, sodass zwei Erhebungsintervalle quantitativer Art, einmal in schriftlicher (an einem niedersächsischen Gymnasium; nachfolgend Vergleichsschule benannt)[150] sowie einmal mithilfe eines webbasierten Fragebogens durchgeführt wurden, um eine nationale Erhebung zu gewährleisten. Vor der Durchführung der Datenerhebung in der Vergleichsschule wurde die entsprechende Genehmigung bei der niedersächsischen Schulbehörde eingeholt. Die vorliegende Studie fußt daher auf einem Querschnittsdesign.

---

[147] Phillips, S. 3; Kaase/ Ott/ Scheuch, S. 17.
[148] Kallus, S. 11, S. 112 f.; Theobald, S. 8.
[149] Taddicken, S. 201 (202).
[150] Auf Wunsch der teilnehmenden Schule wurden die Angaben anonymisiert.

6.1.2 Webbasierter Befragungsbogen

Im Bereich der internetgestützten Befragung wird zwischen einer E-Mail-Befragung und einer Web-Befragung differenziert,[151] wobei vorliegend die webbasierte Befragung im Fokus steht. Das Kennzeichen für Web- Befragungen ist ein Fragebogen, der als Programm auf einem Server (Limesurvey) ausgefüllt wird und in unterschiedlichen Foren in Form eines Links platziert werden kann.[152] Ein wesentlicher Vorteil einer webbasierten Befragung ist, dass ein sehr großer unbestimmter Personenkreis erreicht werden kann, was zu einer Popularität dieser Methode führte. Mittlerweile wird in Deutschland ein Spitzenwert bezüglich der Anteile der Internetnutzung erreicht (um 76,5 %; 1998 = 10 %). Weiterhin ist der finanzielle Aufwand gering sowie die Feldzeiten kurz.[153] Der größte Anteil hinsichtlich des Internetzugangs ergibt sich in der Altersgruppe der 18- bis 29-Jährigen mit 97%.[154] Weitere Vorteile der Onlineumfrage sind u. a.:

➢ Erstens: Es können innerhalb kürzester Zeit große Erhebungszahlen kostengünstig erzielt werden und anschließend mit Standardauswertungsprogrammen betrachtet werden.[155]

➢ Zweitens: Es ist mit steigendem Stichprobenumfang kein Mehraufwand verbunden, weder in finanzieller noch in zeitlicher Hinsicht.

➢ Drittens: Es können Online-Umfragen unabhängig von Zeit und Raum durchgeführt werden, die zu Befragenden müssen lediglich über das Internet (z. B. über ein Smartphone) erreichbar sein.

➢ Viertens: Die Beantwortung der Fragen kann 24 Stunden am Tag und 365 Tage im Jahr von nahezu jedem Ort in der Welt erfolgen.

➢ Fünftens: Die Daten können zu jedem Zeitpunkt der Erhebung in auswertbarer Form vorliegen.[156] (hohe Standardisierung die überwiegende Automatisierung des Untersuchungsprozesses, komplexe Filterführung sowie die Randomisierung von Frage- und Antwortreihenfolgen)

---

[151] Umfassend dazu Gräf, S. 15 f.
[152] Schnell/Hill/Esser, S. 374; umfassend zur webbasierten Umfrage Couper 2008.
[153] Bandilla/Hauptmanns, ZUMA-Nachrichten, S.36; Bandilla/Bosnjak/Altdorfer, ZUMA-Nachrichten, S. 7 (8); Diekmann, S. 522 f.; Bandilla, S. 3-4; Vgl. http://de.statista.com/statistik/daten/studie/13070/umfrage/entwicklung-der-internetnutzung-in-deutschland-seit-2001/ (Stand 28.05.2013).
[154] Bandilla, S. 4.
[155] Janetzko, S. 137.
[156] El-Menouar/Blasius, ZA-Informationen 2005, S. 70 (71). Schnell/Hill/Esser, S. 369 f.

> Sechstens: Letztlich entfällt die bei Papierfragebögen zeitlich und finanziell aufwändige und fehleranfällige Dateneingabe, sodass eine Datenanalyse meist parallel zur Feldphase erfolgen kann.[157]

Grundsätzlich kann jedoch festgestellt werden, dass die webbasierte Befragung die Möglichkeit geboten hat, Konsumenten/-innen von NPS bundesweit zu erreichen. Auch verschiedene Altersgruppen und unterschiedliche Milieus und Szenen konnten so angesprochen werden.

Als wesentlichen Nachteil für webbasierte Befragungen wird jedoch die mangelnde repräsentative Stichprobe benannt. Niemand vermag die Grundgesamtheit der Internetnutzer zu beschreiben.[158] Wer warum an einer Erhebung teilnimmt, ist nicht immer einsichtig. Ein vielbeklagtes Problem ist daher die Selbstselektion der Teilnehmer.[159] Die Stichprobenziehung, die eine Teilmenge der Gesamtheit darstellt, ist somit nicht frei von Verzerrungen. Die erfasste Stichprobe ist daher nicht repräsentativ für die Gesamtheit der Internetbenutzer, geschweige denn für die gesamte Bevölkerung,[160] wobei die Datenqualität durch die Mehrzahl der Erreichbarkeit der Personen über das Internet zugenommen hat.[161] Es ist daher eine Gratwanderung zwischen der u. a. monetären Situation und einer repräsentablen Stichprobenziehung. Dadurch, dass der Link zum webbasierten –Online-Fragebogen nicht nur in den Internetforen (z, B, Facebook) eingestellt wurde, sondern auch an allgemeinbildende Schulen sowie Hochschulen (vgl. Abschn. 6.1.2.1) verteilt wurde, ist das Problem der Repräsentativität zu relativieren, wobei bereits jetzt festgestellt werden kann, dass von den 1.005 Teilnehmern der überwiegende Teil der Teilnehmer über allgemeine Bildungsträger (43,2%), Hochschulen (31,5%) sowie über das Internet (14,5%) über die vorliegende Umfrage Kenntnis erlangt hatten (vgl. Abbildung 4). Eine differenzierte Betrachtung im Bereich des Internets nach Forenarten erfolgte vorliegend nicht, da dies im Fragebogendesign nicht vorgesehen war.

---

[157] Funke 2010; umfassend dazu auch Theobald, S. 16, (18 f.); Taddicken, S. 201 (207 f.).
[158] Couper/Coutts, S, 217 (219).
[159] Couper (2000).
[160] Janetzko, S. 137 f., S. 145.
[161] Gräf, S. 55.

6.1.3 Schriftlicher Befragungsbogen

Für die Untersuchung und Erkenntnisgewinnung hinsichtlich der forschungsleitenden Fragen wurde neben dem webbasierten Fragebogen eine schriftliche Umfrage an einer Vergleichsschule (Gymnasium in Niedersachsen) durchgeführt, um die dort erhaltenen Befunde mit denen der webbasierten Umfrage sowie mit den bereits benannten Schülerbefragungen zu vergleichen. Der Fragebogen wurde auf der Grundlage der wissenschaftlichen Ethik und den in Abschn. 6.1.4 benannten Grundsätzen erstellt. Die Fragebögen wurden vom Verfasser an die Schülerschaft verteilt, soweit sie die schriftliche Genehmigung der Erziehungsberechtigten[162] vorgelegt hatten. Die erforderliche Genehmigung wurde zuvor von der niedersächsischen Landesschulbehörde in Osnabrück gemäß RdErl. d. MK v. 1.1.2014 - 25b-81402 (SVBl. 1/2014 S.4) - VORIS 22410 – [Umfragen und Erhebungen in Schulen] genehmigt. Das angeführte Gewinnspiel bei der webbasierten Befragung wurde bei der Schülerbefragung nicht einbezogen, da durch die direkte Ausgabe und spätere Einsammlung der Fragebögen keine wesentliche Motivationsgrundlage für den Rücklauf ersichtlich war.

6.1.4 Struktur des Fragebogens

Bei der Gestaltung der beiden Fragebögen wurde auf bereits verwendete Fragebögen der zuvor benannten Studien (vgl. Abschn. 4) zurückgegriffen, um einen möglichst homogenen Vergleich mit den dort getroffenen Befunden zu gewährleisten. In einigen Bereichen wurden die Fragen jedoch teilweise erweitert und modifiziert und gerade bei der Vergleichsschule die Hinweise zum Gewinnspiel sowie die altersuntypischen Fragen (Kinder, Berufsstand) entfernt.[163] Die Fragebögen beinhalten rund 52 Fragen, die in fünf Kategorien

- Personen- und geographischbezogene Angaben
- Konsumverhalten (Motivation und Konsumhäufigkeit)
- Konsumrisiken (Risikoeinschätzung/ Krankheitstage)
- Verfügbarkeit von psychoaktiven Substanzen (Erwerbsquellen)
- Bewertung des Fragebogens

---

[162] Vgl. Anlage 7.3
[163] Vgl. Anlage 7.2.

aufgeteilt wurden, u.a. in abhängige sowie unabhängige Variable (vgl. Tabelle 1), wobei diese in diskrete „dichotom" sowie aber auch durch „stetige" polytom Merkmalsausprägungen ausgestaltet wurden.[164] Der Teilnehmer musste jedoch nicht alle Fragen durchlaufen, da spezifische Fragen an Bedingungen geknüpft waren, sodass bei entsprechender Beantwortung der Fragen, die Umfrage verkürzt oder verlängert werden kann.

Tabelle 1: Anhängige und unabhängige Variablen

Abhängige Variablen	Unabhängige Variablen
NPS-Konsum und Umstände	Biographische Merkmale
Konsum anderer Drogen	geografische Merkmale
Psychische-sowie physische Nebenwirkungen	
Kenntnisstand und Einschätzungen über NPS	
Finanzierungsumstände von NPS	

Im Bereich der abhängigen Variablen bilden im Wesentlichen die Konsummuster von NPS den Schwerpunkt. Innerhalb dieses Musters wurden zwei unterschiedliche Konzeptionen zur Differenzierung von Konsumenten verfolgt. Einerseits wurde der Verlauf des Konsums anhand der Konsumfrequenz bezogen auf Jahre retrospektiv (beginnend bei der ersten NPS-Erfahrung) nachgezeichnet, anderseits das aktuelle Konsummuster bezogen auf die letzten 30 Tage differenziert erfasst.

Zur Durchführung von Teilgruppenanalysen wurden im Rahmen der unabhängigen Variablen soziodemographische Grunddaten, wie Geschlecht, Alter, Familienstand gegenwärtige Tätigkeit, Schulabschluss und Berufsausbildung, erhoben. Um sowohl regionale als auch Stadt-Land-Unterschiede im NPS-Konsum aufdecken zu können, wurde nach der Größe des Herkunftsortes und dem Bundesland gefragt.

Die Fragen in den jeweiligen fünf Kategorien wurden unter der Berücksichtigung der Maximen der Kognitionspsychologie[165] und Kommunikationslogik eingearbeitet, um ein schlüssiges Ergebnis zu erlangen. Im Bereich der Itembildung (Statements/Aussagen) wurden u. a. auf eine kurze und einfache Darstellung geachtet. Bei den überwiegenden Items wird es sich daher überwiegend um geschlossene und Retrospektivfragen handeln, wobei darauf geachtet wurde, dass die Fragen unterei-

---

[164] Müller-Benedict, S. 34.
[165] Porst, S. 17 f.

nander eine enge Konnexität vorweisen, um so dem sog. „Halo-Effekt"[166] entgegen-zuwirken. Bei geschlossenen Fragen gibt es eine begrenzte definierte Anzahl mögli-cher Antwortkategorien, welche die befragte Person beantwortet musste. Diese ge-schlossenen Fragen unterlagen u.a. einer Einfachnennung, bei der sich die befragte Person für eine der vorgegebenen Alternativen entscheiden musste, um so auch ei-ne Vergleichbarkeit zu ermöglichen.[167] Als wesentliche Vorteile von geschlossenen Fragen sind hier einmal die Vergleichbarkeit der Antworten, die Objektivität, der ge-ringe Zeitaufwand für den Befragten sowie der geringe Aufwand bei der Auswertung zu benennen.[168] Der Nachteil von geschlossenen Fragen besteht allerdings darin, dass sich Befragungspersonen gelegentlich nicht in den vorgegebenen Antwortkate-gorien wiederfinden und den Fragebogen dann nicht beantworten (nonresponse) oder bewusst falsche Angaben tätigen, die das Ergebnis verfälschen würde.[169] Die-sen möglichen Ursachen wurde in der Form Rechnung getragen, dass bei den ent-sprechenden Fragestellungen das Item" keine Angaben" berücksichtigt wurde. Die Darstellung der Konsumhäufigkeit erfolgte z. B. auf der Grundlage einer vierstufigen Ratingskale mit den Items „keinmal" bis „ häufiger als 10 Mal". Der Einbezug von Er-fahrungen, Einschätzungen und Motivationslagen wurde dagegen in einer sechsstu-figen Ratingskale mit der Item-Batterien „gar nicht" bis „sehr oft", „sehr unwichtig" bis „sehr wichtig" und „sehr gering" bis „sehr hoch" einbezogen.

Der Einbezug von sog. offenen Fragen wurde in der vorliegenden Umfrage auf ein Minimum reduziert, da aufgrund der Komplexität von NPS durchaus der Befragte (ge-rade Schüler) überfordert sein könnte und sehr häufig keine Antworten bei diesen Fragetypen vorzufinden sind.[170] Eine offene Frage bietet sich immer dann an, wenn die tatsächliche Vielfalt möglicher Antworten auf eine Frage abgeschätzt wird (ge-schlossene Fragen), aber nicht definitiv bestimmt werden kann (offene Frage).[171] Neben dem Einbezug von offenen und geschlossenen Fragen wurden weiterhin sog. halboffene Fragen in den Fragebogen einbezogen. Diese stellen sich in der Form dar, dass eine an sich geschlossene Frage durch eine zusätzliche Kategorie (z. B.; „Sonstiges, bitte nennen") zu einer offenen Frage wird, wenn sich die Befragungs-

---

[166] Diekmann, S. 464, Schnell/Hill/Esser, S. 323 f., 336.
[167] Porst, S. 51; Möhring/ Schlütz, S.183 (192).
[168] Diekmann, S. 477; Theobald, S. 108 f.
[169] Porst, S. 53.
[170] Raab-Steiner/Benesch, S. 50.
[171] Porst, S. 57.

person nicht in eine der vorgegebenen Antwortkategorien einordnen kann oder will.[172] Dieser Fragetypus wurde überwiegend bei den Fragestellungen der jeweiligen NPS-Produkte verwendet, da aufgrund der Vielzahl der unterschiedlichen Produkte von NPS eine vorgegebene Antwortskala nicht möglich gewesen war.

6.1.5 Stichprobenziehung/ Feldzugang und praktische Durchführung der Befragungen

6.1.5.1 Stichprobenziehung/ Feldzugang

Im Rahmen der Stichprobenziehung wurde angestrebt, die höchste Objektivität, Reliabilität sowie Validität zu erreichen, wie es auch der Ethik-Kodex der Deutschen Gesellschaft für Soziologie (DGS) und des Berufsverbandes Deutscher Soziologen (BDS) postuliert, wobei durch die gewählte Stichprobenwahl (Schneeballprinzip) bei der webbasierten Umfrage die zuvor benannten Maximen zu relativieren sind (vgl. Abschn. 6.1.1). Als reliabel ist eine Methode und ein Erhebungsprozess einzustufen, wenn sie zuverlässig ist, d. h., wenn die Messergebnisse mit anderen Instrumentarien reproduziert werden können.[173] Objektivität bedeutet, dass die Erhebung dasselbe Ergebnis unabhängig von dem messenden und erhebenden Subjekt erbringt; das Ergebnis muss daher replizierbar sein.[174] Das Gütekriterium der Validität (= Gültigkeit) gilt als das wichtigste Kriterium eines Forschungsprozesses. Gültigkeit bedeutet, dass die Methode dazu geeignet ist, das zu erheben, worüber Erkenntnisse gewonnen werden sollen.[175]

Als wesentliche Grundgesamtheit sollte eine nationale Betrachtung herangezogen werden, wobei es aus praktischen Gründen nicht möglich ist, jeden Bewohner in Deutschland zu befragen. Diesbezüglich bedarf es einer Stichprobenziehung, um von dem Ergebnis der Stichprobe auf die Gesamtheit schließen zu können. Unter Grundgesamtheit („target population") ist diejenige Menge von Individuen, Fällen, Ereignisse zu verstehen, auf die sich die Aussage der Untersuchungen beziehen muss und die im Hinblick auf die Fragestellung und Operationalisierung vorher eindeutig abgegrenzt wurde.[176] Der Begriff Stichprobe bezeichnet daher eine kleine

---

[172] Porst, S. 55; Diekmann, S. 478.
[173] Kallus, S. 15; Diekmann, S. 250; Schnell, Hill/Esser, S. 143.
[174] Kallus, S. 15; Diekmann, S. 249; Fuchs-Heinitz, S. 479.
[175] Häder, S. 108 f.; Fuchs-Heinitz, S. 717; Diekmann, S. 256; Schnell, S. 143 f.; Kallus, S. 15; Schnell/Hill/Esser, S. 146 f.
[176] Kromrey, S. 255; Raab-Steiner/ Benesch, S. 18.

Teilmenge der sog. Grundgesamtheit, deren Auswahl nach bestimmten Kriterien erfolgen sollte, um verallgemeinerbare Aussagen treffen zu können.[177] Aufgrund der bekannten Bevölkerungsgröße in Deutschland und unter Berücksichtigung der vorliegenden Masterarbeit, wurde daher eine willkürliche Stichprobe (Sample) in Form des Schneeballsystems (simple random sampling)[178] durchgeführt. Eine Auswahl ist dann willkürlich, wenn bei der Entscheidung über die Beteiligung an der Umfrage unkontrolliert der Auswahlplan nur im Ermessen des Auswählenden liegt.[179] Das vorliegende Schneeball-Verfahren startete mit dem Feldzugang über das soziale Netzwerk „Facebook", indem dort der Beitrag über ein sog. Posting-Verfahren an mehrere User gesendet und verbreitet wurde. Neben der Plattform „Facebook" wurde der Befragungslink auf der Homepage „unibrett.net" sowie bei speziellen Foren für NPS-Konsumenten (z. B. kifferforum.grow.de, legal-highs.de, Räuchermischungen-blog.info, legal-hig-inhaltsstoffe.de) publiziert und während der laufenden Phase (1.8.2014 bis 1.12.2014) wurden die User in drei Intervallen erneut auf den Link hingewiesen.

Neben der Verwendung von Internetportalen wurden weiterhin am 29.8.2014 nachfolgende Institutionen[180]:

> Krankenkassen

> Bundesagentur für Arbeit

> Landesstellen für Suchtfragen

> allgemeinbildende Schulen privater sowie öffentlicher Träger

> Hochschulen und das

> Bundeskriminalamt

per E-Mail, mittels einer Projektskizze und einem Informationsblatt[181] angeschrieben, umso einen möglichen Querschnitt der Gesellschaft, neben dem Internetzugang, als potentielle Befragte zu erhalten und eine Annährung zu einer Repräsentativität Stichprobe zu erhalten. Durch den Einbezug eines QR-Codes auf dem Informationsblatt, welches unmittelbar zu der Umfrage leitete, sollte dem multimedialen Trend der jüngeren User z. B via Smartphone, Rechnung getragen werden. Ein Teilnehmer sah

---

[177] Raab-Steiner/Benesch, S. 18; Jandura/Leidecker, S. 61 (62).
[178] Diekmann, S. 400; Raab-Steiner/Benesch, S. 20; Schnell, S. 294.
[179] Schnell/Hill/Esser, S. 291.
[180] Umfassend dazu vgl. Anlage Nr. 4.f.
[181] Vgl. Anlage Nr. 6.

die Verwendung des QR-Codes als wesentliche Hilfe an, um leichter zur Umfrage zu gelangen. Allgemeine Bildungsträger wurden bewusst mit einbezogen, da die Schüler und Schülerinnen durch die Umfrage durchaus auf das Problem NPS hingewiesen werden sollten und die angeschriebenen Schulen mittels des Informationsblattes das Thema im Rahmen ihrer Drogenaufklärung einbringen konnten. Ein „Totschweigen" dieses Problems, wie es in der Vergangenheit durch einzelne Präventionsträger praktiziert wurde, ist seit der medialen Berichterstattung[182] nach dem EuGH-Urteil und den drei nachfolgenden BGH-Entscheidungen[183] nicht mehr als sinnvoll zu erachten. Ein Befragte äußerte sich diesbezüglich sogar wie folgt: *„Eine gute Idee, E-Mails an Schulen zu senden!"* Bei der Vergleichsschule bezog sich die Stichprobe lediglich auf den 10. Jahrgang, im Alter zwischen 14 bis 17 Jahre. Die Gesamtheit der potenziellen Befragten an der Vergleichsschule belief sich auf 179 Schüler.

6.1.5.2 Durchführung der Befragungen

6.1.5.2.1 Webbasierte Befragung

Bei dem Online-Fragebogen erreichte der Teilnehmer zunächst eine „Willkommensseite" mit einem Einleitungstext, in dem kurz der Begriff NPS erläutert, die verantwortliche Person, Hinweise zur Anonymisierung, eine kurze Darstellung hinsichtlich der Inhalte des Fragebogens, aber auch der Hinweis hinsichtlich einer Teilnahme an einem Gewinnspiel (bei vollständiger Beantwortung des Fragebogens) dargestellt wurde. Der Einbezug eines Gewinnspiel erfolgte deswegen, weil nachgewiesen werden konnte, dass bei der Befragung mit anschließender Gewinnverlosung nur halb so viele Teilnehmer den Fragebogen vorzeitig verließen, wie bei derselben Befragung, die keine Verlosung enthielt.[184] Aufgrund der tatsächlichen Unmöglichkeit allen potenziellen Befragten (Willkürprinzip) ein Geschenk unmittelbar auszuhändigen, wurde sich für eine nachgelagerte Verlosung entschieden. Ein Teilnehmer äußerte sich bezüglich der Verlosung: *„Coole Idee mit den Amazon-Gutscheinen."* Voraussetzung, um an diesem Gewinnspiel (Amazon-Gutscheine) teilzunehmen, war die Hinterlegung einer E-Mail-Adresse die separat von der eigentlichen Erhebung archi-

---

[182] http://www.ndr.de/fernsehen/sendungen/panorama_3/legalhighs101.html, http://www.stern.de/tv/sterntv/legal-highs-aus-dem-internet-die-gefahr-der-vermeintlich-legalen-drogen-2077955.html, http://www.stern.de/tv/sterntv/legal-highs-wer-hinter-dem-handel-mit-synthetischen-drogen-aus-dem-internet-steckt-2151697.html (Stand 29.11.2014).
[183] 1. Strafsenat, Urteil vom 23.7.2014, Az. 1 StR 47/14; 3. Strafsenat, Urteil vom 4.9.2014, Az. 3 StR/12; 2. Strafsenat, Urteil vom 18.8.2014, Az. 2 StR 22/13.
[184] Frick/ Bächtiger/ Reips, S. 241; Theobald, S. 57 f.

viert wurde und daher keinen Bezug zu einem Datensatz hergestellt werden konnte und weiterhin der Grundsatz des Anonymisierung bestand. Ziel dieses Gewinnspieles war es, die Teilnahmebereitschaft zu stärken,[185] wobei gezielt darauf geachtet wurde, dass die Vorteile relativ geringwertig waren. Andernfalls kann das inhaltliche Interesse an der Erhebung auf Kosten des materiellen Interesses an den Anreizen zurückgehen. Es wurden gerade Amazon-Gutscheine gewählt, da diese in jeder Altersklasse Verwendung finden können. Während der gesamten Befragung verlief parallel zur Befragung ein visueller Balken, der dem Teilnehmer seinen Beantwortungsstand anzeigte, um die Fortführungsbereitschaft zu stärken. Als Abschlussseite wurden für interessierte Teilnehmer weitere Informations-Links (eltern-beratung-sucht.de/legal-highs.de; Aerzteblatt.de/pdf/111/9/m139.pdf) über NPS eingestellt.

Eine Anonymisierung der Probanden wurde durch die Internetplattform „Limesurvey" gewährleistet, denn die Anonymität der Beteiligten hat eine große Priorität.[186] Dies bedeutet, dass kein Zeitstempel, geschweige denn die IP des Nutzers gespeichert wurde. Die jeweilige Umfrage erhielt lediglich eine ID, die von dem System vorgegeben wurde. Eine wiederholte Beantwortung des Fragebogens durch die gleiche Person wurde aufgrund vorliegender technischer Möglichkeiten ebenfalls berücksichtigt und daher ausgeschlossen. Auf der Grundlage der vorliegenden technischen Gegebenheiten konnte dem Grundrecht auf informationelle Selbstbestimmung Rechnung getragen werden und die Befragung entspricht daher den erforderlichen Datenschutzbestimmungen.

6.1.5.2.2 Schriftliche Befragung an der Vergleichsschule

Die Erhebung erfolgte unmittelbar zwei Tage vor den Weihnachtsferien (18.12.2014), sodass der Schulbetrieb nicht wesentlich gestört wurde. Aus wissenschaftlich-ethischen Gründen (vgl. Ethik-Kodex der Deutschen Gesellschaft für die - DGS) wurde eine Erhebung unter dem 10. Jahrgang nicht in Betracht gezogen. Zumal die nationalen Studien (vgl. Abschn. 4) das Altersspektrum des 10. Jahrganges ebenfalls untersucht hatten. Bei der Datenerhebung an der Vergleichsschule wurde in allen fünf Klassen vom Verfasser in der entsprechenden Unterrichtsstunde, vor dem Austeilen der Fragebögen, das Thema kurz erläutert. Der Fragebogen wurde den Schü-

---

[185] Diekmann/Jann, ZUMA-Nachrichten 2001, S. 18 (21); Gräf, S. 36 f., 70.
[186] Orientiert an den Vorgaben des Berliner und Hessischen Datenschutzbeauftragten im Bereich der Wissenschaft und Forschung https://www.datenschutz.hessen.de/download.php?download_ID=61 (Stand 06.01.2015).

lern jedoch nur ausgehändigt, wenn eine Genehmigung der Erziehungsberechtigten vorlag und übergeben wurde.[187] Die Genehmigung der Erziehungsberechtigten wurde einen Tag zuvor den Schülern ausgehändigt.

Alle Antwortbögen, ohne Namensnennung der Teilnehmer, wurden separat durch den Verfasser in einem Umschlag gelegt, sodass eine retrograde Identifizierung nicht mehr möglich war. Bei einer Klasse konnte nach der Abgabe der Fragebögen auch ein darüber hinaus gehendes Interesse über NPS festgestellt werden, sodass mit der Schülerschaft über dieses Thema weiterhin diskutiert wurde. Das Vorhaben wurde von dem dort ansässigen Förderverein in der Form unterstützt, dass von dieser Institution die Papierkosten für die Fragebögen übernommen worden sind.

6.2 Operationalisierung

Operationalisierung kann als Anwendung einer Messtheorie verstanden werden, die Annahmen über die Konsequenzen der mit einem Begriff verbundenen Eigenschaften auf empirisch beobachtbare Sachverhalte beinhaltet. Im Bereich der Begriffsexplikation wird der gesellschaftliche Stellenwert von NPS in Deutschland einbezogen, wobei diese Extension durch die nachfolgenden Konzeptspezifikationen in die Fragebögen[188] in fünf Dimensionen operationalisiert wurde:

- Soziodemographische Hintergründe der Konsumenten: U. a. Fragen zu Geschlecht, Alter, Schulbildung, Arbeitssituation, Bundesland;

- Konsumerfahrungen und Konsummuster: Konsumhäufigkeit von Tabak, Cannabis, anderen illegalen Drogen und „Legal Highs", Einnahmeart, Konsumierungssituation (alleine oder in der Gruppe), Erstmaliger Konsum von „Legal Highs" vor Konsum von illegalen Drogen oder nicht. Fragen nach den konkret konsumierten Produkten/Substanzen

- Konsummotive: Fragenblock mit einer Liste möglicher Konsummotive,

- Beschaffung: Fragen nach den Quellen/Händlern

- Probleme/Risiken: Befragung bezüglich der Aufklärung hinsichtlich den gesundheitlichen Auswirkungen

---

[187] Anlage Nr. 7.3.
[188] Bei dem Fragebogen an der Vergleichsschule wurden die Frage nach Kindern, Arbeitssituation und Schulbildung gestrichen, da diese Fragen keinen Sinn ergeben hätten.

- delinquentes Verhalten: Wie wurden die Mittel zur Beschaffung von" Legal Highs" organisiert[189]

Die oben genannten Fragen werden überwiegend nach Nominalskalen (gerade bei den soziodemographischen Hintergründen der Probanden) und Ordninalskalen (bei den Konsummotiven) dargestellt.

6.3 Pretest

Die angestrebte Qualität und die praktische Anwendung der Echterhebung hängen ebenfalls von dem Pretest ab. Dieser „Vortest" überprüft den Fragebogen auf seine Systematik, Verständlichkeit und Konnexität. Der Pretest dient vor allem der Überprüfung des Verständnisses der Fragen durch den Befragten, er deckt Fehlerquellen, Hindernisse oder Schwierigkeiten auf.[190] Als Zielpersonen dieses Pretests fungierten die Mitglieder auf der Internetplattform „Facebook", da dort der Link vom 1.4.2014 bis zum 7.5.2014 zum webbasierten Fragebogen eingestellt wurde. Einen zweiten Pretest bei einem Bildungsträger (Schule) wurde aufgrund organisatorischer und zeitlicher Gegebenheiten nicht durchgeführt. Bei dem Pretest nahmen 147 Befragte teil. Wesentliche Änderungen in den bestehenden Fragen wurden nicht vorgenommen.

6.4 Datenauswertung sowie -bereinigung

Die Datenauswertung erfolgt u.a. auf der Grundlage einer deskriptiven (uni- sowie bivariaten) Statistik, wobei der vorliegende Forschungsbereich auch aus explorativer Sicht, hinsichtlich den sozialen Zusammenhängen, delinquente Verhaltensweisen mit NPS ebenfalls berücksichtigt wurde, weil diesbezüglich noch keine nationalen Studien vorliegen. Deskriptivstatistische Maßzahlen, u. a. das arithmetische Mittel dienten dabei als wichtiges Hilfsmittel.

Alle 1.173 Datensätze wurden auf ihre Schlüssigkeit und Vollständigkeit mit der Software IBM SPSS 22.0 überprüft. 168 Datensätze enthielten jedoch gar keine oder nur bedingte Antworten, wobei dort auch 28 NPS-Konsumenten vorzufinden waren. Offenkundige Gründe für das Abbrechen der Umfrage bei den NPS-Konsumenten sind nicht ersichtlich. Die Abbruchquote von 14% kann jedoch als gering angesehen werden, da aus statistischen Erhebungen zu dem Thema Nonresponsequote ersichtlich ist, dass zu Beginn der 1980er Jahre die Abbruchquote zwischen 25 bis 30 %

---

[189] Vgl. webbasierte Fragebogen Anlage Nr. 7.2.; Fragebogen an der Vergleichsschule Anlage, Nr. 7.2.
[190] Schnell/Hill/Esser, S. 340 f.; Schnell, S. 340 f.; Häder, S. 389.

lag.[191] Vermutlich resultiert die geringe Abbruchrate daraus, dass ein Gewinnspiel einbezogen wurde. Diese 168 nicht vollständigen Datensätze wurden in der Form bereinigt, dass sie nicht in die Auswertung einbezogen wurden und schlussendlich 1.005 Datensätze zur Auswertung kamen. Für die Visualisierung wurden die nicht beendeten Umfragen, sog. Unit-Nonresponse,[192] als missing values (99) im System deklariert und bei der Auswertung ausgeschlossen. Eine Nichtbeantwortung von Fragen, die unter einer Bedingung standen, wurden dagegen durch einen „logischen missing" (66) dargestellt. Durch entsprechende Randauszählungen[193] wurden die jeweiligen Variablen nach ihrer Plausibilität überprüft, um Divergenzen zu erkennen. Nachgelagert wurden Subgruppenanalysen zu den jeweiligen Variablen durchgeführt, die sich in den jeweiligen bivariaten Kreuztabellen wiederfanden. Bei der Auswertung konnten keine gravierenden Verständnismängel bei dem vorliegenden Fragebogen festgestellt werden.

Die gleichen Bereinigungsprozesse wurden ebenfalls bei der Vergleichsschule durchlaufen, wobei insgesamt 99 Teilnehmer festgestellt wurden. Alle Teilnehmer gaben den Fragebogen nach Erhalt wieder ab. Fehlerhafte ausgefüllte Fragebögen konnten nicht festgestellt werden. Unter Berücksichtigung der Gesamtschüleranzahl im 10. Jahrgang von 179 Schülern konnte eine Beteiligungsquote von 55% festgestellt werden. Mit rund 58% stellte das weibliche Geschlecht den größten Anteil der Befragten dar, wobei von den gesamten 87 männlichen Schülern lediglich 42 teilgenommen haben (48%). Es wird jedoch darauf hingewiesen, dass der Umfang der Vollerhebung an der Vergleichsschule durchaus Indikatoren hinsichtlich der Aufklärungsarbeit und des potenziellen Konsumverhaltens von illegalen Drogen und NPS von Schülern darstellen sollte, jedoch kann aufgrund der geringen Beteiligungsform und der Beschränkung auf nur eine Schulform keine validen Informationen ermittelt werden. Es bleibt grundsätzlich zu vermuten, dass NPS durchaus bei den Schülern angekommen ist, was bereits Umfragen an Schulen (vgl. Abschn. 4) ergeben haben. Von einer Repräsentativität in diesem Erhebungsbereich kann nicht gänzlich gesprochen werden, da diesbezüglich weitere Schulen befragt werden müssten. Dies war jedoch im Rahmen der vorliegenden Arbeit monetär und zeitlich nicht möglich.

---

[191] Schnell/Hill/Esser, S. 302.
[192] Schnell/Hill/Esser, S. 300.
[193] Schnell/Hill/ Esser, S. 431.

7 Empirische Betrachtung über ihre analytischen Konsequenzen

Die nachfolgende Datenauswertung wurde anhand einer Randauszählung „unimodale" (Häufigkeitstabellen) sowie durch eine Subgruppenanalyse „bimodale" oder „mehrdimensionale" Darstellung (Kreuztabellen) illustriert, bei denen jedoch überwiegend die Untersuchungseinheit „Altersklassen" berücksichtigt und diesbezüglich zu den jeweiligen Variablen in Kontext gesetzt wurde. Bei der webbasierten Umfrage wurden die bereinigten 1.005 Datensätze sowie bei der Vergleichsschule 99 Datensätze einbezogen. Bereits an diesem Punkt wird darauf hingewiesen, dass bei der Vergleichsschule ein männlicher 15-jähriger NPS-Konsument festgestellt werden konnte, dass er das Produkt „Katzenminze" in den letzten 30 Tagen 1 bis 5 Mal konsumiert hatte. Katzenminze erzeugt „milde" marihuanaartige Euphorie, die gelegentlich von Halluzinationen begleitet werden. Katzenminze ist frei in Deutschland erhältlich.[194] Auf der Grundlage dessen, dass lediglich ein NPS-Konsument in der Vergleichsschule festgestellt wurde, ist ein Vergleich der Erkenntnisse des einzelnen Konsumenten gegenüber der Vielzahl der NPS-Konsumenten bei der webbasierten Umfrage nicht sachgerecht. Ein Vergleich bezüglich der Fragestellungen, die alle Teilnehmer beantworten konnten (z. B. Informationsquellen, illegaler Drogenkonsum), konnte jedoch aufgrund der relativ hohen Absolutzahl von 99 Teilnehmern bei der Vergleichsschule durchaus vorgenommen werden.

Von den 1.005 Teilnehmern hat der überwiegende Teil über allgemeine Bildungsträger (43,2 %) sowie über Hochschulen (31,5 %) von der vorliegenden Umfrage Kenntnis erlangt (vgl. Abbildung 4). Dieser prozentuale Anteil aus den Bildungsträgern und Hochschulen ist deshalb erfreulich, weil so ein Vergleich mit den wenigen Studien, die ebenfalls diese Schwerpunktgruppe untersucht haben (vgl. Abschn. 4), möglich wurde.

7.1 Soziodemographische Merkmale

Zu Beginn des Fragebogens wurden soziodemographische Hintergründe der Teilnehmer, u. a. Fragen zu Geschlecht, Alter, Schulbildung, Arbeitssituation, Bundesland, Partnerschaftssituation, erhoben, um aufgrund dieser Datenbasis Vergleiche u. a. mittels der Kreuztabellen oder Häufigkeitstabellen durchzuführen.

---

[194] Schumacher, S. 241.

7.1.1 Altersstrukturen/Gender und Familienstand der Befragten

Im Rahmen der deskriptiven Darstellung stellt das arithmetische Mittel in der Illustrierung der Altersstruktur der Befragten keine abschließende sinnvolle Visualisierung dar, denn durch die Berechnung verfälschen auch „Ausreißer" das arithmetische Mittel. Der Median dagegen zeigt ein stabiles Ergebnis, solange in der Kategorie beliebige Zahlenzuordnung erlaubt ist. Unter diesen Aspekten wurde der Median sowie das arithmetische Mittel herangezogen. Von den 1.005 Befragten konnte der Median von 20 Jahren sowie ein Mittelwert von 21,79 Jahren festgestellt werden. Die stärkste Altersgruppe (Modalwert) dieses Befragungsintervalls nehmen mit 10,2 % die 15-Jährigen, gefolgt mit 8,9 % von den 17-Jährigen ein. An dem Box-Plot (vgl. Abbildung 5)[195] wird eindeutig ersichtlich, dass der überwiegende Teil der Teilnehmer zwischen 15 und 24 Jahre alt war. Auffällig im unteren Lebensaltersabschnitt war die Teilnahme eines 10- und 12-Jährigen. Auf der anderen Seite war der älteste Teilnehmer 70 Jahre.

Der prozentuale Anteil der NPS-Konsumenten beträgt in der vorliegenden Studie 10,6 % (107 Befragte). Bezüglich der Altersstrukturen bei den NPS-Konsumenten ergab die deskriptive Betrachtung, dass der Mittelwert bei 23,64 und der Median bei 21 Jahren lag, der gegenüber dem arithmetischen Mittel niedriger ausfällt, da u. a fünf markante Ausreißer im Alter von 59, 50, 47, 46 und 46 Jahren festgestellt werden konnten. Auf der anderen Seite ist besonders hervorzuheben, dass im Rahmen der Befragung das niedrigste Konsumalter bei 14 Jahren lag. An dieser Stelle soll jedoch noch darauf hingewiesen werden, dass ein 10-Jähriger und ein 13-Jähriger NPS konsumiert hatten, aber diese nicht berücksichtigt wurden, weil die Befragten den Fragebogen abgebrochen hatten. Bezüglich des Durchschnittsalters eines NPS-Konsumenten ergab die CDR-Studie ein Durchschnittsalter von 24,2 Jahre,[196] wobei dieser Wert lediglich um 0,54 Jahre von dem hiesigen Mittelwert 23,64 abweicht. Diese Erkenntnis hinsichtlich des Konsumalters ist durchaus für die staatlichen sowie für die privaten Präventionsträger wichtig, um entsprechend adressatengerecht an die Konsumenten heranzutreten.

Hinsichtlich der altersgruppenspezifischen Unterteilung konnten die meisten Befragten der Altersklasse 13 bis 18 Jahre (42 %) sowie der Altersklasse 22 bis 30 Jahre

---

[195] Vgl. Anlage 8.1,
[196] Werse/Morgenstern, S. 12 f.

(29 %) zugeordnet werden (vgl. Abbildung 6)[197]. Unter Beachtung der Altersklasse im Zusammenhang mit dem NPS-Konsum konnte in der Altersklasse 31 bis 40 Jahre mit rund 18 % eine gesteigerte Konsumhäufigkeit festgestellt werden, wobei dieser Wert zu relativieren ist, da dieser Konsumentenkreis ausschließlich über das Internet Kenntnis von der vorliegenden Umfrage erhalten hatte und daher die Lifetime-Prävalenz aufgrund der Einstellung des Umfragelinkes in speziellen Internetforen die Prävalenzrate verzerren könnte. Diese Verzerrung wäre jedoch nicht so ausgeprägt gewesen, wenn die angeschriebenen Krankenkassen und die Bundesagentur für Arbeit ebenfalls das bereits mehrmals benannte Informationsblatt[198] an ihre Kunden verteilt hätten. Diese Erwägungen der Verzerrungen sind durchaus auch in den anderen Altersklassen relevant. Jedoch sind die Verzerrungen nicht so ausgeprägt, da der Teilnehmerkreis unter 30 Jahren überwiegend durch Dritte (allgemeine Bildungsträger oder Hochschulen) Kenntnis von der Umfrage erhalten hatten. Auf der Grundlage dieser Erkenntnis kann in der Altersklasse 22 bis 30 Jahre mit rund 12 % die größte Lifetime-Prävalenz festgestellt werden (vgl. Tabelle 13). Aufgrund der festgestellten Popularität von NPS in der Altersklasse 22 bis 30 Jahre ist es nicht verwunderlich, dass die Normalverteilungskurve in dem Histogramm deutlich zeigt, dass im Bereich der 17- bis 24-Jährigen erhebliche Abweichungen von der Normalverteilungskurve festzustellen sind, die in dem Bereich der 45-Jährigen erneut virulent wird (vgl. Abbildung 7)[199].

Die Mehrzahl der Teilnehmer war mit rund 57 % dem weiblichen Geschlecht zuzuordnen, sodass es verwunderte, dass trotz der männlichen Minderheit die männlichen NPS-Konsumenten einen prozentualen Anteil von rund 66 % einnahmen, wobei in der Altersklasse zwischen 13 und 18 Jahren ein annäherndes Gleichgewicht zwischen beiden Geschlechtern bestand. Der offenkundige Unterschied wird jedoch im Laufe der Lebensphase immer deutlicher (vgl. Tabelle 40)[200]. Diese Entwicklung konnte bereits in der CDR-Studie[201] sowie bei der MoSyD 2013[202] festgestellt werden. Hier waren ebenfalls die Männer als Konsumenten von NPS überrepräsentiert (89 %), sodass der hiesige Befund nicht wesentlich verwundert. Der exorbitante pro-

---

[197] Vgl. Anlage 8.1.
[198] Vgl. Anlage 6.
[199] Vgl. Anlage 8.1.
[200] Vgl. Anlage 8.2.
[201] Werse//Morgenstern.
[202] Werse/Morgenstern/ Sarvari, S. 78.

zentuale Anteil der männlichen NPS-Konsumenten zeigt sich auch im Vergleich zu diversen Publikationen von Konsumenten illegaler Drogen.[203] Es kann jedoch nicht eindeutig geklärt werden, ob dieses Resultat eher auf ein tatsächlich vorhandenes Geschlechterungleichgewicht bei NpS-Konsumenten oder möglicherweise (auch) auf eine höhere Bereitschaft männlicher Konsumenten, sich an einer Online-Befragung zu beteiligen, zurückzuführen ist.

Eine Konnexität zwischen dem NPS Konsum und dem gemeinsamen Zusammenleben ergab keine Auffälligkeit. In der aktuellen CDR-Studie ist der Konsument überwiegend ledig und kinderlos.[204] Diese Befunde können ebenfalls in der Form bestätigt werden, dass rund 55 % der NPS-Konsumenten ledig und rund 89 % der NPS-Konsumenten kinderlos waren.

Im Bereich der geschlechtsspezifischen Verteilung der Befragungsbereitschaft konnte ebenfalls bei der Vergleichsschule (Gesamtzahl der Schüler im 10. Jahrgang 179) mit rund 58% das weibliche Geschlecht als auskunftsbereit festgestellt werden. Die generelle Beteiligungsquote lag bei 55%. Aufgrund der durchgeführten Befragung in einem 10. Jahrgang, aufgrund wissenschaftlicher- ethischer Hintergründe, ist es nicht verwunderlich, dass der Altersdurchschnitt bei 15,38 Jahren lag. Als sog. Ausreißer konnten zwei 14 und zwei 17 jährige festgestellt werden.

7.1.2 Geografische Merkmale der Befragten

Es konnte eine deutliche Überrepräsentanz der gesamten Teilnehmerschaft aus den südlichen Bundesländern Bayern (32,3 %) und Hessen (19 %) festgestellt werden; gefolgt von Niedersachsen (16 %) und Nordrhein-Westfalen (9 %) sowie Baden-Württemberg (8 %) vgl. Abbildung 9.[205]

Diese prozentuale Verteilung findet sich in ähnlicher Form bei den NPS-Konsumenten wieder, sodass ein sog. Nord-Südgefälle postuliert werden kann. Mit 48 % weist das Bundesland Bayern die größte Anzahl an NPS-Konsumenten auf. Hessen erreicht mit 21 % den zweiten und Nordrhein-Westfalen mit 9 % den dritten Platz. Ein solche nationale NPS- Konsumentenverteilung (vgl. Abbildung 8)[206] ist ebenfalls in der CDR-Studie bestätigt worden.[207] Es war jedoch nicht verwunderlich,

---

[203] Kemmesies; S. 101 f.; u. a. am Beispiel Cannabis vgl. Baumgärtner/ Kestler, S. 14.
[204] Werse/Morgenstern, S. 13; vgl. auch Studien über illegale Drogen, Kemmesies, S. 104.
[205] Vgl. Anlage 8.1.
[206] Vgl. Anlage 8.1.
[207] Werse/Morgenstern, S. 15.

dass die metropholträchtigen Stadtstaaten nicht vertreten waren, da die vorliegende Studie nicht durch die angeschriebenen Institutionen in den Stadtstaaten unterstützt wurde. Sehr verwunderlich war dagegen die geringe Beteiligungsrate aus Rheinland-Pfalz, 2 % (vgl. Abbildung 8)[208], da bereits in Abschn. 2.2 dargestellt wurde, dass im Jahr 2014 dort massive toxikologische Zwischenfälle bekannt wurden und diese Umfrage hätte durchaus weitere Erkenntnisse für das Bundesland geben können. Eine Notwendigkeit für die Unterstützung von empirischen Studien im Zusammenhang mit NPS konnte daher für die Bundesländer Bayern, Hessen, Baden-Württemberg, Niedersachsen und Nordrhein-Westfalen festgestellt werden. Diese wiesen mindestens 50 Befragte auf. In diesen Bundesländern betrugen die Lifetime-Prävalenzen: Bayern 16 %; Hessen 12 %, Nordrhein-Westfalen rund 12 %, Baden-Württemberg rund 8 % und Niedersachsen rund 3 % (vgl. Tabelle 15).[209]

Mögliche Gründe für das Nord-Südgefälle könnten durch Studien im Zusammenhang mit dem Cannabiskonsums dargestellt werden, denn dort weisen repressive Bundesländer eine höhere Lebenszeitprävalenz von NPS auf als Bundesländer, die eine liberale Drogenpolitik verfolgen. Als repressive Bundesländer hinsichtlich der Repression von Cannabisverstößen können u. a. die südlichen Bundesländer (Bayern sowie Baden-Württemberg) angesehen werden. Bayern wies eine Cannabis-Lifetime-Prävalenz von 15 %, Baden-Württemberg eine Prävalenzrate von 18 % auf.[210] Nicht auszuschließen ist, dass in bestimmten Regionen, in denen z. B. Cannabis schwer verfügbar und vergleichsweise teuer ist und/oder die Kontrolldichte in den jeweiligen Strafverfolgungsbehörden ausgeprägt sind und in diesen Bereichen eine höhere Prävalenzdaten für NPS vorliegen könnten. Neben der stringenten Drogenpolitik der jeweiligen Bundesländer spielen weiterhin sonstige Motivationsgründe, die einen Wechsel vom Konsum illegaler Drogen zu NPS rechtfertigen könnten; dazu später in Abschn. 7.3.6. Über die Hälfte der Teilnehmer (51 %) gaben an, dass sie aus ländlich geprägten Gebieten stammen. Lediglich rund 23 % lebten in eng besiedelten Gebieten (vgl. Tabelle 2).

---

[208] Vgl. Anlage 8.1.
[209] Vgl. Anlage 8.2.
[210] Reuband (2007), in: Dollinger/Schmidt-Semisch, S. 131 (150 f.), m. w. N.

Tabelle 2: Urbanisierungsdarstellung der Befragten (%)

	Häufigkeit	Prozent
unter 20.000 Einwohner	513	51,0
20.001 - 100.000 Einwohner	260	25,9
über 100.001 Einwohner	232	23,1
Gesamtsumme	1005	100,0

Studien hinsichtlich einer Konnexität zwischen Drogenkonsum und der geografischen Herkunft zeigten, dass in Ballungsgebieten gegenüber den ländlichen Gebieten ein verstärkter Drogenkonsum festzustellen ist. Die Konzentration in städtischen Ballungsräumen ist jedoch nicht erstaunlich, denn der Vorzug eines Ballungsgebietes liegt darin begründet, dass die Größe der Bevölkerung die Entwicklung von Subkulturen und Gütermärkten (einschließlich Drogenmärkte) begünstigt und ein Gefühl der Anonymität und eine höhere Toleranzschwelle gegenüber deviantem Verhalten, aber auch eine größere Konsumgelegenheit schaffen.[211] Im Rahmen der Konsumgelegenheit bedarf es dann beim Konsumenten einer stabilen Entscheidungsfindung, hin zu einer Konformität. Unter Berücksichtigung dieser Erkenntnis ist jedoch verwunderlich, dass der überwiegende Teil (rund 44 %) der NPS-Konsumenten in den geografisch schwachen Gebieten wohnen (vgl. Tabelle 3). Fast jeder zweite NPS-Konsument stammte aus einer Wohngegend unter 20.000 Einwohner. Mögliche Gründe für diese Diskrepanz könnten darin begründet sein, dass NPS in der Privatsphäre und nicht auf Partys konsumiert werden, die gerade in Ballungsgebieten in Vielzahl vorhanden sind.

Tabelle 3: Wohnortgröße der NPS-Konsumenten

	Wohnortgröße			
	unter 20.000 Einwohner	20.001 - 100.000 Einwohner	über 100.001 Einwohner	Gesamtsumme
Anzahl	47	30	30	107
% Konsum von NPS	43,9%	28,0%	28,0%	100,0%

---

[211] Reuband (2009), S. 182 (187).

7.1.3 Bildungsgrad sowie die berufliche Arbeitssituation der Befragten

Im Bereich der beteiligten Schüler stachen die Bundesländer Nordrhein-Westfalen (8,3 %), Baden-Württemberg (12 %), Bayern (25,9 %) sowie Hessen (33 %) besonders heraus. Leider verwundert es sehr, dass die anderen Bundesländer deutlich unterrepräsentiert waren. Außerhalb des allgemeinen Bildungswesens nahmen die Studenten einen wesentlichen Anteil an der Gesamtbefragungsmasse von rund 36 % ein. Sie wurden überwiegend durch die entsprechenden Hochschulen über die Umfrage informiert (vgl. Abbildung 12).[212] Stark vertretene Bundesländer in diesem Bereich waren Nordrhein-Westfalen (7,2 %), Bayern (44,4 %) und Hessen (4,7 %) sowie Niedersachsen (30,8 %). Den drittgrößten Anteil stellten Befragte aus den Arbeitnehmerverhältnissen mit rund 9 % dar, wobei fast jeder zweite Befragte aus diesem Bereich (rund 46 %) über das Internet auf die vorliegende Umfrage gestoßen ist. Zu Beginn der Studie war davon auszugehen, dass dieser Personenkreis überwiegend über Krankenkassen informiert werden könnte, jedoch konnte von diesen Institutionen keine Unterstützung für die Weiterleitung des entsprechenden Informationsblattes[213] festgestellt werden. Dieses Resultat ist ebenfalls für die Gesellschaftsschicht der Arbeitslosen zu verzeichnen, da eine Kooperationsbereitschaft der Bundesagentur für Arbeit nicht gegeben war.[214] Unter der Berücksichtigung der nachfolgenden Erkenntnis, dass 7 von 9 arbeitslosen Teilnehmern NPS konsumiert hatten, wäre das angestrebte Resultat durchaus interessant gewesen.

Die größte Gesellschaftsschicht, die NPS konsumiert, stellt vorliegend mit 41 % die Schülerschaft dar (vgl. Abbildung 11).[215] Von diesen Schülern besuchten rund 39 % das Gymnasium sowie in 21 % die Fachoberschulen/das Berufskolleg. Lediglich rund 8 % hatten einen Hauptschulabschluss. Die zweitgrößte Gesellschaftsschicht stellt die Studenschaft mit 31% dar (vgl. Abbildung 11).[216] Rund 21% hatten weiterhin einen Universitäts- oder Fachhochschulabschluss. Diese Ergebnisse führen zur Konsequenz, dass der Bildungsstand der NPS-Konsumenten als sehr hoch eingeschätzt werden kann, da rund 56 % der NPS-Konsumenten, die nicht Schüler waren, einen Abiturabschluss oder einen Fachabiturabschluss vorwiesen. Ähnliche Befunde über den hohen Bildungsstandard konnten auch bei der CDR-Studie festgestellt wer-

---

[212] Vgl. Anlage 8.1.
[213] Vgl. Anlage 6.
[214] Vgl. Anlage 5.2.
[215] Vgl. Anlage 8.1.
[216] Vgl. Anlage 8.1.

den.[217] Verlässliche Angaben bezüglich eines Zusammenhangs zwischen der Erwerbstätigkeit und NPS-Konsum konnte vorliegend nicht bestätigt werden, da dieser Adressatenkreis durch die Umfrage nur bedingt erreicht werden konnte.

Unter Berücksichtigung der Bivariablen der „Umfrageerkenntnis" ist eine annähernde Repräsentativität der Werte dadurch gewährleistet, dass in diesem Zusammenhang keine Befragten einbezogen wurden, die direkt in besonderen spezifischen NPS-Foren angeschrieben worden sind. Dies führte zu dem Ergebnis, dass im Rahmen der Befragung, die *ausschließlich* über die Bildungsträger *publiziert* wurden, 8,1 % der Schülerschaft bereits eine Lifetime-Prävalenz vorweisen (vgl. Tabelle 4). Dieser Befund zeigt eine *deutliche Signifikanz* zu der europäischen Lifetime-Prävalenz von 8 %.[218] Die veröffentlichte europäische Studie, die 15- bis 24-jährige Europäer zum Drogenkonsum befragt, gab an, dass die Lifetime-Rate von 5 % in 2011 auf 8% in 2014 gestiegen sei.[219] Der tendenzielle Anstieg[220] von NPS wurde ebenfalls im Europäischen Drogenbericht 2014 festgestellt.[221] Der prozentuale Anteil der NPS-Konsumenten in Deutschland beträgt dagegen nach der europäischen Studie 4 % (3 % im Bereich der Lifetime-Prävalenz und 1 % in den letzten 12 Monaten). Er liegt daher um 5 % unter der europäischen Lifetime-Prävalenz.[222] In Hamburg wurde im Rahmen der SCHULBUS-Schülerbefragung 2012 bislang zweimal nach NPS gefragt: Dabei sank in dieser etwas jüngeren Stichprobe (14- bis 17-Jährige) die Lebenszeitprävalenz von „Spice"/ Räuchermischungen zwischen 2009 und 2012 von 4,8% auf 3,3%; die 2012 erstmals erfragten Research Chemicals (ohne „Badesalze" oder andere Legal Highs) waren von 1,2% der Befragten mindestens einmal konsumiert worden.[223] Unter Berücksichtigung der Adressaten in der SCHULBUS-Schülerbefragung ist die geringe Lifetime-Prävalenz von 3,3 % gegenüber dem hiesigen Befund von 8,1 % und dem Vergleich mit der europäischen Studie in der Al-

---

[217] Werse/Morgenstern, S. 14; analog bei Studien über illegale Drogen, Kemmesies, S. 203.
[218] http://ec.europa.eu/public_opinion/flash/fl_401_en.pdf, S. 7 (Stand 10.01.2015).
[219] http://ec.europa.eu/public_opinion/flash/fl_401_en.pdf, S. 7 (Stand 10.01.2015).
[220] Die Steigerung des NPS Konsums in Europa auf 8 % resultiert daher, dass Irland eine NPS-Konsumrate von 22 % (13% vor mehr als 12 Monaten, 5% in den letzten 12 Monaten und 4% in den letzten 30 Tagen) innehat. Dagegen weisen andere EU-Mitgliedstaaten wie z. B. Zypern (0%), Finnland (2%) oder Malte (2%) marginale Prävalenzraten auf. Die Verbreitung von NPS weicht also in unterschiedlichen Ländern teils deutlich voneinander ab, was mit Besonderheiten in der jeweiligen Drogenpolitik, dem Medienecho und dem Ausmaß sowie der Art und Weise des Angebots zusammenhängen dürfte.
[221] Europäischer Drogenbericht 2014, S. 13.
[222] http://ec.europa.eu/public_opinion/flash/fl_401_en.pdf, S. 9 (Stand 10.01.2015).
[223] Baumgärtner/ Kestler, S. 19.

tersklasse 15 bis 24 Jahre in der vorliegenden Studie 9,5 %, die bereits NPS konsumiert haben (Deutschland Lifetime-Prävalenz 3 %), leichte Abweichungen zu erkennen. Diese Diskrepanz kann möglicherweise dadurch erklärt werden, dass bereits seit dem EuGH-Urteil (NPS- Konsum nicht strafbar) die 15 bis 24-Jährigen vermehrt NPS konsumieren, weil bei der Erhebungswelle für die SCHULBUS-Umfrage NPS noch unter das AMG oder alternativ unter das BtMG subsumiert wurde. Der nationale Befund aus der europäischen Studie ist jedoch wegen der geringen Anzahl von Befragungen in den jeweiligen Mitgliedstaaten zu relativieren (13. 000 Befragte in 28 Mitgliedstaaten).

Die Lifetime-Prävalenz der Studentenschaft, die *ausschließlich* über die Hochschule auf die Umfrage aufmerksam gemacht wurden, liegt bei 7,6 % (vgl. Tabelle 4) vor. Einen annähernden Prozentwert von 12 % konnte eine Studie aus Saarbrücken vorweisen, in die ebenfalls ausschließlich Studenten einbezogen wurden.[224] Eine englische Studie, die ausschließlich Studenten aus dem ersten Semester berücksichtigte, kam ebenfalls zu einem zweistelligen Konsumwert (19 %).[225] Aufgrund der drei vorliegenden Befunde ist davon auszugehen, dass die Konsumrate bei Studenten im höheren einstelligen oder im niedrigen zweistelligen Prozentbereich vorzufinden sein wird. Unter Berücksichtigung der o. g. europäischen Vergleichsstudien 2011 zu 2014 ist die Lifetimeprävalenz von NPS bei den Jugendlichen und Heranwachsenden steigend.

Tabelle 4: NPS-Konsumenten/ Bildungsträger/Hochschule

		Konsum von NPS		
		ja	nein	Gesamtsumme
Bildungsträger	Anzahl	35	399	434
	% Kenntnis über die Umfrage	8,1%	91,9%	100,0%
Hochschule	Anzahl	24	293	317
	% Kenntnis über die Umfrage	7,6%	92,4%	100,0%

---

[224] Oechsner, S. 31.
[225] http://www.studentnewspaper.org/survey-one-in-five-freshers-has-tried-legal-highs/ (Stand 07.01.2015).

Abschließend kann jedoch festgestellt werden, dass sich die Popularität von NPS in der Gesellschaftsschicht Schüler, Studentenschaft im oberen einstelligen Bereich befindet. Diese Befunde führen durch das Einbeziehen *aller* NPS-Konsumenten zu einer gesellschaftlichen Lifetime-Prävalenz von rund 11 % (vgl. Tabelle 5).

Tabelle 5: Vergleiche der externen Befunde Lifetime-Prävalenz (%)

	Lifetime-Prävalenz	
	externe Befunde	vorliegende Befunde
Schülerkreis	3,3%[226]	8,1%
Studentenkreis	11,78%[227]	7,6%
Altersklasse 15 bis 24 Jahre	3,3%[228]	9,5%
Gesamt	--	10,6%

7.1.4 Konnexität zwischen dem illegalen Drogenkonsum und dem Konsum von NPS

In der CDR-Studie[229] wurde eine Konnexität zwischen dem Konsum von NPS und dem illegalen Drogenkonsum postuliert. Weiterhin wurde bereits in Abschn. 7.1.2 kurz angedeutet, dass der NPS-Konsum durchaus im Zusammenhang mit der restriktiven Drogenpolitik der einzelnen Bundesländer steht. Unter Berücksichtigung dieser Erkenntnisse wurde ebenfalls untersucht, ob Konsumerfahrungen mit illegalen Drogen damit im Zusammenhang stehen könnten. Um dieser Fragestellung nachzugehen, wurden vorliegend ausschließlich Konsumfragen zu den illegalen Drogen gestellt. Rund 46 % aller Befragten, die bei dem webbasierten Survey teilgenommen haben, gaben an, bereits illegale Drogen konsumiert zu haben. Der größte Konsumentenanteil konnte in der Altersgruppe zwischen 22 und 30 Jahren mit rund 34 % festgestellt werden; gefolgt von der Altersgruppe 13 bis 18 Jahre mit rund 29 % (vgl. Abbildung 13).[230] Von den 46 % der Konsumenten illegaler Drogen hatten rund 90 % aller Befragten Cannabis konsumiert, wobei Hartdrogen in der Lifetime-Prävalenz lediglich 5% ausgemacht haben.

---

[226] Baumgärtner/ Kestler, S. 19.
[227] Oechsner, S. 31.
[228] http://ec.europa.eu/public_opinion/flash/fl_401_en.pdf, S. 9 (Stand 10.01.2015).
[229] Werse/Morgenstern, S. 55, 81.
[230] Vgl. Anlage 8.1.

Die Konsumquote von illegalen Drogen bei der Befragung an der Vergleichsschule lag bei 21 % (vgl. Tabelle 16)[231], wobei diese Lifetime-Prävalenz im Vergleich mit der Altersklasse 13 bis 18 Jahre in der hiesigen webbasierten Erhebung (29 %) sowie mit dem Ergebnis aus der SCHULBUS-Studie 2012 (29%)[232] und der ESA-Studie „Epidemiologische Suchtsurvey 2012" (22,4%)[233] eine geringe Konsumhäufigkeit darstellt, wobei jedoch darauf hingewiesen wird, dass die Beteiligungsquote der Schüler in der Vergleichsschule bei 55% lag.[234] Der jüngste Drogenkonsument war 14 Jahre alt. Es muss daher konstatiert werden, dass der illegale Drogenkonsum in jeder Gesellschaftsschicht ubiquitär ist.

Der Umstand, dass rund 97 % aller NPS-Konsumenten über Erfahrungen mit illegalen Substanzen verfügen, dürfte darauf hindeuten, dass mit den NPS-Produkten nur in den seltensten Fällen Personen einbezogen werden, die motiviert durch die Qualität erstmals mit NPS außerhalb der legalen Alltagsdrogen in Berührung kommen (vgl. Tabelle 17).[235] Bereits die CDR-Studie kam zu einem entsprechenden Befund: 99 % der NPS-Konsumenten verfügten über Konsumerfahrungen mit illegalen Drogen, wobei 97 % davon mindestens einmal im Leben Cannabis konsumiert hatten.[236] Eine Probierbereitschaft für NPS ist also offenbar generell umso häufiger vorhanden, je höher die Affinität zu illegalen Drogen ausgeprägt ist. Es kann daher festgestellt werden, dass je höher die Experimentierbereitschaft der NPS-Konsumenten ist, insbesondere verbotene Substanzen zu nehmen, desto höher die Bereitschaft, NPS zu probieren. Diese Annahme wird auch dadurch bestätigt, dass der überwiegende Teil (85 %) der NPS-Konsumenten angaben, dass der Konsum von NPS erst nach dem Konsum von illegalen Drogen erfolgte (vgl. Tabelle 18).[237]

Die Ergebnisse zeigen deutlich, dass NPS als sekundäre Drogen konsumiert werden, und daher diese Drogenart als Substitut für den Cannabiskonsum festzustellen ist. Das Problem der sekundären Droge wird voraussichtlich auch dadurch virulent, dass das Bundesverwaltungsgericht im Oktober 2014 bereits festgestellt hat, dass eine fehlende Fahreignung bei gelegentlichem Konsum von Cannabis zu einem Führer-

---

[231] Vgl. Anlage 8.2.
[232] Baumgärtner/Kestler S. 6.
[233] Kraus/Pabst/Gomes de Matos/Piontek, S. 35.
[234] Es wird jedoch darauf hingewiesen vgl. Punkt 6.4, dass die männlichen Schülern unterrepräsentiert waren und diese nach vorhanden Studien häufiger Cannabis konsumieren als das weibliche Geschlecht.
[235] Vgl. Anlage 8.2.
[236] Werse/Morgenstern, S. 18; vgl. auch Werse/Müller, S. 18.
[237] Vgl. Anlage 8.2.

scheinentzug führt.[238] Die Entscheidung des VG Gelsenkirchen[239] stellt einen weiteren Indikator dar, um von Cannabis auf die synthetischen Cannabinoide zu wechseln, da in dieser Entscheidung bereits das passive Rauchen von Cannabis zu einer Entziehung der Fahrerlaubnis führte. Diese stringenten Rechtsprechungen können neben dem Pönalisierungseffekt durch das BtMG dazu führen, dass Jugendliche einen weiteren Grund sehen, an sekundäre Drogen zu gelangen, um ihre Mobilität nicht zu verlieren, die sehr wichtig für Heranwachsende ist und für sie Freiheit im weitesten Sinne bedeutet.

Ein weiterer Indikator für den möglichen Alternativkonsum können Erfahrungen der NPS-Konsumenten mit Drogentests sein. Die Erfahrungen im Zusammenhang mit Drogenvortests sollte Rückschlüsse zulassen, ob bereits die Konsumenten, die positive Ergebnisse vorwiesen, geneigt sind, den Konsum von NPS zu fördern, da in den häufigen Fällen die Drogenschnelltests nicht auf NPS reagieren. Ein abschließender Nachweis ist erst in einem toxikologischen Labor oder in einem rechtsmedizinischen Institut und nicht vor Ort durch einen Schnelltest möglich. Der Nachweis gelingt u. a. mit spezifischen Gas-Chromatographie-Massenspektrometrie-(GC-MS) und Flüssigchromatographie-Tandemmassensoektrometrie (LC-MS/MS)-Methoden.[240] Rund 78% (29%)[241] aller NPS-Konsumenten wurden bereits positiv im Rahmen möglichen Drogentestes getestet. Der prozentuale Anteil von 79% zeigt deutlich, dass möglicherweise der Alternativkonsum zu NPS gefördert wird, um weitere Drogentests zu vermeiden. Jeder Dritte NPS-Konsument (36 %) wurde in der Vergangenheit speziell im Zusammenhang mit dem Führen eines Kraftfahrzeugs einem positiven Drogentest unterzogen, sodass durchaus zu vermuten ist, dass diese NPS-Konsumenten möglicherweise weiterhin unter berauschenden Mitteln (NPS) ein Kraftfahrzeug im öffentlichen Straßenverkehr führen.[242]

Aufgrund diesen festgestellten Gründen und der wesentlich stärkeren Intensität hinsichtlich der Wirkungen der synthetischen Produkte gegenüber THC (vgl. Abschn. 7.3.7 Nebenwirkungen), ist durchaus ein Hinweis auf die aktuell erneut auflebende

---

[238] BVerwG Urteil vom 23.10.2014, Az. 3 C 3.13.
[239] VG Gelsenkirchen, Beschluss vom 10.6.2014, Az. 9L 541/15.
[240] Hohmann/Mikus/Czock, Deutsches Ärzteblatt 2014, S. 139 (140); Auwärter/Kneisel/Hutter/Thierauf, Rechtsmedizin 2012, S. 259 (266).
[241] Werse/Morgenstern, S. 41.
[242] Hinsichtlich der verkehrsstrafrechtlichen Delikte wird auf Anlage 2.1 verwiesen.

Debatte zum Thema Legalisierung von Cannabis[243] gestattet. Der Gesetzgeber ist schlussendlich gefragt, ob er den Wechsel von Cannabis zu den meist viel gefährlicheren sekundären Drogen in der Form gestattet, dass seit der Bekanntgabe der rechtlichen Problematik über NPS der Gesetzgeber keine eindeutigen rechtlichen Vorgaben, wie NPS in der Zukunft zu behandeln sein wird, bekanntgab. Ein Teilnehmer führte nach dem Abschluss des Fragebogens folgendes aus: *„Paradoxer Weise finde ich illegale Drogen vertrauenserweckender als die sog. "legal highs".*[244] Dieses Zitat zeigt deutlich, dass ein fiskalisches Handeln gegen NPS unvermeidlich ist und vielleicht auch die Freigabe von Cannabis eine Option darstellen könnte, die Popularität von NPS zu reduzieren. Dies kann jedoch vorliegend nicht abschließend erörtert werden.

Nicht nur der Umstand, dass möglicherweise NPS eine sekundäre - gegenüber den illegalen Drogen darstellt, sondern es ist weiterhin fraglich, ob weitere Umstände vorliegen, die den NPS-Konsum fördern könnten. Die wichtigsten Vermittler von Drogenwissen und Drogenerfahrungen stellen Gleichaltrige sowie Bezugsgruppen aus dem unmittelbaren sozialen Umfeld dar.[245] Befinden sich bereits Drogenkonsumenten im Freundeskreis, hat dies nicht nur einen Einfluss auf die Gelegenheit zum Konsum, sondern auch auf die Akzeptanz des ersten Drogenkonsums: Je größer der Anteil von Konsumenten im Freundeskreis ist, desto eher wird das Angebot angenommen.[246] Ein „Neuling" lernt hierdurch andere Konsumenten, besondere Verhaltensweisen und Umfangsformen mit ausgewählten Drogen kennen. Er übernimmt Handlungsrichtlinien hinsichtlich des Umgangs mit der Substanz, erhält Unterstützung bei der Interpretation und Kontrolle seiner Konsumeinheit. Gründe für diesen Umstand liegen darin begründet, dass der Drogenkonsum, wenn viele Freunde Drogen konsumieren, akzeptabler wirkt und weniger abweichend als im gegenteiligen Fall. Durch die Anpreisung der Produkte im Freundeskreis erlangt der „Neuling" Ver-

---

[243] Von einer umfassenden Erörterung wird aufgrund des beschränkten Seitenumfanges abgesehen; vgl. LG Lübeck, NJW 1992, S. 1571 f. AG Holzminden, Urteil vom 16.1.1992, Az. 2 BvL 51/92; LG Hildesheim, Urteil vom 3.6.1992, Az. 2 BvL 70/92; LG Frankfurt am Main, Urteil vom 19.10.1992, Az. 5/24 KLs 87 Js226260/92; 5/24 KLs 87 Js 226260/92; AG Stuttgart, Urteil vom 7.10.1991, Az. 2 BvL 63/92; BVerfG; Urteil vom 20.3.1992, Az. 2 BvR 2031/92.
[244] Vgl. Anlage 3.
[245] Becker, S. 89 f.
[246] Reuband (1994).

trauen in das Produkt, da eine vertraute Person (Freund) ihm die Substanz anbietet.[247]

Unter Berücksichtigung dieser besonderen Stellung des Freundeskreis, gerade in den kontinuierlichen Diskussionen über die „Peer-Group", ist es vorliegend nicht verwunderlich, dass rund 78 % der hiesigen NPS-Konsumenten angaben, durch ihren Freundeskreis zu dem Konsum von NPS gekommen zu sein. Offensichtlich ist die Aufnahme des Konsums von Illegalen Drogen im Wesentlichen Ausdruck intensiver sozialer Interaktionen, über die erst die zentralen Voraussetzungen für den Konsumeinstieg geschaffen werden. In einer Schülerbefragung aus dem Jahr 1972 hinsichtlich von Drogenerfahrungen gaben 80% der Schüler an, im Freundeskreis den Erstkonsum durchgeführt zu haben.[248] Man sieht bereits jetzt, trotz der erheblichen zeitlichen Unterschiede, dass auch damals wie heute, der Freundeskreis eine wesentliche Stellung einnimmt. Neben dem Freundeskreis war das Internet mit 12 % die zweitwichtigste Quelle für den Erstkonsum von NPS, wobei dort der männliche Konsument mit rund 77 % vertreten war (vgl. Tabelle 19).[249]

7.2 Informationsquellen, Aufklärungsstand sowie die Risikoeinschätzung über NPS

In den vorherigen Kapiteln wurde bereits vereinzelt illustriert, dass das Thema NPS seit den letzten beiden Jahren medial aufgearbeitet wurde, sodass in dem vorliegenden Abschnitt auf die Informationsaktivitäten der Nichtkonsumenten sowie den NPS-Konsumenten, aber auch auf der anderen Seite die Aktivität der staatlichen sowie privaten Präventionsinstitute näher betrachtet werden soll. Auf der Grundlage der persönlichen Einschätzung der Datenbasis von möglichen selbsteinbezogenen Informationsquellen oder auch durch proaktive Handlungen der Präventionsträger werden die Befragten nach ihrer generellen Risikoeinschätzung hinsichtlich des Konsums von NPS gefragt. So soll eine realistische Einschätzung der subjektiven Sichtweise gegenüber den objektiven Befunden (vgl. Nebenwirkungen Abschn. 7.3.7) erreicht werden.

---

[247] Becker, S. 89 f.; Bezüglich der Fragestellung, in welchem Alter das erste Mal NPS konsumiert wurde, ist darauf hinzuweisen, dass dieses aufgrund technischen Gründen nicht ausgewertet werden konnte.
[248] Peterson/Wetz, S. 33; Kemmesies, S. 119.
[249] Vgl. Anlage 8.2.

7.2.1 Allgemeine Informationsquellen der Befragten über NPS

Unter Anbetracht <u>aller</u> Befragten konnten als wesentliche Informationsquellen, die mit „sehr oft" oder „häufig" beantwortet wurden, mit 9% der Freundeskreis, mit 8% die Internetsuchmaschinen und die Schulprogramme sowie mit 5% die Online-Foren festgestellt werden. Sehr erstaunlich ist jedoch, dass 84 % aller Befragten angaben, dass Präventionsseiten bei ihrer Recherche nach Informationen über NPS nicht einbezogen wurden (vgl. Abbildung 14).[250] In der europäischen Studie „Eurobarometer 2014" gaben 22 % an, sich über das Internet informiert zu haben, 25 % über mediale Kampagnen, 16 % über präventive Schulprogramme, 17 % über Freunde, 3 % über die Eltern und 4 % über die Polizei. 37 % der deutschen Befragten informierten sich gar nicht über NPS.[251] Ein Abgleich der europäischen Studie mit den vorliegenden Befunden (vgl. Abbildung 14)[252] illustriert deutliche prozentuale Abweichungen, wobei aber durchaus festzustellen ist, dass die Informationsquellen Internet sowie der Freundeskreis durchaus im oberen Bereich zu verorten sind. Nach einer differenzierten Betrachtung nach Nichtkonsumenten und NPS-Konsumenten konnte festgestellt werden, dass die Nichtkonsumenten mit 8 % die Schulprogramme und mit 7 % den Freundeskreis als Informationsquelle heranzogen (vgl. Abbildung 15).[253] Trotz des prozentualen Anteils von 8 %, die die Schulprogramme nutzten, ist darauf hinzuweisen, dass rund 71 % der NPS-Schüler die Schulprogramme nicht als eine Informationsquelle über NPS gesehen haben. In Anbetracht der Tatsache, dass den Schulträgern gegenüber den Schülern eine Fürsorgepflicht nachkommt, ist dieser Wert durchaus zu hinterfragen. Auf der anderen Seite ist auch davon auszugehen, dass die Schüler sich in dem Lebensabschnitt des möglichen NPS-Konsums in einer Adoleszenzphase befinden und daher der proaktive Informationsaustausch in der „Peer-Group" und nicht mit den Lehrern geführt wird. Diese Hypothese belegt ebenfalls die vorliegenden Befunde. Bei den Nichtkonsumenten in der Altersklasse 13 bis 18 Jahre (65 %) und 19 bis 22 Jahre (23 %) war der Freundeskreis durch die Merkmale „sehr oft"/„häufig" als Informationsquelle ausgeprägt.

Ein Vergleich der Befunde von der Abbildung 14 gegenüber den Informationsquellen bei den <u>NPS-Konsumenten</u> (vgl. Abbildung 15) konnten sehr deutlich prozentuale

---

[250] Vgl. Anlage 8.1.
[251] http://ec.europa.eu/public_opinion/flash/fl_401_en.pdf, S. 64 (Stand 10.01.2015).
[252] Vgl. Anlage 8.1.
[253] Vgl. Anlage 8.1.

Verschiebungen bei den jeweiligen Informationsquellen festgestellt werden. Wesentliche[254] Informationsquellen für NPS-Konsumenten konnten wie folgt festgestellt werden:

➤ 35% die Online-Foren (schwerpunktmäßig von der Altersklasse 22 bis 30 Jährigen (59 %) genutzt),

➤ 35 % nutzten die Internetsuchmaschine, z. B. Google, Bing (schwerpunktmäßig von der Altersklasse 22 bis 30 Jahre (46 %) genutzt),

➤ 30 % nutzten den Freundeskreis (schwerpunktmäßig von der Altersklasse 13 bis 18 Jahre (43 %) und der Altersklasse 22 bis 30 Jahre (37 %) genutzt) sowie

➤ 19% der Internetshop[255] (schwerpunktmäßig von der Altersklasse 22 bis 30 Jahre (47 %)- genutzt)

Nach einer deskriptiven Betrachtung ist es auffällig, dass NPS-Konsumenten mit 71 % den zweitgrößten Ablehnungswert gegenüber den Schulprogrammen, hinter den Messeveranstaltungen (96 %), aufweisen (vgl. Abbildung 15). Augenscheinlich betrachten die Konsumenten die vorgehaltenen Schulprogramme oder Ansprechpartner nicht als sinnvolle Informationsquelle. Gründe für diesen großen Ablehnungseffekt gegenüber den Bildungsträgern konnten ebenfalls die gerade angeführten Adoleszenzgründe sein.

Die Printmedien sowie das Fernsehen nehmen für die Konsumenten einen geringen Stellenwert als Informationsmedium ein, obwohl die Berichterstattungen in den letzten Jahren über NPS augenscheinlich zugenommen haben. Ein Vergleich der Abbildung 14 gegenüber der Abbildung 17 zeigt eindeutig, dass die Befunde in der Vergleichsschule überwiegend mit den Befunden aus der webbasierten Umfrage übereinstimmen, wobei nur 57% der Schüler sich nicht den Präventionsprogrammen in der Vergleichsschule als Informationsquelle bedienten. Ansonsten kann bei den Schülern der Vergleichsschule festgestellt werden, dass sehr wenige Schüler sich

---

[254] Ausprägungsmerkmal „sehr oft" oder „häufig".

[255] Zu den Internetshops ist auszuführen, dass in diesem Bereich zwischen Headshops, Growshops und Smartshops differenziert werden muss. Hierbei überschneidet sich das Produktsortiment allerdings häufig. Headshops bieten typischerweise cannabisbezogene Produkte an, wie z. B. Bongs, Hanfblätter. In Growshops finden sich hauptsächlich Produkte, die für den Anbau von Cannabis und anderen pflanzlichen Drogen benötigt werden, z. B. spezielle Lampen, Dünger. Smartshops schließlich bieten psychoaktive Substanzen an, deren Internetshop in dem Betreiberland des Internetshops legal ist (Siemann/Scherbaum, S. 112 (114)).

bereits über NPS informiert haben und daher ein gewisses Informationsdefizit über NPS anzunehmen ist.

Um einen weiteren umfassenderen Überblick hinsichtlich der Informationsquellen zu erhalten, wurden weiterhin diese Items in den Zusammenhang mit den NPS-Arten sowie mit den Konsumhäufigkeiten gesetzt, da nicht auszuschließen ist, dass die Konsumenten spezieller NPS-Produkte oder bei einer häufigen Konsumprävalenz vermehrt spezifische Informationsquellen als gewöhnlich benutzen.

Bei den aktuellen Konsumenten sowie auch neben den Gelegenheitskonsumenten ist auffällig, dass bei allen drei NPS-Arten das Internetforum, die Internetshops sowie die Internetsuchmaschinen führend sind (vgl. Abbildungen 18-20). Diese Instrumentarien scheinen durchaus nachvollziehbar, da bei diesen Medien von besonders aktuellen Informationen auszugehen ist, die zudem aus „erster Hand", respektive der Konsumenten (Insider), stammen, was für regelmäßig Konsumierende besonders wichtig sein dürfte.[256] Eine der wichtigsten[257] Informationsquellen für aktuelle Konsumenten (30-Tages-Prävalenz) von Räuchermischungen stellt der Freundeskreis mit 38 %, 32 % bei den Badesalzen (vgl. Abbildung 19) und bei den Research Chemicals mit 44% (20-Tages-Prävalenz) dar. Eine ähnliche Entwicklung ist jedoch bei den Gelegenheitskonsumenten im Bereich der Badesalze zu verzeichnen; 48 % beziehen Informationen über den Freundeskreis (vgl. Abbildung 19).[258]

Ein Abgleich der vorliegenden Befunde zu den jeweiligen Informationsquellen aus der CDR-Studie, die *ausschließlich* NPS-Konsumenten nach ähnlichen Informationsquellen befragt hatte, führte erstaunlicherweise zu ähnlichen Ergebnissen (vgl. Tabelle 20). Die CDR-Studie sieht den Freundeskreis als favorisierte Informationsquelle, wobei nicht die Frage geklärt wurde, woher diese ihre Informationen über NPS bezogen haben. Online-Foren, Internetshops, Internetsuchmaschinen spielen gerade bei aktuellen NPS-Konsumenten von Research Chemicals eine wichtige Rolle. In dem Jahresbericht der Beratungsstelle „murda" wurde eine kleine Personengruppe dargestellt, die als „Psychonauten" tituliert wurde. Gemeint sind experimentierfreudige Drogenkonsumenten, die die Erforschung ihrer Psyche mittels psychoaktiver Substanzen als eine Art Hobby betreiben, über das in entsprechenden Internetforen mit gleich Gesinnten ausgiebig diskutiert wird. Mitglieder dieser Konsumentengruppe

---

[256] Werse/Morgenstern, in: Gerlach/Stöver, S. 227 (229).
[257] Merkmalsausprägung („sehr oft").
[258] Vgl. Anlage 8.1.

verfügen in der Regel über ein hohes Maß an pharmakologischem sowie medizinischem Fachwissen sowie über einen guten Überblick über die Vielzahl an Rauschmitteln.[259] Auf der Grundlage der Befunde können diese sog. „Psychonauten" den Konsumenten von Research Chemicals zugeordnet werden.

7.2.2 Aufklärungsarbeit durch staatliche sowie private Präventionsträger
Neben der Informationsinitiative vonseiten der Interessierten, stellt sich auf der anderen Seite die Frage, ob staatliche sowie private Präventionsträger ihre Präventionsmaßnahmen effektiv und zielgerichtet einsetzen und daher den größten Teil der Bevölkerung erreichen. Bevor in eine nähere Erörterung der Befunde eingestiegen wird, wird zunächst die Bedeutung von Prävention gegenüber der Repression kurz dargelegt, da augenscheinlich die Präventionsarbeit im Bereich der Drogenaufklärung (NPS) in Vergessenheit geraten scheint, wie später zu sehen sein wird. Bereits im Jahre 1990 wurde durch die sog „Frankfurter Resolution" postuliert, dass eine ausschließliche Repression gegen Drogenkonsum den Bürger nicht daran hindert, trotzdem Drogen zu konsumieren, sodass ein Fokus auf die Prävention gesetzt werden sollte. Ziel einer effektiven Präventionsarbeit ist es, die potenziellen Konsumenten über die Gefahren aufzuklären, um so einen kulturellen Wandel zu dem Thema Drogen zu erreichen.[260] Denn eine effektive Präventionsarbeit setzt weit vor dem eigentlichen Konsum von NPS an, sodass der *mündige* Konsument auf der Grundlage der erhaltenen Informationen entscheiden kann, ob er sich auf die potenziellen Gefahren einlassen möchte oder nicht. Die Bundesdrogenbeauftragte führte in Ihrer Pressekonferenz 2014 zu dem jährlichen Bundesdrogenbericht (2013) passend aus: *„Prävention muss frühzeitig ansetzen, damit sie wirken kann und langjährigen Drogenabhängigen muss noch zielgerichteter geholfen werden."*[261] Diese Erkenntnis kommt für den Bereich NPS einige Jahre zu spät. Bereits Ende 2008, als das Thema Spice medial aufgearbeitet wurde, wäre es wünschenswert gewesen, wenn diesbezüglich von den entsprechenden Präventionsträgern proaktiv gehandelt worden wäre. Exemplarisch führten damals einige Landespolizeien, trotz der Bekanntgabe der Gefährlichkeit dieser Substanzen, keine proaktiven Kampagnen gegen das Thema NPS, um

---

[259] Jellinghaus, S. 29 (33).
[260] Reuband, S. 182 (185, 199).
[261] http://www.drogenbeauftragte.de/fileadmin/dateien-dba/Presse/Pressemitteilungen/Pressemitteilungen_2014/2014-04-17_Gem_PM_BKA_Vorstellung_Rauschgiftlage_2013.pdf (Stand 21.11.2014).

ein mögliches steigendes Interesse der Jugendlichen zu vermeiden. Unter Berück-sichtigung dieser Erkenntnis ist es durchaus nachvollziehbar, dass sich der Informa-tionsstand in der Gesellschaft über NPS als unbefriedigend darstellt (vgl. Tabelle 6).[262] In diesem Kontext gestand man der jüngeren Bevölkerung *keine Mündigkeit* zu, sodass erst nach der Mehrzahl der Zwischenfälle mit NPS und der medialen Bericht-erstattung (vgl. Abschn. 2.2) sowie dem EuGH-Urteil[263] ein Handlungszwang ent-stand und ein gesellschaftliches Totschweigen der Existenz von NPS nicht mehr zu akzeptieren war. Neben der allgemeinen Aufklärungsarbeit ist ebenfalls nicht für ei-nen geringen Teil der Bevölkerung (Konsumenten) die spezielle Aufklärungsarbeit notwendig, denn häufig erfolgt der Konsum von NPS in Form eines Mischkonsums oder die Dosierungen werden falsch eingeschätzt. Mischkonsum und hohe Dosie-rung sind jedoch häufig nicht beabsichtigt, sondern beruhen auf mangelnden Infor-mationen zu den Produkten oder auf Produktionsfehlern, auf die gerade durch Prä-ventionsträger hingewiesen werden muss. Das eigentliche Risiko dieser Substanzen geht also von der unzureichenden Information der Konsumierenden aus, die zu einer Förderung der *Risikomündigkeit* führt.[264]

In dem vorliegenden Bereich wurden *ausschließlich* NPS-Konsumenten über Aufklä-rungsinstanzen gefragt, die proaktiv auf diese zugegangen sind. Die Auswertung ergab, wie bereits bei der Informationsquelle, das Institut „Freundeskreis" als wesent-liche proaktive Informationsquelle angesehen werden kann. 52 % der NPS-Konsumenten gaben an, dass Sie vom Freundeskreis über NPS informiert worden sind (vgl. Tabelle 6). Die Kommunikation kann durchaus damit begründet werden, dass NPS überwiegend gemeinschaftlich konsumiert wird (vgl. Abschn. 7.3.5), so-dass im Rahmen dieses Konsums die „Neulinge" aufklärt werden. Fast jeder zweite NPS-Konsument bis 30 Jahre (48%) würde über seinen Freundeskreis informiert, sodass mit steigendem Alter der Einfluss des Freundeskreises abnimmt. Diese Ent-wicklung ist aufgrund der Effekte im Bereich der Adoleszenzphase nichts Ungewöhn-liches. Rund 18 % der NPS-Konsumenten (Schüler) wurden im Rahmen der schuli-schen Präventionsprogramme proaktiv auf das Vorhandensein von NPS hingewie-

---

[262] Vgl. Anlage 8.2.
[263] Vgl. u. a Mitteilung der EU-Kommission vom 11.7.2011, Beschluss Nr. 1150/2007/EG des Europäi-schen Parlaments und des Rates vom 25.9.2007 zur Auflegung des spezifischen Programms "Dro-genprävention und -aufklärung" als Teil des Generellen Programms "Grundrechte und Justiz" für den Zeitraum 2007-2013, ABI. L 257 vom 3.10.2007, S. 23; https://beck-online.beck.de/?bcid=Y-100-G-EWG_B_1150_2007 (Stand 30.12.2014).
[264] Morgenstern, S. 53.

sen. Im Gegensatz dazu ergab der Bundesländervergleich, dass die sekundären Sozialisationsinstanzen in Bayern (39 %) sowie in Hessen (33 %) deutlich höhere Aufklärungsraten bei den Bildungsträgern erreichen. Diese auffällige Entwicklung gegenüber den anderen Bundesländern lässt sich vermutlich damit begründen, dass die bayrischen sowie hessischen Bildungsträger über das Thema Drogenaufklärung allgemein besser sensibilisiert sind. Durch diesen Befund wird deutlich, dass auf dem Schulsektor in den Bundesländern, in denen augenscheinlich NPS-Konsum festzustellen ist, die Schüler proaktiv aufgeklärt werden, aber erhebliche Abweichungen der Standards in den Bundesländern hinsichtlich des Umfangs der Drogenaufklärung bestehen oder sogar das Thema NPS auch bei den Lehrkörpern nicht bekannt scheint.

Die erste Alternative konnte dadurch verifiziert werden, dass exemplarisch an dem nordrhein-westfälischen Kerncurricula, nach einer Strukturveränderung im Jahr 2011, die Drogenaufklärung für die Haupt- und Realschulen *keine* Berücksichtigung mehr findet.[265] Auf der anderen Seite ist jedoch im Kerncurricula für das Gymnasium in dem Fach Biologie, in den Jahrgangsstufen 7-9, Drogenaufklärung vorgesehen.[266] Ob in diesem Zusammenhang auch NPS angesprochen werden, konnte aus dem Lehrplan nicht ersehen werden und liegt vermutlich im Ermessen der jeweiligen Lehrkraft. Diese duale Betrachtungsweise ist aus Fürsorgegesichtspunkten nicht nachvollziehbar, zumal durch die unterschiedlichen Lehrpläne die Schüler und Schülerinnen in der Haupt- und Realschule für Drogenmissbrauch durchaus anfällig sein könnten. Eine abschließende Analyse aller bundesweiten Lehrpläne wurde aufgrund der Komplexität dieser Arbeit nicht durchgeführt, jedoch wäre es zum Wohle der Schüler zu wünschen, wenn in den anderen Bundesländern keine Lehrplanteilung im Bereich der Drogenaufklärung existent wäre. Diese politische Entscheidung der Strukturveränderung in NRW trägt durchaus im Wesentlichen dazu bei, dass die Risikomündigkeit der Jugendlichen bezüglich der Drogenproblematik auf ein Minimum reduziert wird. Passend dazu führte Morgenstern wie folgt aus: *„Gerade bei dem weiten Feld der NPS ist die **Risikomündigkeit** der Konsumierenden von zentraler Be-*

---

[265] Vgl. Anlage 6.
http://www.schulentwicklung.nrw.de/lehrplaene/upload/klp_SI/GE/NW/GE_NW_Bio_Che_Phy_Endfassung.pdf (Stand 06.01.2015).
[266]
http://www.schulentwicklung.nrw.de/lehrplaene/upload/lehrplaene_download/gymnasium_g8/gym8_biologie.pdf , S. 37 (Stand 06.01.2015).

deutung. Dazu ist ein möglichst freier, öffentlicher und anonymer Austausch und Zugang zu allen Informationen über die Substanzen und Produkte notwendig.[267] Der Pharmakologe Dr. Nutt, äußerte sich zur Aufklärungsarbeit wie folgt: *„Alle Drogen sind schädlich, aber nicht alle Drogen sind gleich schädlich, und jeder sollte die Möglichkeit haben, eine informierte Entscheidung zu treffen."*[268]

Eine ähnliche Fürsorgepflicht, wie sie im allgemeinen Bildungssektor vorzufinden ist, ist durchaus auch an den Hochschulen sowie Fachhochschulen vorzufinden, wobei sich die Intensität durchaus als geringer darstellt, da die Studentenschaft überwiegend volljährig ist und nicht mehr eine gesteigerten Schutzbedürftigkeit benötigt. Auf der Grundlage dieser Erwägungen ist es umso bedauerlicher feststellen zu müssen, dass rund 4 % der NPS-Konsumenten von den Hochschulen oder Fachhochschulen über NPS aufgeklärt wurden, zumal an einigen Universitäten besondere Stellen für Suchtfragen vorgehalten werden. Auf der anderen Seite ist jedoch besonders hervorzuheben, dass trotz dieser Teilnehmerquote von rund 32 % aller Teilnehmer von einer Hochschule über die vorliegende Umfrage Kenntnis erhalten haben. Diese Kooperationsbereitschaft zeigt deutlich, dass einige Hochschulen sich dem Drogenthema durchaus widmen.

Im Bereich der sozialen Trägerschaft, hinsichtlich der Drogenberatung gaben rund 12 % NPS-Konsumenten an, dass sie bezüglich NPS informiert worden sind. Trotz dieses schwachen Ergebnisses im Bereich des Gesundheitsschutzes, ist es umso erfreulicher, dass NPS-Konsumenten zu 50 % in Hessen und zu 17 % in Bayern über soziale Einrichtungen über NPS aufgeklärt wurden. Dieser wesentliche prozentuale Anteil in Hessen und Bayern ist vermutlich auf eine fundierte Drogenaufklärungspolitik zurückzuführen. Aus dem Bundesland Bayern ist besonders das gemeinnützige Projekt „mindzone"[269] hervorzuheben. Das Projekt wurde 1996 in München von Privatpersonen ins Leben gerufen und wird seitdem bayernweit eingesetzt. Der Schwerpunkt wird auf die Aufklärungsarbeit hinsichtlich den legalen (u. a. NPS) sowie der illegalen Substanzen gesetzt,[270] wobei die Zusammenarbeit mit dem österreichischen Projekt „checkit!"[271] den grenzübergreifenden Informationsaustausch

---

[267] Morgenstern, S. 53 (55).
[268] http://www.zeit.de/wissen/gesundheit/2014-04/drogenkonsum-warum-drogen-nehmen (Stand 21.11.2014), Nutt, 2012.
[269] http://www.mindzone.info/aktuelles/ (Stand 06.01.2015).
[270] 2. Alternativer Drogen- und Suchtbericht 2015, S. 71 f.
[271] http://www.checkyourdrugs.at/(Stand Stand 06.01.2015).

u. a. über neue gefährliche Substanzen gewährleistet. Aktuell führt „mindzone" ein gemeinsames Projekt mit dem Institut für Therapieforschung (IFT) München durch, indem Konsumverhalten junger Menschen in der Ausgehszene näher betrachte werden soll und möglicherweise hinsichtlich des Phänomens NPS neue Ansätze erkennbar werden.

Die Existenz analoger Einrichtungen, wie „mindzone", in den anderen Bundesländern sind anzunehmen, wobei die angeschriebenen Landesstellen für Suchtfragen nur marginale Informationen über Einrichtungen im Zusammenhang mit NPS angaben. Es ist nicht auszuschließen, dass zurzeit die Fachkräfte der Drogenberatungen über NPS geschult werden, sodass es durchaus noch einer gewissen Zeit bedarf, bis dieses Wissen an Kunden/Patienten umgesetzt werden kann.[272]

Eine der wesentlichen präventiven Institutionen ist kraft Gesetzes die Polizeien der jeweiligen Bundesländer. Durch die jeweiligen länderspezifischen Gefahrenabwehrgesetze sind von jedem Individuum frühzeitig Gefahren abzuwenden. Unter Berücksichtigung der vorliegenden Erkenntnisse musste festgestellt werden, dass 9 von 10 NPS-Konsumenten nicht durch die Polizei aufgeklärt wurde (vgl. Tabelle 6). Sehr beunruhigend ist jedoch, dass fast 8 von 10 Konsumenten *vor* dem unmittelbaren Konsum von NPS von *keiner* staatlichen Aufklärungsinstitution proaktiv hinsichtlich der Gefahren aufgeklärt wurde. Es kann also angenommen werden, dass die staatlichen Träger (u.a. Polizei, pp.) zumindest teilweise ihren gesetzlichen Aufgaben nicht nachgekommen ist.

Tabelle 6: Aufklärungsinstitutionen (%)

Familie	11,2%
Schule	18,4%[273]
Freundeskreis	52,0%
Drogenberatung	12,2%
Arbeitgeber	5,1%
Präventionsprogramme der Polizei	10,2%
Arbeitskollegen	7,1%
Universitäten/Fachhochschulen	4,1%

---

[272] Vgl. u. a. Unterrichtung des niedersächsischen. Landtages Drs. 17/2036; Drs. 17/1390, Nr. 9; http://nls-online.de/home16/index.php/downloads/cat_view/3-nls-jahrestagungen (Stand: 06.01.2015).
[273] Hier findet das Item „Schüler/JA" ausschließlich Berücksichtigung.

Grundsätzlich ist jedoch festzustellen, dass die jeweiligen Präventionsträger einen erheblichen Informationsinput in die Gesellschaft einbringen müssen und teilweise auch schon einbringen, um auf die Gefahren von NPS zu informieren, sie müssen aber auch zugleich genügend Informationen über dieses Thema zur Verfügung stellen. In diesem Bereich ist augenscheinlich ein erhebliches Defizit in der Gesellschaft erkennbar. Erste positive Ansätze im Bereich der Präventionswebsites sind u. a. auf der Seite www.legal-high-inhaltsstoffe.de zu finden, die ausführliche Informationen über NPS für Konsumenten, Interessierte, Eltern und Angehörige bereithalten. Weiterhin werden dort gängige Produkte sowie die rechtliche Situation näher erläutert. Die Seite bietet auch Flyer zum kostenlosen Download sowie Online-Beratung an. Weiterhin werden auf der Website Deutsche Gesetzliche Unfallversicherung (DGUV)[274] umfassende Informationen für Lehrkräfte, aber auch für Eltern über NPS vorgehalten.

Die kursorische Darstellung der Präventionswebseiten zeigt durchaus, dass Informationsquellen vorliegen, jedoch ist aufgrund der Umfrageergebnisse davon auszugehen, dass diese präventiven Institutionen nicht proaktiv agieren. Eine effektive Präventionsarbeit setzt jedoch voraus, dass Prävention proaktiv gelebt wird und der Bevölkerung eine Mündigkeit zubilligt. Einen repräsentativen Vergleich gegenüber der Vergleichsschule konnte in der Form nicht durchgeführt werden, da nur ein NPS-Konsument festgestellt wurde, der jedoch über seinen Freundeskreis über NPS informiert wurde.

7.2.3 Risikoeinschätzungen von NPS

In dem Abschn. 7.3.7 Nebenwirkungen werden die objektiven Folgen hinsichtlich des Konsums von NPS illustriert, sodass die vorliegende forschungsleitende Fragestellung, ob die subjektiven Einschätzungen von den realen Nebenwirkungsfolgen abweichen, erörtert werden soll. Im Bereich der Risikoeinschätzungen wurden daher subjektive Empfindungen aller Befragten eingeordnet, die u. a. vorherige Erfahrungen, aber auch mitgeteilte Erfahrungen durch Dritte umfasst. Daher beinhaltete der webbasierte sowie der schriftliche Fragebogen eine Frage zur Risikoeinschätzung beim Konsum von Räuchermischungen, anderen NPS (Badesalze) und Research Chemicals. Zur Auswertung der getroffenen Einschätzungen, wird das Ergebnis in Form des Mittelwertes dargestellt.

---

[274] http://www.dguv-lug.de/legal_highs.php (Stand 06.01.2015).

Tabelle 7: Durchschnittliche Risikoeinschätzung beim Konsum von Räuchermischungen/Research Chemicals und Badesalze <u>aller</u> Befragten (Skala 1 bis 5)

	Akute gesundheitliche Probleme	Angstzustände	Dauerhafte gesundheitliche Schäden	Strafverfolgung	Abhängigkeit	Ärger am Arbeitsplatz/Schule	Ärger in der nerschaft/Freundeskreis	Ärger mit den Eltern	Sozialer Kontaktverlust	Veränderung der Persönlichkeit
Mittelwert Räuchermischung/RC	3,66	3,81	3,62	2,71	3,66	3,39	3,35	3,72	3,16	3,62
Mittelwert Badesalze/ähnliches	3,64	3,32	3,65	2,52	3,43	3,16	3,22	3,47	3,07	3,43

Tabelle 8: Durchschnittliche Risikoeinschätzung der <u>NPS-Konsumenten</u> beim Konsum von Räuchermischungen, Research Chemicals und Badesalze (Skala von 1 bis 5)

	Akute gesundheitliche Probleme	Angstzustände	Dauerhafte gesundheitliche Schäden	Strafverfolgung	Abhängigkeit	Ärger am Arbeitsplatz/Schule	Ärger in der nerschaft/Freundeskreis	Ärger mit den Eltern	Sozialer Kontaktverlust	Veränderung der Persönlichkeit
Mittelwert Räuchermischung/RC	3,59	3,13	3,15	2,42	3,09	3,00	2,99	3,30	2,69	3,29
Mittelwert Badesalze/ähnliches	3,79	3,37	3,57	2,56	3,25	3,07	3,02	3,20	2,98	3,38

Alle Befragten des webbasierten Fragebogens sowie an der Vergleichsschule sprachen sich in der Mehrzahl der vorgegebenen Risikowerte durchweg für höhere Konsumrisiken aus. Mit einem Mittelwert von 3,81 im Bereich der Räuchermischungen und der Research Chemicals ist die Erwartung von Angstzuständen oder Horrortrips an erster Stelle bei der Onlinebefragung zu nennen (vgl. Tabelle 7). Berücksichtigt man, dass bei sog. Horrortrips der Konsument erhebliche Angstvorstellungen durchlebt, die nicht selten in Suizid- oder Aggressionsanfällen enden, ist diese Entwicklung durchaus bedenklich. Unter der ausschließlichen Betrachtung der NPS-Konsumenten hingegen, wurden durch den Mittelwert 3,59 bei den Räuchermischungen/Research Chemicals die akuten gesundheitlichen Probleme hervorgehoben (vgl. Tabelle 8), wobei die CDR-Studie ebenfalls einen Mittelwert von 3,5 bei den akuten, gesundheitlichen Problemen festgestellt hatte.[275] Identische Befunde mit marginalen Abweichungen konnten ebenfalls bei der Vergleichsschule festgestellt werden (vgl. Tabelle 26)[276], wobei die Sanktionsformen durch Eltern einen wesentlichen Anteil bei den

---

[275] Werse/Morgenstern, S. 48.
[276] Vgl. Anlage 8.2.

74

Kräutermischungen sowie bei den Badesalzen einnimmt. Eine grundsätzliche Risiko-behaftetheit kann bei dem Konsum von Research Chemicals festgestellt werden, da diese Reinsubstanzen aus reinen synthetischen Substanzen bestehen und durch ihren Reinhaltsgehalt eine stärkere Wirkungen zu vermuten ist. Diese vorliegende besondere Gefährlichkeit von NPS wird dadurch manifestiert, dass im Rahmen einer europäischen Studie die Befragten NPS neben Kokain und Ecstasy als sehr gefähr-lich für die Gesundheit des Konsumenten eingestuft hatten. Kokain und Ecstasy wie-sen gegenüber NPS einen marginalen prozentualen Unterschied auf. 57 % (58 % Deutschland) der Befragten sahen bereits bei einem oder bei zweimaligen Konsum von NPS ein erhebliche Risiken, wobei 29 % (26 % Deutschland) ein mittlere Gefahr und 9 % (8 % Deutschland) keine Risiken annahmen. Bei einem kontinuierlichen Konsum von NPS nahmen dagegen 87 % (85 % Deutschland) ein sehr großes Risiko für die Gesundheit an. Lediglich 9 % (8 % Deutschland) postulierten ein mittleres und 1 % (1 % Deutschland) kein Risiko.[277]

Im Bereich der Badesalze schätzen alle NPS-Konsumenten das Risiko mit 3,79 von dauerhaften gesundheitlichen Schäden (Herzrasen, Übelkeit, Kopfschmerzen) als sehr wahrscheinlich ein (vgl. Tabelle 8). Dieses Ergebnis korrespondiert ebenfalls mit der CDR-Studie, die einen Mittelwert von 3,9 ermittelte.[278] Die Allgemeinheit sieht bei den Badesalzen ebenfalls mit 3,64 Punkten ein Risiko, akute gesundheitliche Prob-leme zu bekommen, nach dem Risiko der dauerhaften gesundheitlichen Beeinträch-tigung (3,65) (vgl. Tabelle 7).

Auch das Risiko, abhängig, akute gesundheitliche Probleme, Ärger mit dem Partner und den Eltern sowie die Wesensveränderung wird bei dem Konsum von *allen* NPS als hoch angesehen, wie es ebenfalls die CDR-Studie schon festgestellt hatte.[279] Ei-ne gleiche Risikoeinschätzung von NPS-Befragten aus einer europäischen Studie bestätigte ebenfalls, dass die NPS-Konsumenten eine erhebliche gesundheitliche Gefahr von NPS ausgehen sehen.[280] Lediglich das Risiko der Strafverfolgung liegt deutlich unter dem Mittelwert der anderen Risiken. Dies resultiert vermutlich daraus, dass der EuGH den Besitz von NPS als straflos erachtet hat. Als eine Risikoausprä-

---

[277] http://ec.europa.eu/public_opinion/flash/fl_401_en.pdf, S. 82, 83 (Stand 10.01.2015).
[278] Werse/Morgenstern, S. 48.
[279] Werse/Morgenstern, S. 49.
[280] [280] http://ec.europa.eu/public_opinion/flash/fl_401_en.pdf, S. 84 (Stand 18.11.2014).

gung, die nicht bei der CDR-Studie erhoben wurde, ist die Veränderung der Persönlichkeit zu benennen, die ebenfalls sehr ausgeprägt war.

Unter Berücksichtigung der durchaus hohen Risikoeinschätzung von Nichtkonsumenten und NPS-Konsumenten, ist es sehr erschreckend, dass rund 63 % der NPS Konsumenten *vor* dem eigentlichen Konsum der jeweiligen Substanz *keine* Vorinformationen über Risiken oder Dosierung eingeholt haben. Noch frappierender ist jedoch die nähere Betrachtung, welche Altersklassen ohne jegliche Erkenntnisse die Substanzen konsumiert haben. Aus der Tabelle 21[281] wird ersichtlich, dass deutlich jeder zweite Konsument in *jeder* Altersklasse vor dem eigentlichen Konsum der Substanz *keine* Informationen über die Substanz eingeholt hat.

Diejenigen, die Vorinformationen vor dem eigentlichen Konsum eingeholt hatten, recherchierten überwiegend nach Research Chemicals, wie z. B. 2c-b oder Methylon oder nach dem Allgemeinbegriff Räuchermischungen. Die Recherche nach dem Begriff Research Chemicals spiegelt die bereits dargestellten Befunde im Bereich der Informationsquellen bei Research Chemicals wieder, denn dort hatten sich die Konsumenten vermehrt dem Internet als Aufklärungsmedium bedient. Ein Konsument recherchierte dagegen wegen seines pathologischen Zustandes nach Ersatzstoffen, die dem THC ähnlich waren, um sein Rheumaleiden zu lindern, aber gleichzeitig nicht in die Strafbarkeit zu gelangen. Diese Erkenntnis ist gerade unter dem VG Köln –Urteil[282] (Cannabisanbau für therapeutische Zwecke) sowie die Entscheidung des BVerwG[283] (Führerscheinentzug beim gelegentlichen Konsum von Cannabis) interessant, da der Trend zu NPS (Räucher-/Kräutermischungen) gehen könnte, um die gleichen, wenn nicht sogar stärkeren Wirkungen als das THC zu erhalten. Weiterhin ist wegen der Legalität von NPS der Beschaffungsaufwand gegenüber Cannabis wesentlich geringer, als einen Antrag bei dem Bundesinstitut für Arzneimittel und Medizinprodukten für den Anbau von Cannabis zu stellen.

---

[281] Vgl. Anlage 8.2.
[282] VG Köln, Urteil vom 22.07.2014, Az. 7 K 4447/11.
[283] BVerwG, Urteil vom 23.10.2014, Az. 3 C 3.13.

7.3 Konsumbezogene Umstände

In Abschn. 7.1 wurden ausschließlich sozidemographische Merkmale sowie in Abschn. 7.2 der Informationsstand und die Risikoeinschätzung von NPS-Konsumenten und Nichtkonsumenten näher beleuchtet. In dem vorliegenden Kapitel sollen darüber hinaus weitere konsumbezogene Umstände untersucht werden, die im unmittelbaren Zusammenhang mit dem Konsum von NPS stehen. Dies sind die mögliche Beschaffungskriminalität, aber auch die aus dem Konsum resultierenden volkswirtschaftlichen Schäden im Gesundheitssystem.

7.3.1 Prävalenzraten des NPS-Konsums

Der Abschn. 7.2.3 illustrierte deutlich, dass von dem Konsum der NPS durchaus eine Gefährlichkeit ausgeht, die außerdem durch die Konsumintensität verstärkt werden kann. Gerade Räuchermischungen beinhalten in den häufigsten Fällen keine kontinuierlich gleiche Zusammensetzung. So kann der Konsument die Wirkung nur schwer einschätzen, da die Hersteller bestrebt sind, die Zusätze zu verändern, wenn eine Substanz unter die Anlage I-III nach dem BtMG unter Strafe gestellt wird. Weiterhin ist nicht auf der Verpackung erkennbar, welche Substanzen verarbeitet worden sind, und in den häufigsten Fällen sind den Konsumenten die Nebenwirkungen völlig unklar. Dieser Umstand der Intensität sowie die Darstellung der Popularität von NPS können durch die Lifetime- sowie die 30-Tages-Prävalenz illustriert werden. Diese Parameter wurden in alle bis dato vorliegenden Studien (vgl. Abschn. 4) einbezogen, sodass die vorliegenden Befunde ebenfalls mit den Befunden aus den anderen Studien abgeglichen werden können. Zur grundsätzlichen Popularität von NPS kann die Studie „Eurobarometer 2014" herangezogen werden, die in diesem Zusammenhang eine Steigerung der Konsumquote von NPS, bei dem Personenkreis 15 bis 24 Jahre *europaweit* von 5 auf 8 % festgestellt hatte. Von diesen 8 % der Jugendlichen/Heranwachsenden wurden folgende Angaben gemacht: 1 % hatten in den letzten 30 Tagen, 3 % mindestens in den letzten zwölf Monaten und 4 % vor mehr als zwölf Monaten NPS konsumiert.[284] Für Deutschland konnte eine Lifetime-Prävalenz von 4 % festgestellt werden. 3 % hatten dagegen länger als zwölf Monate und 1 % in den letzten 12 Monaten NPS konsumiert. Im Bereich der 30-Tages-Prävalenz lag der Prozentanteil bei 0 %.[285] Dagegen gaben in der ESA-Studie 2012 0,6 % der Befrag-

---

[284] http://ec.europa.eu/public_opinion/flash/fl_401_en.pdf, S. 7. (Stand 15.11.2014).
[285] http://ec.europa.eu/public_opinion/flash/fl_401_en.pdf, S. 8. (Stand 15.11.2014).

ten an, in ihrem Leben NPS konsumiert zu haben, wobei 0,3 % NPS in den letzten 12 Monaten und 0 % in den letzten 30 Tagen konsumiert hatten.[286] Unter Berücksichtigung dieser europäischen Studie sind die vorliegenden Lifetime-Prävalenzen von NPS in Höhe von 10,6 % (vgl. Abschn. 7.1.1) sowie *gerade* die Lifetime-Prävalenz bei der Schülerschaft mit 8,1 % und bei den Studenten bei 7,6 % (vgl. Abschn. 7.1.3) zu relativieren, da in der europäischen Studie eine geringe Stichprobe (13.000 Schüler europaweit) im Verhältnis zu der europäischen Gesamtbevölkerung. einbezogen wurde.

Eine nähere Differenzierung der Lifetime- sowie der 30-Tages-Prävalenz nach den drei bekannten NPS-Produkten, konnte im Bereich der Räuchermischungen bei der SCHULBUS-Studie festgestellt werden, dass ein Rückgang von 4,8 % (2009) auf 3,3 % (2012) vorzufinden war.[287] Einen ähnlichen Rückgang der Lifetime-Prävalenz konnte bei der MoSyD 2013 für die Räuchermischungen konstatiert werden: von 7 % (2011) auf 5 % (2013), wobei im Jahr 2010 der Wert von 9 % die höchste Prävalenz darstellte. Im Bereich der 30-Tages-Prävalenz konnte ein Rückgang von 2 auf 1 % festgestellt werden.[288] Unter Bezugnahme der Altersklasse 15 bis 18 Jahre, die Bestandteil in den beiden vorgenannten Studien war, konnte in der vorliegenden Studie eine Lifetime-Prävalenz von 6,08 % ermittelt werden, sodass gerade mit der MoSyD 2013 eine annähernde Übereinstimmung (Differenz +1, 08 %) besteht. Diese annähenden Übereinstimmung konnte ebenfalls bei der 30-Tages-Prävalenz festgestellt werden, da vorliegend 2,21 % (Differenz +1,21%) ermittelt werden konnte. Unter diesen Umständen kann durchaus angenommen werden, dass eine bundesweite Lifetime-Prävalenz von 6 % und eine 30-Tages-Pravalenz von 2 % in der Altersklasse von 15 bis 18 Jahren besteht. Diese Hypothese wird ebenfalls dadurch erhärtet, dass in der Vergleichsschule ein NPS-Konsument unter 99 Schülern festgestellt werden konnte. Unter Berücksichtigung der Abbildung 21 wird deutlich, dass die Mehrzahl der NPS-Konsumenten Räuchermischungen konsumieren, wie bereits die CDR-Studie (86 % aller Konsumenten)[289] ergab. Die Konsumenten von Räuchermischungen können durchaus dem Gelegenheitskonsum (46 Konsumenten) zugeschrieben werden, da sich die 30-Tages-Prävalenz gegenüber der Lifetime-Prävalenz geringer

---

[286] Kraus/Pabst/Gomes de Matos/Piontek, S. 34.
[287] Baumgärtner/Kestler S. 19.
[288] Werse/Morgenstern/Sarvari S. 58.
[289] Werse/Morgenstern, S. 20.

darstellt; zumal nur 10 Konsumenten in der 30-Tages-Prävalenz häufiger als 10 Mal diese Substanzen konsumiert haben. Ein möglicher Indikator für den Gelegenheitskonsum könnte die Neugierde sein, Räuchermischungen einmalig zu konsumieren.

Die Differenzierung nach Altersklassen zeigt, dass die Räuchermischungen in der Altersgruppe 13 bis 18 Jahre bevorzugt werden, da diese gegenüber den anderen Altersklassen bei der Lifetime-Prävalenz rund 32 %, vor der Altersklasse der 22- bis 30-Jährigen (29 %) ausmachen. Im Bereich der Lifetime-Prävalenz konsumierten von den 32 % aus der Altersklasse 13 bis 18 Jahre 41 % häufiger als 10 Mal, sie stellte daher den größten Wert in der Konsumhäufigkeit in der Lifetime-Prävalenz dar. Beim regelmäßigen Konsum (30-Tages-Prävalenz) erreicht die Altersklasse 13 bis 18 Jahre mit 46 % mit deutlichem Abstand gegenüber den anderen Altersklassen den höchsten Wert. Diese Entwicklung zeigt, dass Räuchermischungen gerade für die Altersklasse 13 bis 18 Jahre eine interessante Droge darstellen.

Als populärste Räuchermischungsarten konnten die jeweiligen Spice-Produkte (Silber/Gold/Diamond) festgestellt werden, die mit rund 23 % den ersten Platz einnehmen. Dieses Resultat ergab ebenfalls die CDR-Studie.[290] Weiterhin wurde mit 9 % das Produkt Bonzai und mit 8 % das Produkt Monkees go Bananas benannt. Die häufige Benennung des Produkts „Bonzai" beunruhigt deshalb, weil Ende 2014 in den Printmedien bekannt wurde, dass im Bereich der Kräutermischungen das Produkt „Bonzai" zu erheblichen gesundheitlichen Folgen bei mehreren Personen geführt hatte.[291] Die Substanzen verfügen über stärkere Wirkungen gegenüber Cannabis, sodass die cannabistypischen Dosierungen zu lebensgefährlichen Zuständen führen. Rund 25 % konnten bereits das Produkt nicht mehr benennen, welches sie konsumiert hatten. Dies resultiert womöglich daraus, dass der Konsumzeitpunkt zu lange zurücklag und sie lediglich einmal die Substanz probiert hatten. Mit rund 28 % gaben die Befragten mehrere Benennungen von Räuchermischungen an, sodass bereits hier erkennbar ist, dass der typische Konsument von Räuchermischungen eine größere Vielfalt an Produkten ausprobiert.

Mit Bezug auf Abbildung 21 kann bereits festgestellt werden, dass Badesalze gegenüber den Räuchermischungen nicht so populär sind. Erkennbar ist jedoch, dass der Badesalzkonsument weniger als Gelegenheitskonsument zu betrachten ist, da

---

[290] Werse/Morgenstern, S. 23.
[291] http://kurier.at/lebensart/gesundheit/neue-droge-experten-warnen-vor-bonzai/101.612.793 (Stand 15.12.2014).

sich die Konsumhäufigkeit in der Lifetime-Betrachtung gerade bei dem 6- bis 10-Mal-Konsum ausgeprägter darstellt als bei den Räuchermischungen. Eine Betrachtung der jeweiligen Altersklassen illustriert deutlich, dass Badesalze als Ersatz für Partydrogen in der Lifetime-Prävalenz in der Altersklasse 13 bis 18 Jahre mit rund 42 % festzustellen sind, wobei auch bei den Badesalzen die Konsumhäufigkeit in der Altersklasse 13 bis 18 Jahre mit 47 % mehr als 10 Mal betrug. Die Altersklasse 22 bis 30 Jahre nimmt lediglich den 2. Platz bei der Lifetime-Prävalenz mit rund 27 % ein. Die gesteigerte Konsumbereitschaft wird gerade in der Altersklasse 13 bis 18 Jahre bei der 30-Tages-Prävalenz offenkundig. Jeder zweite konsumiert Badesalze (59 %) und von diesen rund 71 % häufiger als 10 Mal. Im Bereich der Badesalze lag eine Lifetime-Prävalenz auf der Grundlage der MoSyD 2013[292] Studie bei 2% (hiesiger Befund 4,24%) und in der 30-Tages-Prävalenz von 1% (hiesiger Befund 2,76%) vor.[293] Wie bereits bei den Räuchermischungen festgestellt wurde, sind auch im Bereich der hiesigen Befunde zu den Badesalzen Signifikanzen zu der MoSyD 2013 festzustellen.

Hinsichtlich der Popularitätsarten bei den Badesalzen konnte in der konsumentenorientierten Studie CDR-Studie[294] festgestellt werden, dass das Produkt Charge+ mit 14% als beliebteste Produkt benannt wurde. Diese Popularität von Charge+ konnte vorliegend (7%) ebenfalls bestätigt werden. Die Mehrzahl aller Befragten (rund 51%) konnten dagegen das konsumierte Produkt nicht mehr benennen, wobei fast jeder vierte (22%) angab, mehrere Produkte von Badesalzen konsumiert zu haben.

Die Reinsubstanzen (Research Chemicals) haben eine Wirkung von stimulierend über halluzinogen bis sedierenden Wirkungen und werden augenscheinlich von Gelegenheitskonsumenten eingenommen. Diese Sichtweise wird dadurch bestätigt, dass die Abbildung 21 im Bereich der Lifetime-Prävalenz eine deutliche Konsumentenvielzahl gegenüber der 30-Tages-Prävalenz anzeigt.

Im Bereich der Konsumverteilung in der Altersklasse wird bei den Research Chemicals gegenüber den Badesalzen und den Räuchermischungen gerade in der Lifetime-Prävalenz eine Verschiebung deutlich. Die Altersklasse 22 bis 30 Jahre nimmt den ersten Platz mit rund 44 % vor der Altersklasse 13 bis 18 Jahre (36 %) ein, wobei die Konsumintensität (häufiger als 10 Mal) ebenfalls in der erstbenannten Alters-

---

[292] Die MoSyD 2013 betrachtete dort Badesalze und Research Chemicals kumuliert.
[293] Werse/Morgenstern/Sarvari, S. 57.
[294] Werse/Morgenstern, S. 24.

klasse mit 53 % ausgeprägt ist. Im Bereich der 30-Tages-Prävalenz verändert sich wieder dieses Bild, sodass dort mit rund 47 % die Altersklasse 13 bis 18 Jahre vor der Altersklasse 22 bis 30 Jahre (26 %) den ersten Platz einnimmt. Eine eindeutige Popularität eines einzelnen Research-Chemicals-Produktes konnte aufgrund der augenscheinlichen Vielzahl an Darbietungen nicht festgestellt werden. Ein sehr häufig benanntes Produkt, wie es auch bereits bei der CDR-Studie[295] festgestellt werden könnte, ist jedoch Methylon und 2c-b sowie 2c-e.

7.3.2 Bezugsquellen

Bereits jetzt sind über 1.000 verschiedene NPS auf dem Markt im Umlauf,[296] die extravagante und sehr auffällige Bezeichnungen haben, wie z. B. „Lava Red", „Jamaican Gold Extreme", „Bonzai Winter Boost". Sie wirken auf den Konsumenten durch vermeintliche Legalität sowie ein falsches Sicherheitsgefühl bezüglich des Risikos attraktiv! Der Produktname gewährleistet daher nicht, dass die Inhaltsstoffe bei jeder Verpackungseinheit konstant sind, da die Mixturen kontinuierlich verändert werden. Auf den Verpackungen werden weiterhin nie die jeweiligen Substanzen aufgeführt und wenn, dann nicht in der jeweiligen Größenmenge.[297] In einem BGH-Urteil wurde diesbezüglich ausgeführt: *„In der Regel waren sie mit dem Aufdruck versehen, es handele sich um Raumerfrischer und der Inhalt sei nicht zum Verzehr geeignet."*[298] Die angebotene Vielzahl an Produkten impliziert automatisch eine entsprechende Masse an Bezugsquellen und erleichtert daher die Verfügbarkeit von Substanzen. Diese Vielzahl an unterschiedlichen Bezugsquellen fördert die Verfügbarkeit von NPS.

In Abschn. 7.2.1 wurde bereits ersichtlich, dass sich die Mehrheit der NPS-Konsumenten über NPS in Online-Foren „Drogen-Community", aber auch in Internetshops informieren, sodass neben dem Freundeskreis, der ebenfalls als eine wichtige Informationsquelle angesehen wird,[299] die Bezugsquelle als Informationsquelle anzunehmen ist, zumal aus dem EBDD Jahresbericht 2011 hervorging, dass ca. 314 Online-Shops auf dem Markt festzustellen waren.[300] Ob eine unterschiedliche Bezugsquelle für die unterschiedlichen NPS-Produkte anzunehmen ist, ist möglicher-

---

[295] Werse/Morgenstern, S. 24.
[296] Mirgel/Nauth, Die Deutsche Polizei 2014, S. 21 (23).
[297] EBDD Jahresbericht 2011, S. 114.
[298] BGH, NStZ 2014, S. 461 f.
[299] Kemmesies, S. 216 f., Studie zum illegalen Drogenerwerb 63% Bezugsquelle „Freundeskreis".
[300] EBDD Jahresbericht 2011, S. 114.

weise aufgrund der unterschiedlichen Zusammensetzungen der Produkte nicht auszuschließen. Bei den Räuchermischungen 63 % (vgl. Tabelle 9) sowie bei den Badesalzen 50 % (vgl. Tabelle 10) stellt der Freundeskreis die wichtigste Bezugsquelle
dar, wobei gerade weibliche Konsumenten verstärkt diese Quelle nutzen. Im Bereich
der männlichen Konsumenten gaben 77 % in der 30-Tages-Prävalenz an, Räuchermischungen über das Internet zu erwerben. Diese Auffälligkeit kann möglicherweise
auf den Konsumbedarf zurückzuführen sein. Bei den Research Chemicals wird von
den männlichen Konsumenten (48 %) das Internet als Bezugsquelle genutzt, wobei
die weiblichen Konsumenten weiterhin den Freundeskreis als Bezugsquelle ansehen
(vgl. Tabelle 11). Die Beliebtheit der männlichen Konsumenten hinsichtlich der Bezugsquelle „Internet" spiegelt die Erkenntnis aus dem Europäischen Drogenbericht
2015 wieder.[301]

Tabelle 9: Übersicht Bezugsquelle von Räuchermischungen

	Freundeskreis	Internet	Headshop
Weiblich	72% (18 Personen)	12% (3 Personen)	8% (2 Personen)
Männlich	53% (20 Personen)	24% (9 Personen)	11% (4 Personen)
Gesamt	63% (38 Personen)	20% (12 Personen)	10% (6 Personen)

Tabelle 10: Übersicht Bezugsquelle von u. a. Badesalzen

	Freundeskreis	Internet	Drogerie
Weiblich	56% (10 Personen)	22% (4 Personen)	17% (3 Personen)
Männlich	46% (12 Personen)	42% (11 Personen)	8% (2 Personen)
Gesamt	50% (22 Personen)	34% (15 Personen)	11% (5 Personen)

Tabelle 11: Übersicht Bezugsquelle von Research Chemicals

	Freundeskreis	Internet ge-samt	Internet Asien	Internet Euro-pa	Internet Deutschland
Weiblich	65% (11 Perso-nen)	24% (4 Per-sonen)	0% (0 Perso-nen)	50% (2 Per-sonen)	50% (2 Perso-nen)
Männlich	37% (10 Perso-nen)	48% (13 Per-sonen)	8% (1 Person)	62% (8 Per-sonen)	31% (4 Perso-nen)
Gesamt	48% (21 Perso-nen)	39% (17 Per-sonen	6% (1 Person)	59% (10 Per-sonen)	35% (6 Perso-nen)

---

[301] Europäischer Drogenbericht 2015, S. 34.

Nach einer amerikanischen Studie sollten die meisten NPS mit 56 % aus dem asiatischen, 28 % aus dem europäischen sowie 9 % aus dem nordamerikanischen Bereich stammen.[302] Diese prozentuale Verteilung konnte vorliegend nicht belegt werden.

7.3.3 Beschaffungskriminalität

In einem möglichen Zusammenhang zu den Bezugsquellen steht weiterhin die forschungsleitende Frage, durch welche Finanzierungsquelle der Konsum von NPS finanziert wird. In diesem Kontext wird gerade das Thema „Beschaffungskriminalität" virulent, denn je größer die Abhängigkeit und daher auch die Konsumhäufigkeit, desto größer ist die Mutmaßung, dass die Wahrscheinlichkeit für Beschaffungskriminalität gegeben ist. Bei einer starken Abhängigkeit herrschen nämlich egoistische Züge, die ein Handeln über die Grenzen des geltenden Rechts aus der Sicht des Konsumenten rechtfertigen lässt. Betrugsfälle, Rücksichtslosigkeit, Misshandlung, Grobheit und Gewalt sind dann sehr häufig die Folge. Studien, die diesen Bereich im Zusammenhang mit NPS betrachtet haben, sind bis dato nicht vorhanden. Es konnte jedoch auf der Grundlage der vorhandenen Datensätze festgestellt werden, dass von allen NPS-Konsumenten lediglich 12 % ihren NPS- Konsum (13 Personen) über illegale Mittel finanziert hatten. Von diesen Delinquenten konnten 8 Personen der Altersklasse 13 bis 18 Jahre zugerechnet werden, (vgl. Tabelle 22)[303], wobei von den 8 Personen 6 Schüler waren. Der überwiegende Teil der NPS-Konsumenten finanzierten ihren Bedarf durch legale Mittel, sodass eine Konnexität zwischen dem NPS-Konsum und der Beschaffungskriminalität nicht festgestellt werden kann.

7.3.4 Konsumierungshandlung

Studien über die Einnahme von NPS sind bis dato nicht bekannt, sie könnten jedoch für mögliche medizinische Indikationen nach einem toxikologischen Vorfall durchaus wichtig sein. Aufgrund von gesundheitlichen Aspekten und den daraus im Zusammenhang stehenden Indikationen wurde nach der häufigsten Konsumhandlung gefragt. Aus den Printmedien wurde teilweise bekannt, dass Drogenkonsumenten harter Drogen Badesalze als Heroinersatz intravenös konsumieren würden.[304] Ein solcher Fall hatte sich vorliegend einmal bestätigt. Eine besondere Bedeutung gewinnt

---

[302] United Nations Office on Drugs and Crime, The Challenge of New Psychoactive Substances 2013.
[303] Vgl. Anlage 8.2.
[304] http://www.augsburger-allgemeine.de/panorama/Sogar-Junkies-warnen-So-gefaehrlich-ist-die-neue-Psycho-Droge-Badesalz-id27441752.html (Stand 31.08.2014).

jedoch die Konsumhandlung dadurch, wenn über die Konsumhandlung die NPS unter das LFBG erfasst werden sollen (vgl. Abschn. 3.3. und 3.4). Rund 66 % aller Konsumenten hatten NPS geraucht, 10 % getrunken oder geschluckt und 10 % nasal eingenommen.

Geschlechtsspezifische oder altersspezifische Auffälligkeiten im Bereich der Konsumhandlungen konnten dagegen nicht festgestellt werden. Von den weiblichen Konsumenten wurden die NPS mit rund 51 % geraucht und mit rund 16 % nasal eingenommen. Bei den männlichen Konsumenten überwog mit 73 % ebenfalls der Konsum über das Rauchen. Lediglich 9 % konsumierten die Substanzen nasal.

7.3.5 Konsumorte von NPS

Die Frage nach den häufigsten Konsumorten von NPS, also die Setting- und Umfeldbetrachtung, ist gerade für Präventionsträger entscheidend, da u. a. an diesen Plätzen die Präventionsinstitutionen ihre Aufklärung proaktiv an den potenziellen Konsumenten herantragen könnten. Insgesamt gaben rund 67 % (71 %, 30-Tages-Prävalenz)[305] an, dass sich dieser Konsum im häuslichen Umfeld (Zuhause oder bei anderen Zuhause) abspielen würde. Unter Berücksichtigung der Alterskategorien wurde festgestellt, je jünger der Konsument ist, desto eher wurde der Konsum im Zusammenhang mit dem Freundeskreis durchgeführt. Zur Illustration kann dargestellt werden, dass 72 % der 15- bis 18-Jährigen, 56 % der 19- bis 21-Jährigen sowie in der Altersgruppe 22 bis 24 Jahre nur noch 48 % NPS im Freundeskreis konsumiert hatten. Einen ähnlichen Verlauf kann man auch bei der Ausbildung feststellen. Je niedriger das Ausbildungsniveau des Konsumenten ist, desto eher wird der NPS-Konsum im Freundeskreis stattfinden.[306] Offenbar fördert ein vertrautes soziales Setting ein positives Drogenerlebnis, gerade bei den jüngeren Konsumenten. Ein gefördertes Genusserlebnis wird daher gerade in einem vertrauten Konsumentenkreis gewährleistet, indem man sich nicht verstellen muss.

Unter Berücksichtigung der Schüler/ (Studenten) die NPS konsumieren ist festzustellen, dass rund 32% (27%) diese zu Hause sowie rund 30% (33%) bei Dritten konsumieren. Aus geografischer Sicht konnte festgestellt werden, dass Konsumenten auf Partys mit rund 64 % vermehrt in Ballungsgebieten vorzufinden sind. Bei ländlich geprägten Strukturen findet der Konsum überwiegend bei Dritten (46%) oder bei dem

---

[305] Werse/Morgenstern, S. 44; vgl. bei illegalem Konsum Kemmesies, S. 207 f.
[306] http://ec.europa.eu/public_opinion/flash/fl_401_en.pdf, S. 12. (Stand 15.11.2014).

Konsumenten zuhause (52 %) statt. Diese Auffälligkeit ist jedoch nicht untypisch, da gerade in ländlichen Gebieten die Freizeitaktivitäten gegenüber den Ballungsgebieten eingeschränkt sind. Signifikante Ergebnisse konnten bei den Variablen des Konsumortes mit der 30-Tages-Prävalenz festgestellt werden. Weit über die Hälfte der Konsumenten, die Räuchermischungen konsumiert hatten, nahmen diese zu Hause ein (vgl. Tabelle 12). Dieses Ergebnis korrespondierte mit dem Ergebnis der CDR-Studie,[307] da dort festgestellt wurde, dass ebenfalls bei den Research Chemicals jeder 4 Konsument diese bei Dritten einnahm. Im Bereich der Badesalze ist auszuführen, dass der überwiegende Teil der ebenfalls bei sich zuhause konsumiert, wobei einer Verlagerung außerhalb der eigenen Wohnung wahrscheinlich ist. Im Bereich der 30-Tages-Prävalenz hatten 18% Badesalze in der Schule (14%) sowie an einem Arbeitsplatz (5%) konsumiert.

Tabelle 12: Orte des Konsums von NPS (%)

	RM Lifetime	RM 30 Tage		Badesalze Lifetime	Badesalze 30 Tage		RC Lifetime	RC 30 Tage	
	hiesige Studie	CDR-Studie[308]	hiesige Studie	hiesige Studie	CDR-Studie	hiesige Studie	hiesige Studie	CDR-Studie	hiesige Studie
zuhause	43%	67%	65%	47%	60%	46%	40%	40%	42%
Bei anderen zuhause	25%	14%	12%	20%	12%	18%	22%	26%	21%
Straße/Park	18%	15%	12%	18%	10%	18%	18%	18%	16%
Diskothek/Party	8%	4%	4%	7%	15%	0%	13%	13%	5%
Schule/Arbeitsplatz	5%	1%	8%	9%	3%	19%	7%	2%	16%
Bar/Kneipe/Restaurant	1%	0%	0%	0%	0%	0%	0%	1%	0%

7.3.6 Konsummotivation

Als wesentliche Gründe, die zu einem Konsum von NPS führen können, sind sehr häufig kulturelle, soziale und psychologische Faktoren zu nennen, nicht zuletzt deshalb, weil jeder Rausch in soziokulturellem Rahmen erlernt, maßgeblich auch durch ihn geprägt wird und der Rausch auch ein Stück Freiheit darstellt.[309] Der Rausch ist ein Mittel, den von dieser Gesellschaft geschaffenen Zwängen zu entrinnen und in

---

[307] Werse/Morgenstern, S. 44.
[308] Werse/Morgenstern, S. 44.
[309] Blätter, in: Dollinger/Schmidt-Semisch, S. 83, m. w. N.

dem Rausch Zuflucht zu suchen.[310] Im Rahmen dieser besonderen Faktoren sind set[311] und setting[312] die zentralen Schlüsselbegriffe. Beide stehen in wechselseitiger Abhängigkeit und haben fließende Übergänge. Eine sehr oft thematisierte Wechselwirkung ist u. a. der Gruppendruck und die Gruppenzugehörigkeit und die Stärkung der persönlichen Identität. In diesem Kontext kann Drogenkonsum gelegentlich auch als Aufnahmeritual in bestimmten Kreisen oder als markierungsspezifischer Situationen gesellschaftlich vorgeben sein. In den Bezugsgruppen findet auch die wesentliche Sozialisation zur Droge statt. Hier werden Handlungsempfehlungen weitergegeben und Einstellungen vermittelt, welche die Verwendung verschiedener Drogen betreffen. Auch die gruppenspezifischen, identitätsstiftenden Anwendungsarten, Dosierungen und Kombinationen werden hier erlernt. Fast immer gibt es zudem spezielle Rituale, die den Umgang mit gewissen Substanzen vereinheitlichen, und die gruppenspezifischen Erklärungsmuster liefern Interpretationen für individuelle Raucherlebnisse.[313] Diese vorbezeichneten Faktoren des Gruppendrucks oder der Effekt des „Dazugehörens" nahmen in den vorliegenden Befunden bei beiden Prävalenzarten eine marginale Stellung ein. Als wichtigste Motivlage nach der Lifetime-Prävalenz (72 %; Abbildung 22) sowie nach der 30-Tages-Prävalenz (74 %; vgl. Abbildung 23) stellte sich das Hervorrufen eines Rauschzustandes heraus, gefolgt von der Neugierde (Lifetime-Prävalenz 66 % [vgl- Abbildung 22]; 30-Tages-Prävalenz 60 % [vgl. Abbildung 23]).[314] Bei der CDR-Studie konnten ähnliche Werte beim Rausch 77% sowie bei der Neugierde 62% festgestellt werden.[315] Neugierde und der Wunsch einen Rausch zu erleben scheinen für die NPS-Konsumenten wichtiger zu sein als die nicht Nachweisbarkeit und Legalität der Substanzen (Lifetime- 35 %; vgl. Abbildung 22 sowie bei der 30-Tages-Prävalenz 45 % vgl. Abbildung 23), deshalb kann vermutet werden, dass die Konsumenten NPS eher als Substitut für die illegalen Drogen konsumieren, denn auch diese erzeugen in erster Linie einen Rauschzustand. Eine nähere Betrachtung der Motivationsgründe im Kontext mit den jeweiligen NPS-Arten, konnte gerade bei dem Motiv „Neugierde" eine Übereinstimmung bei allen NPS-Arten mit der CDR-Studie festgestellt werden (vgl. Tabelle 23).

---

[310] LG Lübeck, NJW 1992, S. 1571 (1573).
[311] Die Einstellungen der Person zum Konsum, inklusive der Persönlichkeitsstruktur.
[312] Der Einfluss des physischen und sozialen Umfeldes, in dem der Konsum stattfindet.
[313] Blätter, in: Dollinger/Schmidt-Semisch, S. 83 (85).
[314] Im Bereich des illegalen Drogenkonsums stellte die Neugierde den wichtigsten Motivationsgrund dar, vgl. Kemmesies, S. 118.
[315] Werse/Morgenstern, S. 37.

Im Bereich der Konsummotivation hinsichtlich des Preis-Leistungsverhältnisses konnte gerade bei den kontinuierlichen Konsumenten, die häufiger als 10 Mal NPS (35 %) konsumiert hatten, festgestellt werden, dass mindestens jeder Dritte NPS wegen des günstigen Preis-Leistungsverhältnisses konsumiert hatte. Dieser Befund lässt den Rückschluss zu, dass diese Konsumenten auf eine alternative Drogenart umgestiegen sind. Die festgestellte Beziehung zwischen dem Cannabiskonsum und dem nachgelagerten Konsum von NPS (vgl. Abschn. 7.1.4) ist vorliegend ein weiterer Faktor, weshalb NPS als Substitut für Cannabis angesehen werden kann.

Das Motiv der mangelnden Nachweisbarkeit spielt, wie bereits bei dem Motiv der ökonomischen Betrachtung, gerade bei Vielkonsumenten eine wichtige Rolle. Über die Hälfte der Konsumenten, die NPS häufiger als 10 Mal konsumiert hatten, sprachen dem Motiv der mangelnden Nachweisbarkeit einen hohen Stellenwert zu. Dies resultiert womöglich daher, dass diese regelmäßigen Konsumenten die Wahrscheinlichkeit des „Entdecktwerdens" minimieren wollen.[316] Aus dem Jahresbericht der Beratungsstelle „mudra" aus dem Jahr 2011 wurde besonders hervorgehoben, dass die Konsumentengruppe von NPS sog. „Ausweicher" sind. Gründe dafür liegen u. a. darin, dass bislang fast alle NPS in gängigen Drogenscreenings nicht erfasst werden und deshalb der Konsum unentdeckt bleibt. Aufgrund dieser Eigenschaft bilden Menschen unter Abstinenzkontrolle eine besondere Zielgruppe.[317] Exemplarisch, um diese Annahme zu bestätigen wird nachfolgendes Zitat eines Teilnehmers vorgebracht:

„[...] ich habe 13 Jahre lang Cannabis geraucht [...] in meinem Blut mir der Gebrauch von Cannabis dauerhaft nachgewiesen werden konnte, musste ich meinen Führerschein abgegeben. Deshalb wechselte ich aufgrund der MPU Verordnung zu Legal Highs nächsten Monat bekomme ich den Lappen wieder und werde weiter Konsumieren diesmal brauche ich aber keine Angst zu habe 2 Tage nach Konsum meinen Führerschein los zu werden! [...]."[318]

Als ein neues Item im Bereich der Motivationslage, gegenüber der CDR-Studie, wurde die Leistungs-/Konzentrationssteigerung hinzugefügt. Im Bereich der 30-Tages-Prävalenz bei den Badesalzen sowie bei den Research Chemicals gaben die Hälfte der Befragten an, dass das Motiv für die Leistungs-/Konzentrationssteigerung „sehr wichtig" sei. Berücksichtigt man die Wirkungen dieser beiden Substanzen und die

---

[316] Jellinghaus, S. 29 (32-33).
[317] Jellinghaus, S. 29 (32).
[318] Vgl. Anlage 3.

Ähnlichkeiten zu synthetischen Drogen wie LSD, ist es nicht verwunderlich, dass die regelmäßigen Konsumenten die aufputschende Wirkung förderlich finden, da dadurch u.a. auch der Zustand der physischen sowie psychischen Belastbarkeit wesentlich verlängert wird. Exemplarisch wird auf die synthetische Droge Crystal hingewiesen, die eine ähnliche Wirkung vorweist.

7.3.7 Nebenwirkungen von NPS und ihre Abschreckungswirkungen

Bevor eine Auseinandersetzung mit den möglichen Nebenwirkungen von dem Konsum von NPS erfolgt, werden zunächst ein Interview und zwei Zitat von NPS-Konsumenten dargelegt, um die Brisanz aus der Sicht von Konsumenten passend darzustellen.

- ❖ *„Es vergingen ca. 5 Minuten, als das Unheil seinen Lauf nahm. Ich bekam Herzrasen und hörte regelrecht mein Herz schlagen. Ich begann zu zittern, mir war schlecht und ich habe mich mehrmals übergeben. Das Herzrasen wurde so schlimm, dass ich dachte ich muss jetzt sterben. Ich konnte weder aufstehen noch sonst etwas machen. Dieses Gefühl war das Schrecklichste, das ich je hatte! Seit diesem Tag habe ich Herzproblemen, wie mir durch den Kardiologen mitgeteilt wurde. Es ist zwar nicht lebensbedrohlich und doch bin ich eingeschränkt im Alltag. Das Zeug ist pures Gift und ich kann jedem nur davon abraten.“*[319]

- ❖ *„Ich habe nur in einem Zeitraum von 30 Tagen Räuchermischungen konsumiert und das ist über 3 Jahre her. Es war die Hölle. Ich war nicht mehr ich selbst und konnte nachdem in den Konsum eingestellt hatte 2 Wochen nicht richtig schlafen und hatte ständig Schweißausbrüche.“*[320]

- ❖ *„Ich hatte im Urlaub im Ausland ersten Kontakt. Hatte zufolge das ich nach drei Zügen einen Horrortrip mit Todesangst. Dann sofort einen epileptischen Anfall. Musste in die Notaufnahme gebracht werden. Kosten 1300 Euro für den Aufenthalt im Krankenhaus und die Untersuchungen. Nie wieder.“*[321]

---

[319] http://www.wuerzburgerleben.de/2014/12/30/der-gefaehrliche-rausch-durch-legales-kiffen/ (Stand 14.01.2014).
[320] Anlage 3.
[321] Anlage 3.

Das geführte Interview (siehe ersten Spiegelstrich) sowie die zwei Zitate (siehe zweiten und dritten Spiegelstrich) sind sicherlich keine Einzelfälle, jedoch verdeutlichen sie die von NPS ausgehende Gefahr. Neben den zitierten Nebenwirkungen sind nicht kontrollierbare Veränderungen des Gemütszustandes, Angstzustände, Panikattacken, Halluzinationen, Desorientierung, Übelkeit, Erbrechen, Muskelspasmen und Korrelationsverlust keine Seltenheit.[322] Die Nebenwirkungen hängen jedoch jeweils von den entsprechenden NPS-Produkten und von der psychischen sowie physischen Konstitution des Konsumenten ab.[323] Die Gefahr körperlicher und psychischer Schädigungen ist ebenfalls höher, wenn mehrere NPS gemeinsam oder mit Alkohol konsumiert werden (Mischkonsum). In vielen Fällen besitzen die Verpackungen keine Inhaltsangaben, sodass aufgrund dieser offenkundigen Informationsdefizite die Konsumenten eine falsche Dosierung der Konsumeinheiten vornehmen. Es entsteht eine Situation dem „russischen Roulette" ähnlich auf Kosten der Verbraucher.

Auf der vorliegenden Datenbasis kann festgestellt werden, dass mit 60 % Kreislaufproblemen sowie mit 59 % die Übelkeit als wesentliche Nebenwirkungen benannt wurden (vgl. Abbildung 26).[324] Aufgrund der teilweisen unterschiedlichen Wirkungszusammensetzungen der NPS-Produkte und der Konsumhäufigkeit kann vermutet werden, dass die Nebenwirkungen mit ihrem Wirkungsgehalt und nach ihrer Konsumintensität verstärkt auftreten. Daher wurden die Nebenwirkungen nach den jeweiligen NPS-Produkten und der Prävalenz selektiert.

Bei der CDR-Studie[325] konnte bei Konsumenten von Räuchermischungen, die in den letzten 30 Tagen Räuchermischungen konsumiert hatten, festgestellt werden, dass 79% Herzrasen hatten, wobei in dem vorliegenden Befund 69% ebenfalls Herzrasen als größte Nebenwirkung festgestellt wurde (vgl. Abbildung 28).[326] Als weitere häufig benannte Nebenwirkungen nach dem Konsum von Räuchermischungen, in den letzten 30 Tagen, wurden mit 58 % Schweißausbrüche, 54 % (60 %)[327] Kreislaufprobleme sowie 50% Halluzinationen benannt (vgl. Abbildung 28). Im Bereich der Lifetime-Prävalenz konnten ähnliche Verläufe bei den Räuchermischungen festgestellt wer-

---

[322] Ewald/Jacobsen-Bauer/Klein/Uhl, NStZ 2013, S. 265 (266); Hohmann/Mikus/Czock, Deutsches Ärzteblatt 2014, S. 139; Mirgel/Nauth, Zeitschrift Deutsche Polizei 2014, S. 21 (25).
[323] Nebenwirkungen bei synthetischer Cathinone vgl. Abbildung 34 sowie bei synthetischer Cannabinoide vgl. Abbildung 35.
[324] Vgl. Anlage 8.1.
[325] Werse/Morgenstern, S. 46.
[326] Vgl. Anlage 8.1.
[327] Werse/Morgenstern, S. 47.

den, außer, dass in diesem Bereich Kopfschmerzen (51% vs. 42%) gegenüber der 30-Tages-Prävalenz aufgetreten sind (vgl. Abbildung 27).[328]

Im Bereich der 30-Tages-Prävalenz haben die Konsumenten von Badesalzen mit 72 % (77 %)[329] eine große Gefahr hinsichtlich kardiologischer Nebenwirkungen ausgesprochen. Schweißausbrüche nehmen 73%, Halluzinationen und Kreislaufprobleme 68% (62%)[330] sowie Kopfschmerzen und Übelkeit nahmen jeweils 59% (57%/51%)[331] ein (vgl. Abbildung 28). Hinsichtlich der Lifetime-Prävalenz laufen die Nebenwirkungen parallel zur 30-Tages-Prävalenz. Wesentliche prozentuale Unterscheidungen im Bereich der Lifetime-Prävalenz konnten bei den Research Chemicals gegenüber der 30-Tages-Prävalenz nicht festgestellt werden (vgl. Abbildung 27). Trotz dieser deutlichen Nebenwirkungen gaben rund 55 % (68 %)[332] der NPS-Konsumenten an, dass die erfahrenen Nebenwirkungen einen weiteren zukünftigen Konsum nicht verhindern würden. Die Altersklasse 19 bis 21 Jahre schloss in ihrer Altersklasse mit 75 %, gefolgt von der Altersklasse der 22- bis 30-Jährigen mit rund 66 % einen weiteren Konsum von NPS aus. Verwunderlich ist dahingehend, dass lediglich 41 % der 13- bis 18-Jährigen keinen weiteren NPS-Konsum vorgesehen hatten (vgl. Tabelle 24).[333]

7.3.8 Kosten und Folgen für die Gesellschaft

Aufgrund der doch teilweise schwerwiegenden Nebenwirkungen, die vorliegend festgestellt wurden, ist nachfolgend ein daraus entstehender volkswirtschaftlicher Schaden für das Gesundheitssystem und weiterhin auch die Folgen des Konsums (u. a. Krankmeldungen) für die Volkswirtschaft zu betrachten.

7.3.8.1 Kosten für das Gesundheitssystem

Die bereits in Abschn. 7.3.7 deutlich illustrierten Nebenwirkungen führten bei über 50 % aller NPS-Konsumenten (6 von 4) zu Nebenwirkungen (vgl. Abbildung 28). Unter Heranziehung der Berichterstattungen zu Abschn. 2.2 ist es weiterhin nicht ungewöhnlich, dass Konsumenten nach dem Konsum unmittelbar ärztliche oder notärztliche Hilfe benötigen, da lebensbedrohliche Situationen eintreten. Diese medizini-

---

[328] Vgl. Anlage 8.1.
[329] Werse/Morgenstern, S. 47.
[330] Werse/Morgenstern, S. 47.
[331] Werse/Morgenstern, S. 47.
[332] Werse/Morgenstern, S. 48
[333] Vgl. Anlage 8.1.

schen Behandlungen sowie auch die nachgelagerten therapeutischen Behandlungen sollen aus ökonomischer Sicht näher betrachtet werden, da durch die eigenverantwortliche Selbstgefährdung des Konsumenten das Gesundheitssystem nicht unwesentlich belastet werden könnte.

Grundsätzlich muss konstatiert werden, dass eine valide statistische Erhebung aller im Bundesgebiet stationären Behandlungen im Kontext mit NPS nicht vorgehalten wird, die einen Vergleich mit den vorliegenden Befunden ermöglichen würde. Aus einer Publikation konnte jedoch im Zusammenhang mit Kräutermischungen für das Berichtsjahr 2012 festgestellt werden, dass rund 11.000 Personen in Allgemeinkrankenhäuser behandelt wurden. Der größte Personenkreis war die Altersklasse zwischen 15 und 25 Jahren mit rund 6.000 Patienten.[334] Unter Berücksichtigung der hiesigen Befunde (vgl. Abbildung 21), dass den Kräuter-/Räuchermischungen ein größerer Popularitätsgrad zukommt, dient die Behandlungszahl 11.000 Patienten als eine erste Möglichkeit der Orientierung. Eine Erfassung der sonstigen NPS-Arten, wie die Badesalze und den Research Chemicals, ist nach dem erforderlichen Kostenschlüssel (ICD) der Krankenkassen bis dato nicht möglich, da ausschließlich die Diagnose „ICD-10-GM-2014 F 12 Cannabinoide", für Kräutermischungen erfasst wird. Dies führt auch zur Konsequenz, dass Studien über ökonomische Auswirkungen im Zusammenhang mit illegalen Drogen in der Wissenschaft kaum verbreitet sind, sodass primär auf die Ursachenforschung eingegangen wird, aber nicht auf die wirtschaftlichen Zusammenhänge. Eine Studie im Zusammenhang mit allgemeinen illegalen Drogen stellte jedoch 1,4 Mio. € Ausgaben für Krankenkassen dar, die im Kontext mit dem illegalen Drogenkonsum standen.[335] Für den Bereich der NPS und ihre Auswirkungen auf das nationale ökonomische System bestehen solche Erkenntnisse nicht, zumal augenscheinlich auch kein Interesse seitens der Krankenkassen bestand, den hiesigen entworfenen Fragebogen ihren Kunden (Schneeballsystem) zur Verfügung zu stellen. Dies zeigt auch die marginale Beteiligung der Teilnehmer (1 Teilnehmer), die über eine Krankenkasse über die vorliegende Umfrage informiert worden ist. Wirtschaftliche Daten könnten von den Krankenkassen nicht erhoben werden, da in der Vielzahl der Fälle keine Rückmeldung erfolgte oder aber die entsprechenden Analysemöglichkeiten (s. o.) nicht gegeben waren. Aus dem Europäischen Drogenbericht 2015 konnte europaweit ermittelt werden, dass bei 9% aller drogenbedingten

---

[334] Leune, S. 181 (188).
[335] Flöter/Pfeiffer-Gerschel, S. 33 (40).

Notfälle neue psychoaktive Substanzen eine Rolle spielen, insbesondere Cathinone. Darüber hinaus erfolgten 12% aller Notfallaufnahmen i. V. m. GHB oder GBL und 2% i. V. m. Ketamin.[336] Neben der monetären Darstellung konnte jedoch im Rahmen der Auswertung der Datensätze festgestellt werden, dass lediglich zwei männliche Konsumenten bis max. 3 Tage stationär behandelt worden sind. Einer der beiden Personen war minderjährig und gab bei der 30-Tages-Prävalenz einen häufigen Konsum von Badesalzen über 10 Tage an, sodass möglicherweise die Konsumhäufigkeit die Nebenwirkungen verstärkt hatte. Hinsichtlich der Todesfälle, die aus versicherungsrechtlichen Aspekten durchaus einen wirtschaftlichen Schaden darlegen können, kann unter Berücksichtigung des Kostensatzes bei Verkehrsunfalltoten (1 Mio. € pro Verkehrstoter),[337] in den Jahren 2010 bis 2014 (25.Juni) ein volkswirtschaftlicher Schaden, bei 17 Todesfällen,[338] von 17. Mio. € festgestellt werden. Es ist jedoch aufgrund der Medienberichte (vgl. u. a. Abschn. 2.2) davon auszugehen, dass die Zahl von 17 Todesfällen bereits deutlich überschritten ist, wenn man bereits die Mitteilung des Innenministeriums von Baden-Württemberg betrachtet, die im Jahr 2014 schon sechs Tote im Zusammenhang mit NPS festgestellt hatte. Die Todesursachen standen nicht nur unmittelbar sondern auch (z. B. Fenstersturz durch Panikattacke) mittelbar im Zusammenhang mit dem Konsum von NPS.[339]

In diesen 17 Mio. € sind die angegebenen 393 Fälle von Intoxikationen mit 493 Betroffenen, die das LKA Niedersachen in einem Vortrag angab,[340] nicht berücksichtigt, wobei die Dunkelziffer hinsichtlich der Diagnose viel höher sein wird. Als wesentliches Argument ist hier die mögliche Unwissenheit der behandelten Ärzte zu benennen, da sie häufig das Phänomen der NPS nicht erkennen. Dieser Missstand ist vermutlich aufgrund der rudimentären Datenlagen zur Wirkungsweise vieler Substanzen zurückzuführen, sodass es deshalb umso wichtiger ist, die auftretende akute Interpretation, die möglicherweise auf neue psychotropische Wirkstoffe zurückzuführen

---

[336] Europäischer Drogenbericht 2015, S. 58.
[337] http://www.focus.de/auto/news/verkehrsstatistik-ueber-30-milliarden-euro-schaden-durch-verkehrsunfaelle_aid_616301.html (03.02.2015).
[338] Zahlen des LKA Niedersachsen bei der Jahrestagung des NLS, http://nls-online.de/home16/index.php/downloads/cat_view/3-nls-jahrestagungen/34-2014-alles-neo (Stand 29.01.2015).
[339] http://www.rtf1.de/news.php?id=5252 (Stand 14.01.2015).
[340] http://nls-online.de/home16/index.php/downloads/cat_view/3-nls-jahrestagungen/34-2014-alles-neo (Stand 16.02.2015).

sind, lückenlos zu dokumentieren und wissenschaftlich zu untersuchen, um diesem Missstand entgegenzutreten.

Die Fragestellung hinsichtlich therapeutischer Behandlungen führte zu der interessanten Erkenntnis, dass 4 von 5[341] Personen in die Altersklasse 22 bis 30 Jahren zugeordnet werden konnten. Dies bedeutet, dass sich rund 5 % aller Konsumenten in eine Therapie begeben, wobei die Altersklassen 13 bis 18 und 19 bis 21 Jahre keinen Therapiebedarf zeigten. Diese Entwicklung verwundert durchaus, wenn man berücksichtigt, dass die Mehrzahl der Konsumenten im Bereich der Minderjährigkeit und des Heranwachsendenalters vorzufinden waren. Möglicherweise liegt dies darin begründet, dass die Eltern im Rahmen ihrer Erziehung die „Therapiebehandlung" durchführen, weil die Offenbarung gegenüber einem Dritten, dass das eigene Kind eine Therapie benötigt, möglicherweise ein Tabubruch oder aber das Scheitern der Erziehung darstellen könnte. Eine weitere Erklärung wäre u. a., dass auch hier der Freundeskreis eine wesentliche Rolle einnimmt, da gerade Jugendliche sich gegenüber Dritten (z. B. Psychologen) nicht öffnen können und im engen Freundeskreis sich selbst „therapieren". Ein weiterer Grund könnte vermutlich sein, dass therapeutische Maßnahmen gegenüber Minderjährigen aus der Sicht der erziehungsberechtigten Personen die Ultimo Ratio darstellen und der Personenkreis ab dem heranwachsenden Lebensalter eigenverantwortlich den Ernst der Lage erkennen und sich eigenverantwortlich in Therapie begeben. Eine Genderbetrachtung im Bereich der therapeutischen Behandlung führte vorliegend zu keiner wesentlichen Erkenntnis. Eine stationäre therapeutische Behandlung wurde bei der vorliegenden Befragung nicht festgestellt.

7.3.8.2 Krankschreibungsquote

Rund 19 % der NPS-Konsumenten gaben an, aufgrund eines Konsums von NPS sich bei dem Arbeitgeber, der Schule oder anderweitigen Institutionen krankgemeldet zu haben. Im Bereich der Krankmeldungen ist es jedoch nicht verwunderlich, dass vermehrt jüngere Konsumenten in der Altersklasse 13 bis 30 Jahre von diesem Instrumentarium Gebrauch gemacht haben, da das Durchschnittsalter eines NPS-Konsumenten bei 23,64 Jahren lag und auch der Anteil der Schüler bei dem NPS-Konsum entsprechend hoch gewesen war.

---

[341] 3 weibliche und 2 männliche Personen.

7.3.9 Pönalisierung von NPS und Alternativkonsum

Die Sucht nach Drogen ist ein gesellschaftliches Phänomen, das die Drogenpolitik nicht verhindern, sondern nur regulieren und allenfalls begrenzen kann. Eine Drogenpolitik, die Sucht ausschließlich mit Strafrecht und Zwang zur Abstinenz bekämpfen will, muss scheitern. Kriminalisierung steht der Drogenhilfe und Drogentherapie im Weg und weist Polizei und Justiz eine Aufgabe zu, die sie nicht lösen können.[342] Eine generelle Legalisierung, aber auch eine stringente Repressionstätigkeit führt daher nicht zu einer effektiven Eindämmung des Konsums von NPS. Diese Erkenntnisse wurden bereits bei anderen Drogenarten, wie z. B. Cannabis gewonnen. Hilfe für die Süchtigen darf nicht im Schatten der strafrechtlichen Verfolgung stehen, sondern muss zusammen mit Prävention und Erziehungsarbeit gleichrangiges Ziel der Drogenpolitik sein. Im Umgang mit Drogenabhängigkeit und Drogenabhängigen muss ein Höchstmaß an sozialer und gesundheitlicher Hilfe ermöglicht und repressive Interventionen auf ein Mindestmaß reduziert werden. Hilfe soll nicht nur auf den Ausstieg aus der Drogenabhängigkeit abzielen, sondern muss auch ein menschenwürdiges Leben, wie es das Grundgesetz vorsieht, mit Drogen ermöglichen.

Unter Berücksichtigung dieser Grundsätze verwundert es, dass die Mehrheit der hiesigen Befragten (rund 58 %), 68 % bei der Vergleichsschule, sich für ein Verbot aussprachen. Lediglich 26 % sahen kein Erfordernis für eine Strafbarkeit oder hatten diesbezüglich keine Meinung (17 %). Im Ergebnis ist festzustellen, dass jeder zweite Befragte NPS als regulierungsbedürftig/strafbewehrt ansieht. Bei einem möglichen strafrechtlichen Einbezug von NPS, gaben rund 48 % der Konsumenten an, dass durch einen möglichen Wegfall von NPS nicht auf eine anderweitige Drogenart gewechselt würde. 24 % dagegen würden wieder verstärkt Cannabisprodukte konsumieren, sodass bereits hier ersichtlich ist, dass NPS als Substitut für Cannabis konsumiert wird. Nach einer näheren Betrachtung der NPS-Produkte und der Konsumhäufigkeit konnte daher festgestellt werden, dass ein erheblicher Anteil von Konsumenten von Räuchermischungen nach einem NPS-Verbot verstärkt auf Cannabis zurückgreifen würden, während regelmäßige Konsumenten von Research Chemicals ihren Konsum eher auf andere illegale Drogen verlagern würden (vgl. Tabelle 25),[343] wie es auch die CDR-Studie belegt hatte.[344] Bereits diese Ergebnisse illustrieren

---

[342] Passie/Peschel, Die Polizei 2013, S. 241 (242).
[343] Vgl. Anlage 8.2.
[344] Werse/Morgenstern, S. 43.

deutlich, dass die Pönalisierung von NPS keine generalpräventive Wirkung nach-kommt.

8 Resümee/ Ausblick

Eine juristische sowie gesellschaftsspezifische Betrachtung von NPS hat verdeutlicht, dass in beiden Bereichen gravierende Probleme zu erkennen sind.

Im Bereich der Jurisprudenz ist eine Modifizierung des BtMG und die daraus folgende Abkehr vom stringenten Bestimmtheitsgebot aufgrund der Einbeziehung von einer Stoffgruppe (Anlage IV) nicht zwingend notwendig, wenn eine Strafbarkeit des Herstellers und Händlers von NPS erreicht werden soll. Es wurde gezeigt, dass die NPS, nach der Verneinung der Anwendbarkeit des VTabakG durch den 1. Strafsenat[345] eine effektive Möglichkeit der Sanktionierung nach LFGB bietet, wobei weiterhin ein Graubereich für Substanzen bestehen würde, die intravenös konsumiert werden. Dieser Bereich könnte jedoch durch eine Anpassung des § 3 Nr. 1 LFGB durch den nationalen Gesetzgeber an den Art. 2 BasisVO 178/2002 geregelt werden, indem auch die intravenöse Aufnahme von NPS einbezogen werden könnte. Es bleibt ab-zuwarten, ob die Rechtsprechung in naher Zukunft anders entscheiden wird, wobei diesbezüglich wenig Hoffnung besteht. Es wäre zu wünschen, wenn der Gesetzge-ber die Gefahr, die von NPS ausgeht, erkennt und nicht auf die ausschließliche Re-pression sondern die verwaltungsrechtlichen Instrumentarien (präventiver Art auch über LFGB) nutzt, um dem Problem „NPS" effektiv entgegenzutreten.

Eine strafrechtliche Sanktionierung des Konsumenten scheint jedoch zum Nachteil des Bestimmtheitsgebotes gemäß BtMG nicht sachgerecht, wie es bereits auch in der Vergangenheit bei anderen Drogenarten festgestellt werden konnte. Aus hiesiger Sicht bestehen andere sinnvolle Instrumentarien, um eine Reduzierung des Konsums von NPS bei den Konsumenten zu erreichen (vgl. verwaltungsrechtliche Normen) die i. V. m. Präventionsprogrammen durchaus zielführend sein könnten. Denn Präventi-on ist noch wichtiger angesichts der unüberschaubaren Anzahl der Substanzen, so-dass der wesentliche Fokus auf die *Risikomündigkeit* der Bevölkerung gelegt und gefördert werden muss, denn das Feststellen des (subj.) Unrechts aufgrund der Viel-falt der NPS-Substanzen bei dem Konsumenten wird auszuschließen sein. Der rich-tige Ansatz ist daher Aufklärung der Eltern, damit diese wissen, was ihre Kinder im

---

[345] BGH, Beschluss vom 20.02.2015, Az. 3 Ars 28/14.

Internet bestellen; Warnung potenzieller Konsumenten vor den Folgen, Aufklärung der Ärzte, die NPS-Patienten besser und schneller zu behandeln.

Die Notwendigkeit der Anpassung der Präventionsarbeit über NPS wird ebenfalls dadurch ersichtlich, dass lediglich rund 18 % der NPS-Konsumenten (Schüler) angaben, proaktiv durch schulische Präventionsprogramme über NPS informiert worden zu sein. Im Gegensatz dazu ergab der Bundesländervergleich, dass die sekundären Sozialisationsinstanzen in Bayern (39 %) sowie in Hessen (33 %) deutlich höhere Aufklärungsraten bei den Bildungsträgern erreichen. Wesentliche Unterschiede im Bereich der Drogenaufklärung werden daher bei den sekundären Sozialisationsinstanzen im Bereich des Kernlehrplans zu vermuten sein, wie bereits an dem Beispiel von Nordrhein-Westfalen illustriert wurde. Dort wird in der Sekundarstufe I keine Drogenaufklärung durchgeführt. Im Bereich der sozialen Trägerschaft, hinsichtlich der Drogenberatung als Aufklärungsinstitution, gaben rund 12 % an, dass sie bezüglich NPS informiert worden sind. Trotz dieses schwachen Ergebnisses in dem Bereich des Gesundheitsschutzes, ist es umso erfreulicher, dass NPS-Konsumenten zu 50 % in Hessen und zu 17 % in Bayern über soziale Einrichtungen über NPS aufgeklärt wurden. Dieser wesentlich höhere prozentuale Anteil in Hessen und Bayern ist vermutlich auf eine fundierte Drogenaufklärungspolitik zurückzuführen. Sehr beunruhigend ist schließlich für den Bereich der staatlichen Aufklärungsarbeit festzuhalten, dass fast 9 von 10 NPS-Konsumenten von keiner staatlichen Aufklärungsinstitution proaktiv hinsichtlich der Gefahren durch NPS aufgeklärt wurden. Die wichtigste Aufklärungsinstitution kommt dem Freundeskreis mit 52% zu. Gerade weibliche Konsumenten beziehen Informationen über den Freundeskreis, wobei die männlichen Konsumenten sich verstärkt auf Online-Foren, Internetshops, Internetsuchmaschinen fokussieren, da diese Medien eine Vielfältigkeit zum Informationsaustausch bietet. Die Notwendigkeit der Verstärkung der staatlichen Präventionsarbeit wird auch anhand der Tatsache ersichtlich, dass rund 63 % der NPS Konsumenten *vor* dem eigentlichen Konsum der jeweiligen Substanz *keine* Vorinformationen über Risiken oder Dosierung eingeholt haben, wobei die Risiken trotzdem von den NPS-Konsumenten als sehr hoch eingestuft wurden.

Die wesentlichen Nebenwirkungen nach dem NPS-Konsum nehmen mit 60 % Kreislaufprobleme sowie mit 59 % Übelkeit ein. Trotz dieser deutlichen Nebenwirkungen gaben rund 55 % der NPS-Konsumenten an, dass die erfahrenen Nebenwirkungen einen weiteren zukünftigen Konsum nicht verhindern würden. In der Altersklasse 13 bis 18 Jahre gaben lediglich 41 % an, nach Nebenwirkungen nicht mehr NPS zu konsumieren, wobei sich in den anderen Altersklassen dies deutlich ausgeprägter darstellte (75 % der Altersklasse 19 bis 21 Jahre).

Neben den auffälligen Nebenwirkungen war es virulent, dass im Bereich der therapeutischen Behandlungen 4 von 5[346] Personen der Altersklasse 22 bis 30 Jahre zugeordnet werden konnten. Dies bedeutet, dass sich rund 5 % aller NPS-Konsumenten in eine Therapie begeben, wobei die Altersklassen 13 bis 18 und 19 bis 21 Jahre keinen Therapiebedarf zeigten. Möglicherweise liegt dieses Ungleichgewicht darin begründet, dass die Jugendlichen sich in ihrer „Peer-Group" selbst therapieren oder die Ernsthaftigkeit für eine Therapie noch nicht erblickt wird.

Auf der Grundlage der vorliegenden Befunde kann eine Zunahme von NPS in Deutschland gegenüber den anderen vorliegenden Befunden (vgl. Abschn. 4) festgestellt werden. Im Bereich des Schülerkreises konnte eine Lifetime-Prävalenz von 8,1% sowie bei Studenten eine Lifetime-Prävalenz von 7,6% festgestellt werden. In der Altersklasse 15 bis 18 Jahren konnte dagegen eine bundesweite Lifetime-Prävalenz von 6 % festgestellt werden. Bezogen auf die gesamtgesellschaftliche Lifetime-Prävalenz konnte ein Wert von 10,6 % ermittelt werden. Als wichtigste Motivlage für den NPS-Konsum stellte sich das Hervorrufen eines Rauschzustandes heraus, gefolgt von der Neugierde. Räuchermischungen - cannabinoidhaltige Kräutermischungen - waren mit 85 % am stärksten verbreitet. Kräutermischungen spielen also quantitativ deutlich die wichtigste Rolle unter den NPS. Das Durchschnittsalter der NPS-Konsumenten belief sich auf 23,64 Jahre.

Als wichtige Vermittler von Drogenwissen und Drogenerfahrungen, aber auch als Bezugsquelle für NPS und „Konsumort" stellen Gleichaltrige sowie Bezugsgruppen aus dem unmittelbaren sozialen Umfeld heraus. Befinden sich bereits Drogenkonsumenten im Freundeskreis, hat dies nicht nur einen Einfluss auf die Gelegenheit zum Konsum, sondern auch auf die Akzeptanz des ersten Drogenkonsums: Je größer der Anteil von Konsumenten im Freundeskreis ist, desto eher wird das Angebot angenommen. Unter Berücksichtigung dieser besonderen Stellung des Freundeskreis, gerade in den kontinuierlichen Diskussionen über die „Peer-Group", ist es vorliegend nicht verwunderlich, dass rund 78 % der hiesigen NPS-Konsumenten angaben,

---

[346] 3 weibliche und 2 männliche Personen.

durch ihren Freundeskreis zum Konsum von NPS gekommen zu sein, diese Entwicklung wurde ebenfalls bei Studien über illegalen Drogenkonsum festgestellt.[347] In einer Schülerbefragung aus dem Jahre 1972 hinsichtlich von Drogenerfahrungen, gaben 80 % der Schüler an, im Freundeskreis den Erstkonsum von illegalen Drogen durchgeführt zu haben.[348] Offensichtlich ist der Drogenkonsum ein Ausdruck intensiver sozialer Interaktionen der den Erstkonsum bestärkt. Man sieht bereits jetzt, trotz der erheblichen zeitlichen Unterschiede, dass auch damals, wie heute, der Freundeskreis eine wesentliche Stellung einnimmt. Nach der Theorie der differentiellen Assoziation nach Sutherland erleneren die Erstkonsumenten die entsprechenden Erfahrungen (Konsumdoses, pp.) in der „Peer-Group".[349]

Weiterhin konnte festgestellt werden, dass rund 97 % der NPS-Konsumenten Erfahrungen mit dem Konsum illegaler Drogen haben. Eine Probierbereitschaft für NPS ist offenbar generell umso häufiger vorhanden, je höher die Affinität zu illegalen Drogen ausgeprägt ist. Diese Annahme wird auch dadurch bestätigt, dass der überwiegende Teil (85 %) der NPS-Konsumenten angaben, dass der Konsum von NPS erst nach dem Konsum von illegalen Drogen erfolgte. 24 % der NPS-Konsumenten würden nach einem Verbot von NPS wieder auf Cannabis umsteigen, sodass eine Pönalisierung von NPS gerade keine sinnvolle generalpräventive Wirkung nach sich zieht. Das Problem der sekundären Droge wird weiterhin auch dadurch virulent, dass das Bundesverwaltungsgericht im Oktober 2014 bereits festgestellt hat, dass eine fehlende Fahreignung bei gelegentlichem Konsum von Cannabis zu einem Führerscheinentzug führt.[350] Diese stringenten Rechtsprechungen können neben dem Pönalisierungseffekt durch das BtMG dazu führen, dass Jugendliche einen weiteren Grund sehen, an sekundäre Drogen zu gelangen, um ihre Mobilität nicht zu verlieren, da dies sehr wichtig für Heranwachsende ist. Die Bedeutsamkeit von Mobilität wird auch dadurch erkennbar, dass jeder Dritte NPS-Konsument (36 %) in der Vergangenheit im Zusammenhang mit dem Führen eines Kraftfahrzeugs einen positiven Drogentest aufwies, sodass durchaus zu vermuten ist, dass diese NPS-Konsumenten möglicherweise weiterhin unter berauschende Mittel (NPS) ein Kraftfahrzeug im öffentlichen Straßenverkehr führen. Die Ergebnisse zeigen daher deut-

---

[347] Kemmesies, S. 119.
[348] Peterson/Wetz, S. 33.
[349] Schwind, § 6, Rn. 21.
[350] BVerwG, Urteil vom 23.10.2014, Az. 3 C 3.13.

lich, dass NPS als sekundäre Drogen konsumiert wird und daher diese Drogenart als Substitut für den Cannabiskonsum festzustellen ist. In diesem Zusammenhang ist zu erwähnen, dass eine Konnexität zur Beschaffungskriminalität oder die Begehung einer sonstigen Straftat i. V. m. NPS nicht festgestellt werden konnte.

Eine Darstellung der volkswirtschaftlichen Schäden durch NPS konnte vorliegend nicht erhoben werden, da im Gesundheitssystem von den entsprechenden Institutionen keine Kosten- und Behandlungsschlüssel für NPS vorgehalten werden. Valide bundesweite sowie landesweite polizeiliche Lagebilder über NPS konnten nicht festgestellt werden.

Als Ausblick bleibt zu hoffen, dass die vorliegende Arbeit deutlich illustriert hat, welche Gefahren NPS beinhalten und daher die entsprechenden Institutionen (Krankenkassen, Präventionsträger aber auch die Gesetzgebung) sensibilisiert wurden und zukünftige Studien über NPS unterstützen. Der Bereich rund um NPS ist noch in vielen Facetten zu erforschen und gerade wenn es um Langzeitstudien geht. Ein wesentlicher Teilerfolg wäre der Einbezug eines eigenen Kostenschlüssels, um auch ökonomische Auswirkungen durch NPS auf das deutsche Gesundheitssystem zu erfassen und weitere Hilfestellungen in der Behandlung von Symptomen entwickeln zu können. Abschließend bleibt zu wünschen, dass die bis dato geführte Debatte der ausschließlichen Repression gegenüber der Prävention verblasst, da eine proaktive Präventionsarbeit der entsprechenden staatlichen Präventionsträger augenscheinlich zielführender scheint.

Literaturverzeichnis

Auwärter, Vol- Synthetische Cannabinoide, Forensische Relevanz und Interpretati-
ker/Kneisel, S./ Hut- on analytischer Befunde, Rechtsmedizin 2012, Heft 4, S. 259-271.
ter, M./ Thierauf, A.

Bandilla, Wolfgang Online-Befragung, Wiesbaden 2014.
Abrufbar unter:
http://www.gesis.org/fileadmin/upload/SDMwiki/Online_Befragungen
_Bandilla_012015_1.0.pdf

Bandilla, Wolfgang/ Effekte des Erhebungsverfahrens? Ein Vergleich zwischen einer
Bosnjak,   Michael/ web-basierten und einer schriftlichen Befragung zum ISSP-Modul
Altdorfer, Patrick Umwelt, ZUMA-Nachrichten 25 (Heft 49/2001):7-28.
Abrufbar unter:
http://www.gesis.org/fileadmin/upload/forschung/publikationen/zeitsc
hriften/zuma_nachrichten/zn_49.pdf

Bandilla, Wolfgang/ Internetbasierte Umfragen als Datenerhebungstechnik für die empi-
Hauptmanns, Peter rische Sozialforschung?, ZUMA-Nachrichten 22 (43/1998): 36-53.
Abrufbar unter:
http://www.gesis.org/fileadmin/upload/forschung/publikationen/zeitsc
hriften/zuma_nachrichten/zn_43.pdf

Baumgärtner, Theo/ Die Verbreitung des Suchtmittelgebrauchs unter Jugendlichen in
Kestler, Johannes Hamburg 2004 bis 2012. Basisauswertung der
SCHULBUS-Daten im jahresübergreifenden Vergleich
– Kurzbericht, Hamburg 2013.
Abrufbar unter:
http://www.sucht-hamburg.de/uploads/docs/426.pdf   (Stand
17.01.2015)

Becker, Howard Saul Wie man Marihuana-Benutzer wird, in: Außenseiter: zur Soziologie abweichenden Verhaltens, Becker, Howard Saul (Hrsg.), 2. Auflage, Wiesbaden 2014, S. 36-52.

Blätter, Andrea Soziokulturelle Determinanten der Drogenwirkungen, in: Sozialwissenschaftliche Suchtforschung, in: Dollinger, Bernd/ Schmidt-Semisch, Henning (Hrsg.), Wiesbaden 2007, S. 83-96.

Couper, Mick P. Web Surveys. A Review of Issus and Approaches, Public Opinion Quarterly 2000, S. 464-494.

Couper, Mick P. Designing Effective Web Surveys, New York 2008.

Couper, Mick P./Coutts, Elisabeth Online-Befragung. Probleme und Chancen verschiedener Art von Online-Erhebungen, in: Methoden der empirischen Sozialforschung, in: Diekmann, Andreas (Hrsg.), Sonderheft 44 der Kölner Zeitschrift für Soziologie und Sozialpsychologie, Wiesbaden 2004, S. 217-242.

Deutsch, Erwin/Lippert, Hans-Dieter Kommentar zum Arzneimittelgesetz (AMG), 3. Auflage, 2010 München.
Zitiert:
Bearbeiter in: Deutsch/Lippert, ...

Diehm, Julia/ Pütz, Michael „Spice" und vergleichbare Produkte, Kriminalistik 2009, S. 131-137.

Diekmann, Andreas Empirische Sozialforschung, 7. Auflage, Hamburg 2013.

Diekmann, Andreas/ Jann, Benn	Anreizformen und Ausschöpfungsquoten bei postalischen Befragungen. Ein Prüfung der Reziprozitätshypothese, ZUMA-Nachrichten 25 (Heft 48/2001), S. 18-27. Abrufbar unter: http://www.gesis.org/fileadmin/upload/forschung/publikationen/zeitschriften/zuma_nachrichten/zn_48.pdf
Dreier, Horst	Kommentar zum Grundgesetz, 2. Auflage, Bd. III, Artikel 83-146, Tübingen 2008. Zitiert: *Bearbeiter, In: Dreier, ...*
El-Menouar, Yasemin/Blasius, Jörg	Abbrüche bei Online-Befragungen: Ergebnisse einer Befragung von Medizinern, ZA-Information 56/2005, S. 70-92. Abrufbar unter: http://www.gesis.org/fileadmin/upload/forschung/publikationen/zeitschriften/za_information/ZA-Info-56.pdf
Erbs, Georg/Kohlhaas, Max/ Ambs, Friedrich	Rohnfelder/Freytag, i:n Erbs/Kohlhaas, Strafrechtliche Nebengesetze, 200. Ergänzungslieferung Oktober 2014. Zitiert in: *Bearbeiter, in: Erbs/Kohlhaas, ...*
Ewald, A.-H./ Jacobsen-Bauer, A./Klein, B./Uhl, M.	Gemeinsamer Vorschlag des Arbeitskreises Analytik der Suchtstoffe der GTFCh zur besseren analytischen Bewältigung der großen Anzahl und Vielfalt von „Kräutermischungen", NStZ 2013, S. 265-267.
Flöter, Stephanie/ Pfeiffer-Gerschel, Tim	Ökonomische Auswirkungen der Prohibition, in: Entkriminalisierung von Drogenkonsumenten- Legalisierung von Drogen, in: Gerlach, Ralf/ Stöver, Heino (Hrsg.), Frankfurt am Main 2012, S. 33-48.

Frick, Andrea/ Bächtiger, Marie-Therese/ Reips, Ulf-Dietrich	Financial Incentives, Personal Information and Drop-Out Rate in Online Studies, in: Dimensions of Internet Science, Reips, Ulf-Dietrich, Bosnjak, Michael (Hrsg.), Berlin 2001, S. 209-220.
Fuchs-Heinritz, Werner	Fuchs-Heinritz, Werner/Klimke, Daniela/Lautmann, Rüdiger/ Rammstedt, Otthein/Sträheli, Urs/ Weischer, Christoph/Wienhold, Hanns (Hrsg.), Lexikon zur Soziologie, 5. Auflage, Wiesbaden 2011.
Funke, Frederik	Internet-based measurement with visual analogue scales: An experimental investigation, Tübingen 2010.
Glennon R., Yousif M, Naiman N./ Kalix P.	Methcathinone: a new and potent amphetamine-like agent. Pharmacol Biochem Behav 1987; 26: 547–551.
Gräf, Lorenz	Online-Befragung: Eine praktische Einführung für Anfänger, Berlin 2010.
Grotenhermen, Franjo/Müller-Vahl, Kirsten	Das therapeutische Potenzial von Cannabis und Cannabinoiden, Deutsches Ärzteblatt Int. 2012, 109 (29-30),S. 495-501.
Häder, Michael	Empirische Sozialforschung. Eine Einführung. 1. Auflage, Wiesbaden 2010.
Hohmann, Nicolas/Mikus, Gerd/Czock, Davis	Wirkungen und Risiken neuartiger psychoaktiver Substanzen, Deutsches Ärzteblatt 2014, S. 139-147.

Jandura, Olaf/ Leidecker, Melanie	Grundgesamtheit und Stichprobenbildung, in: Möhring, Wiebke/Schlütz, Daniela (Hrsg.), Handbuch standardisierte Erhebungsverfahren in der Kommunikationswissenschaft, Wiesbaden 2013, S. 61-77.
Janetzko, Dietmar	Statistische Anwendung im Internet. In Netzumgebungen Daten erheben, auswerten und präsentieren, München 1999.
Jarass, Hans/Pieroth, Bodo	Kommentar zum Grundgesetz, 13. Auflage, München 2014.
Jellinghaus, Tom	Legal Highs/Research Chemicals – Neuartige Produkte auf dem Drogenmarkt, S. 29-33, im Jahresbericht 2011 (mudra), abrufbar unter: http://fdr-online.info/media/pdf-Dateien/mudra_Legal%20Highs_Research%20Chemicals.pdf (Stand 21.11.2014).
Kaase, Max/ Ott, Werner/ Scheuch, Erwin	Empirische Sozialforschung in der modernen Gesellschaft, Frankfurt am Main 1983.
Kallus, Wolfgang	Erstellung von Fragebogen, Wien 2010.
Kalus, Volker	„Legal Highs"- verwaltungsrechtlicher Umgang mit den neuen Drogen, OsZR 2/2012.
Kappeler, Manfred	Du sollst selbständig werden!- aber bitte so, wie es sich gehört. Prävention als pädagogischer Imperativ und als Dauerstress für Erziehende und Zu-Erziehende, in: Dollinger/ Schmidt-Semisch (Hrsg.), Sozialwissenschaftliche Suchtforschung, Wiesbaden 2007, S. 289-307.

Karila Laurent/ **Reynaud Michel**	GHB and synthetic cathinones: clinical effects and potential conse- quences. Drug Test Anal 2011; 3: 552–559.
Kemmesies, Uwe	Zwischen Rausch und Realität. Drogenkonsum im bürgerlichen Mili- eu, 1. Auflage, Wiesbaden 2004.
Klindt, Thomas	Kommentar zum Produktsicherheitsgesetz, 2. Auflage, München 2015.
Köhler, Thomas	Rauschdrogen. Geschichte, Substanzen, Wirkungen, München 2008.
Körner, Harald- **Hans/Patzak, Jörn/** **Volkmer, Mathias**	Betäubungsmittelgesetz: Arzneimittelgesetz, Grundstoffüberwa- chungsgesetz, 7. Auflage, München 2012. Zitiert: *Bearbeiter, in: Körner/Patzak/Volkmer, …*
Kraus, Ludwig/ **Pabst, Alexander/** **Gomes de Matos,** **Elena/ Piontek, Da-** **niela**	Epidemiologischer Suchtsurvey 2012. Repräsentativerhebung zum Gebrauch und Missbrauch psychoaktiver Substanzen bei Jugendli- chen und Erwachsenen in Berlin. Abrufbar unter: http://www.ift.de/literaturverzeichnis/Bd_185_ESA_Berlin_2012.pdf (Stand 03.02.2015).
Kromrey, Helmut	Empirische Sozialforschung: Modelle und Methoden der standardi- sierten Datenerhebung und Datenausweitung, 12. Auflage, Stuttgart 2009.
Krumdiek, Nicole	Rechtliche Bewertung von „Spice" und anderen sog. Räuchermi- schungen (Legal- High- Produkten), StRR 2011, S. 213-217.

Kügel, Wilfried/Müller, Rolf-Georg/Hofmann, Hans-Peter	Kommentar zum Arzneimittelgesetz, München 2012. Zitiert: *Bearbeiter in: Kügel/Müller/Hofmann, ...*
Leipold, Klaus/Beukelmann, Stephan	Cannabis Ersatz-Kräutermischungen keine Arzneimittel, NJW-Spezial 2014, S. 505.
Leune, Jost	Versorgung Abhängigkeitskranker in Deutschland, in: Deutsche Hauptstelle für Suchtfragen e. V (Hrsg.), Jahrbuch Sucht 14, Lengerich 2014, S.181-202.
Likert, Rensis	A Technique fort he Measurement of Attitudes. Archives of Psychology 1932, 140, S. 1-55.
Maunz, Theodor/Dürig, Günther	Grundgesetz-Kommentar, 72 Ergänzungslieferung, München 2014. Zitiert: *Bearbeiter, in: Maunz/Dürig, ...*
Meinecke, Fabian/ Von Harten, Marc	NPS und Arzneimittelstrafrecht- Hilfsstrafbarkeit oder konsequente Rechtsanwendung?, StraFO 2014, S. 9-16.
Meyer, Alfred Hagen/Streintz, Rudolf	Kommentar zum Lebensmittel- und Futtermittelgesetzbuch, 2. Auflage, München 2012.
Mirgel, Christian/Nauth, Michael	Designerdrogen, Badesalz als Rauschgift, Die Deutsche Polizei 2014, S. 21-27.

Möhring, Wieb-le/Schlütz, Daniela	Standardisierte Befragung: Grundprinzipien, Einsatz und Anwendung, in: Möhring, Wiebke/Schlütz, Daniela (Hrsg.), Handbuch standardisierte Erhebungsverfahren in der Kommunikationswissenschaft, Wiesbaden 2013, S. 184-200.
Monte, Andrew	An Outbreak of Exposure to a Novel Synthetic Cannabinoid, The New England Journal of Medicine 2013; 370:389-390. Abrufbar unter: http://www.nejm.org/doi/full/10.1056/NEJMc1313655 (Stand 29.11.2014).
Morgenstern, Cornelia	Neue psychoaktive Substanzen (NPS): Spezifische Risiken und Prävention, in: Akzept e. V., Bundesverband Deutsche AIDA-Hilfe, JES Bundesverband (Hrsg.), Alternativer Sucht- und Drogenbericht 2014, S. 53-55.
Müller-Benedict, Volker	Grundkurs Statistik in den Sozialwissenschaften, 5. Auflage, Wiesbaden 2011.
Musshoff, F./Madea, B./Kernbach-Wighton, G.	Driving under the influence of synthetic cannabinoids („Spice"): a case series, Int J Legal Med 2014, S. 59-64.
Nobis, Frank	„Legal-High"-Produkte-wirklich illegal?, NStZ 2012, S. 422-425.
Nutt, David	Drugs- Without the hot air: Minimising the harms of legal and illegal drugs, Cambridge 2012.
Oechsner, Julia	„Legal Highs", Bekanntheitsgrad, Verbreitung und Konsummotive und –muster bei Studenten in Deutschland; Saarbrücken 2014.

Oglakcioglu, Mustafa	„Keine Ahnung was das ist, aber es macht high", Der Irrtum über die Eigenschaft eines Stoffes als Betäubungsmittel, StV 2013, S. 720 - 724.
Passie, Torsten/Peschel, Thomas	Die Heroingestützte Behandlung Opiatabhängiger in Deutschland, Geschichte- Ergebnisse- Wirkprinzipien, Die Polizei 2013, S. 241-272.
Patzak, Jörn/ Volkmer, Mathias	„Legal- High"- Produkte- wirklich legal? Kräutermischungen, Badezusätze und Lufterfrischer aus betäubungs- und arzneimittelrechtlicher Sicht, NStZ 2011, S. 498-503.
Patzak, Jörn/Volkmer, Mathias/Ewald Andreas	Anmerkung zum EuGH-Urteil, NStZ 2014, S. 463-465.
Peterson, Bern/ Wetz, Rainer	Drogenerfahrung von Schülern. Ergebnisse einer empirischen Untersuchung, Stuttgart 1975.
Phillips, Derek	Knowledge from what? Theories and Methods in Social Research, Chicago 1971.
Porst, Rolf	Fragebogen, 3. Auflage, Wiesbaden 2011.
Raab-Steiner, Elisabeth/ Benesch, Michael	Der Fragebogen, Von der Forschungsidee zur SPSS-Auswertung, 3. Auflage, Wien 2012.
Rehmann, Wolfgang	Arzneimittelgesetz, 4. Auflage, München 2014.

Rennert, Klaus   Der Arzneimittelbegriff in der jüngeren Rechtsprechung des BVerwG, NVwZ 2008, S. 1179-1185.

Reuband, Karl-Heinz   Strafverfolgung als Mittel der Generalprävention? Der Stellenwert strafrechtlicher Regelungen für die Verbreitung des Cannabiskonsums in der Bundesrepublik, in: Dollinger, Bern/ Schmidt-Semisch (Hrsg.), Sozialwissenschaftliche Suchtforschung, Wiesbaden 2007, S. 131-168.

Reuband, Karl-Heinz   Soziale Determination des Drogengebrauchs. Eine empirische Untersuchung des Gebrauchs weicher Drogen in der Bundesrepublik Deutschland, Opladen 1994.

Reuband, Karl-Heinz   Entwicklungen des Drogenkonsums in Deutschland und die begrenzte Wirksamkeit der Kriminalpolitik, Zeitschrift für soziale Probleme und soziale Kontrolle 2009, S. 182-206.

Rössner, Dieter/ Voit, Wolfgang   Gutachten zur Machbarkeit der Einführung einer Stoffgruppenregelung im Betäubungsmittelgesetz.
Abrufbar unter:
http://www.drogenbeauftragte.de/fileadmin/dateien-dba/DrogenundSucht/Illegale_Drogen/Heroin_andere/ Downloads/Endfassung_Gutachten_zur_Machbarkeit _der_Einfuehrung_einer_generischen_Klausel_im_BtMG.pdf (Stand 25.11.2014).

Schäper Jan/Scheufler, F.   „Legal Highs"- kein Ende in Sicht!, OzSR 2013, S.1-4.

Schaper, Michael   GEO Wissen: Sucht + Rausch Nr. 3 1990.

Schmidt, Detlev Die Entwicklung des Betäubungsmittelstrafrechts bis Mitte 2014, NJW 2014, S- 2995-3000.

Schnell,   Rainer/ Methoden der empirischen Sozialforschung, 10. Auflage, Olden-
Hill,   Paul/   Esser, bourg 2013.
Elke

Schumacher, Dieter Das Drogen- Handbuch für legale und illegale Genuss- und Rauschmittel, 2. Auflage, Leipzig 2007.

Schwind,   Hans- Kriminologie, 22. Auflage, Heidelberg 2013.
Dieter

Siemann,   Hol- Internetversand illegaler Drogen, in: Deutsche Hauptstelle für Sucht-
ger/Scherbaum, fragen e. V.(Hrsg.), Jahrbuch Sucht 14, Lengerich 2014, S.112-123.
Norbert

Simon, Roland Drogenkonsum in der Partyszene- Zur Situation in europäischen Nachbarländern, in: Bundeszentrale für gesundheitliche Aufklärung Drogenkonsum in der Partyszene (Hrsg.), Entwicklungen und aktueller Kenntnisstand Bd. 19, Köln 2002, S. 66-96.

Taddicken, Monika Online-Befragung, in: Möhring, Wiebke/Schlütz, Daniela (Hrsg.), Handbuch standardisierte Erhebungsverfahren in der Kommunikationswissenschaft, Wiesbaden 2013, S. 201-217.

Thamm,   Berndt Drogenfreigabe-Kapitulation oder Ausweg?: Pro und Contra zur
Georg Liberalisierung von Rauschgiften als Maßnahme zur Kriminalitätsprophylaxe, Hilden 1989.

Theobald, Axel Das World Wide Web als Befragungsinstrument, Wiesbaden 2000.

Wehlau, Andreas   Kommentar zum Lebensmittel- und Futtermittelgesetzbuch, Köln 2010.

Weidig, Bernd   Zur Strafbarkeit von „Legal Highs", Blutalkohol 2013, S. 57-73.

Werse, Bern/ Egger, Dirk   Neue psychoaktive Substanzen als Kollateralschaden der Prohibition, in: 2. Drogen- und Suchtbericht 2015, S. 104 – 110.
Abrufbar unter:
http://alternativer-drogenbericht.de/wp-content/uploads/2015/05/Alternativer-Drogen-und-Suchtbericht-2015.pdf (Stand 11.06.2015)

Werse, Bernd   Zur Verbreitung von neuen psychoaktiven Substanzen (NPS), in: Akzept e. V., Bundesverband Deutsche AIDA-Hilfe, JES Bundesverband (Hrsg.), Alternativer Sucht- und Drogenbericht 2014, S. 22-26.

Werse, Bernd/ Morgenstern, Cornelia   Abschlussbericht- Online- Befragung zum Thema „Legal Highs". Im Auftrag des Bundesministeriums für Gesundheit. Frankfurt am Main 2011.
Abrufbar unter:
https://www.uni-frankfurt.de/51782976/Abschlussbericht_Legal_Highs.pdf   (Stand 07.01.2014).

Werse, Bernd/ Müller, Oliver   Pilotstudie: Spice, Smoke, Sende & Co.- Cannabinoidhaltige Räuchermischungen: Konsum und Konsummotivation vor dem Hintergrund sich wandelnder Gesetzgebung, Frankfurt am Main, Goethe-Universität 2009.
Abrufbar unter:
https://www.uni-frankfurt.de/51782916/Abschlussbericht_Spice_Smoke_Sence.pdf
(Stand 18.01.2015)

Werse, **Bernd/Morgenstern,** **Cornelia**	Legal Highs- wer nimmt das eigentlich? in: Konturen, Fachzeitschrift zu Sucht und sozialen Fragen, 2/2012: 20-23.
Werse, **Bernd/Morgenstern,** **Cornelia**	Legalisierung über das Internet- Legal Highs als Herausforderung für das System der Drogenprohibition, in: Gerlach, Ralf/ Stöver, Heino (Hrsg.), Entkriminalisierung von Drogenkonsumenten- Legalisierung von Drogen, Frankfurt am Main 2012, S. 227-242.
Werse, **Bernd/Morgenstern,** **Cornelia/ Sarvari,** **Lukas**	MoSyD Jahresbericht 2013. Drogentrends in Frankfurt am Main, Abrufbar unter: http://www.uni-frankfurt.de/52062232/MoSyD_Jahresbericht-2013_final.pdf (Stand 07.01.2015).
Zimmermann, U.-S./ **Winkelmann, P.-R./** **Pilhatsch, M./ Nees,** **J.-A./ Spanagel,** **R./ Schulz, K.**	Withdrawal Phenomena and Dependence Syndrome After the Consumption of „Spice Gold". Dtsch Arztebl Int 2009; 106(27):464–7.
Zipfel, **Walter/** **Rathke,** **Kurt-** **Dietrich**	Lebensmittelrecht, 148. Ergänzungslieferung, München 2012.

Anlageverzeichnis

1. Europäische sowie nationale Gremienarbeit zur Bekämpfung von NPS

   1.1 Europäische Gremienarbeit zur Bekämpfung von NPS

   1.2 Nationale Gremienarbeit zur Bekämpfung von NPS

2. Juristische Probleme im Kontext mit dem Führen eines Kfz unter NPS-Beeinflussung

3. Zitate von Teilnehmern

4. Adresslisten

   4.1 Adresslisten der Bildungsträger

   4.2 Adresslisten der Hochschulen und Fachhochschulen

   4.3 Angeschriebene Krankenkassen

5. Stellungnahmen

   5.1 Stellungnahme der AOK

   5.2 Stellungnahme von der Bundesanstalt für Arbeit, Regionaldirektion Sachsen

   5.3 Stellungnahme des Bundesministeriums für Inneres

6. Informationsblatt

7. Fragebögen

   7.1 Webbasierter Fragebogen

   7.2 Fragebogen (Vergleichsschule)

   7.3 Einwilligungserklärung an die Erziehungsberechtigten

8. Abbildungen/Tabellen

   8.1 Abbildungsverzeichnis

   8.2 Tabellenverzeichnis

9. Sonstiges

1 Europäische sowie nationale Gremienarbeit zur Bekämpfung von NPS

1.1 Europäische Gremienarbeit zur Bekämpfung von NPS

Auf der EU-Ebene ist das Thema NPS ebenfalls virulent. Die sogenannten NPS unterliegen bis dato im Bereich der EU keiner Kontrolle, wie es bei den gängigen Drogenarten (u.a. Kokain oder Cannabis) im Rahmen der VN- Drogenkonvention[351] seit mehreren Jahrzehnten der Fall ist.

Die europäische Kommission hat die Verbreitung von NPS in ihrem Oktober 2011 angenommenen Mitteilung[352] „ein entschlossenere europäische Reaktion auf das Drogenproblem" als eine der größten Herausforderungen für die Drogenbekämpfungspolitik bezeichnet und darauf hingewiesen, dass hier ein schärferes Vorgehen der EU nötig sei. Diese Mitteilung und die Gewissheit, dass kein standardisiertes Meldeverfahren in den jeweiligen Mitgliedstaaten vorliegt, war die Basis für mehrere einschlägige Legislativvorschläge der EU, die auf den Beschluss 2005/387/JI des Rates vom 10.5.2005 betreffend den Informationsaustausch (Frühwarnsystem), die Risikobewertung und die Kontrolle bei NPS aufbaute.[353]

---

[351] Einheit-Übereinkommen der Vereinten Nationen von 1961 über Suchtstoffe (geändert durch das Protokoll von 1972) und Übereinkommen der Vereinten Nationen von 1971 über psychotrope Stoffe.
[352] KOM (2011) 689.
[353] ABl. L 127 vom 20.05.2005, S. 32-37.

Vor dem Beschluss 2005/387/JI   Nach dem Beschluss 2005/387/JI

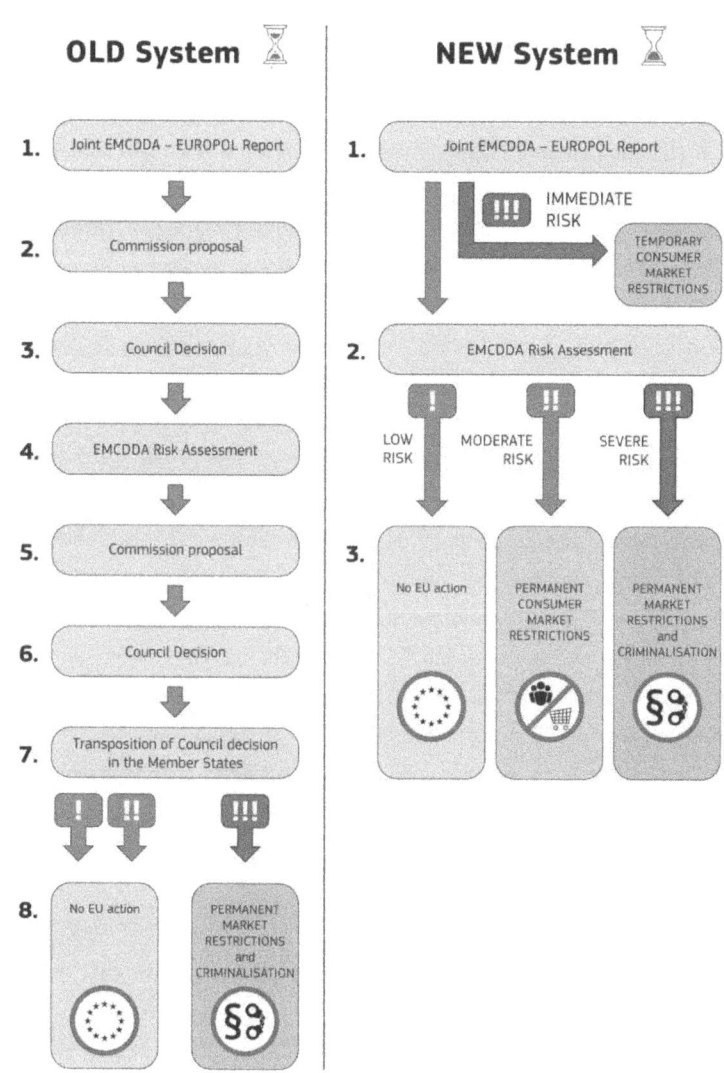

---

[354] http://europa.eu/rapid/press-release_MEMO-13-790_de.htm / http://europa.eu/rapid/exploit/
2013/09/MEMO/DE/m13_790.dei/Pictures/10000000000009B000000DB316620BB5.jpg

Um den Beschluss 2005/387/JI in der Form weiterhin zu modifizieren, damit dem Phänomen der NPS effektiver entgegengetreten werden kann, hat die Kommission am 17.9.2013 Legislativvorschläge (Verordnung des europäischen Parlaments und des Rates über NPS [2013/0305][355] und der Richtlinie des Europäischen Parlaments und des Rates zur Änderung des Rahmenbeschlusses 2004/757/JI des Rates vom 25.10.2004 zur Festlegung von Mindestvorschriften über die Tatbestandsmerkmale strafbarer Handlungen und Strafen im Bereich des illegalen Drogenhandels hinsichtlich der Drogendefinition[356]) verabschiedet, um der EU ein rascheres und wirksameres Vorgehen gegen NPS zu ermöglichen und ebenfalls die legale Verwendung von NPS zuzulassen.[357] Dieses energische Vorgehen der europäischen Kommission bestätigte sie weiterhin in einer Pressemitteilung vom 17.9.2013.[358] Die Grundlage für diese politische Richtung ist unter anderem die EU-Drogenstrategie für den Zeitraum 2013-2020, die die effektive Bekämpfung von NPS im Fokus hat.

Dieser Aktionismus auf EU-Ebene resultiert daher, dass durch die European Monitoring Centre for Drugs and Drug Addiction (EMCDDA) eine erhebliche Zunahme von NPS (im zweistelligen Prozentbereich) festgestellt hat. Durch den kontinuierlichen Zuwachs ist daher durchaus denkbar, dass sich die Gesamtzahl aller möglicherweise auch auftauchen Substanzen auf mehr als 1000 beläuft, denn zahlreiche Varianten bekannter oder mal, noch ungenutzte Substanzen lassen sich unter vergleichsweise geringen Kostenaufwand herstellen.[359] Dieses Thema ist in dem Jahresbericht 2012[360], 2013[361] und 2015[362] der EMCDDA sowie in dem gemeinsamen Bericht der EMCDDA und Europol „Drogenmärkte in der EU"[363] illustriert worden. Der Europäische Drogenbericht 2014 führte dazu aus: *„Es existieren allerdings nur in einigen wenigen Ländern stabile Beobachtungssysteme für Drogennotfälle. Standardisierte Meldeverfahren werden bei diesem Thema auf EU-Ebene nicht eingesetzt, wobei*

---

[355] http://www.ipex.eu/IPEXL-WEB/dossier/document/COM20130619.do (Stand 15.11.2014).
[356] http://eur-lex.europa.eu/LexUriServ/LexUriServ.do?uri=COM:2013:0618:FIN:de:PDF (Stand 16.12.2014).
[357] http://ec.europa.eu/justice/anti-drugs/new-drugs/index_de.htm (Stand 23.11.2014).
[358] http://europa.eu/rapid/press-release_IP-13-837_de.htm (Stand 10.01.2015).
[359] Ewald/Jacobsen-Bauer/Klein/Uhl, NStZ 2013, S. 265.
[360] „Jahresbericht 2012 - Stand der Drogenproblematik in Europa", abrufbar unter: www.emcdda.europa.eu/attachements.cfm/att_190854_DE_TDAC12001DEC_.pdf (Stand 15.11.2014).
[361] „Europäischer Drogenbericht 2013 – Trends und Entwicklungen", abrufbar unter: www.emcdda.europa.eu/attachements.cfm/att_213154_DE_TDAT13001DEN1.pdf (Stand 15.11.2014).
[362] http://www.emcdda.europa.eu/edr2015 (Stand 21.07.2015).
[363] „EU drug markets report: a strategic analysis", abrufbar unter: www.emcdda.europa.eu/attachements.cfm/att_194336_EN_TD3112366ENC.pdf (Stand 15.11.2014).

das Fehlen einer systematischen Überwachungstätigkeit in diesem Bereich einen „blinden Fleck" bei der Überwachung neu aufkommender Gesundheitsgefährdungen in Europa darstellt.[364]

1.2 Nationale Gremienarbeit zur Bekämpfung von NPS

Aus nationaler Sicht wurde das Thema NPS u.a. im Jahr 2014 bei der Innenminister-,bei der Justizministerkonferenz sowie im Gesundheitsausschuss erörtert. In der 85. Konferenz der Justizminister am 6.11.2014[365] ,in der 200. Sitzung der Innenminister am 11.1.2014 sowie in der 601. Sitzung des Gesundheitsausschusses, wurde jeweils eine Strafbarkeitslücke festgestellt. Alle Beschlüsse stellen die Gefährlichkeit von NPS dar, da von ihnen unkalkulierbare gesundheitliche Schäden ausgehen. Weiterhin wird dort illustriert, dass ein effektiver umfassender Schutz der Gesundheit von Konsumentinnen und Konsumenten wesentlich davon abhängt, dass die Herstellung und der Vertrieb dieser Substanzen wirksam unterbunden werden muss. Alle Gremien sehen eine strafrechtliche Sanktionsform, anhand sog. Stoffgruppen als sinnvoll an, sodass gerade aus der Sicht der Innenminister es betrüblich erscheint, dass gefahrenabwehrrechtliche Erwägungen außer Acht gelassen wurden. Unter Betrachtung der bis dato vorliegenden Gremienfassungen ist es nicht nachvollziehbar, dass unter dem Gesichtspunkt des Gesundheitsschutzes der Bevölkerung der wesentliche Fokus auf den Pönalisierungseffekt gelegt und nicht der bis dato vorliegende Rechtsrahmen (z. B. Gefahrenabwehrrechtlich) ausgeschöpft wird, wobei der Gesundheitsausschuss explizit darauf hinwies.

In der nationalen Arbeit gegen die Fortentwicklung von NPS nimmt das Bundesgesundheitsministerium eine Vorreiterrolle ein, indem auf Bundesebene an einer umfassenden gesetzlichen Regelung gearbeitet wird, NPS gefahrenabwehrrechtlich zu verbieten.[366]

---

[364] Europäischer Drogenbericht 2014, S. 13.

[365] http://www.regierung-mv.de/cms2/Regierungsportal_prod/Regierungsportal/de/jm/Justizministerkonferenz/ Beschluesse/index.jsp (Stand 08.11.2014).

[366] http://www.drogenbeauftragte.de/presse/pressemitteilungen/2014-04/legal-highs-werden-verboten.html (Stand 16.12.2014).

2 Juristische Probleme im Kontext mit dem Führen eines Kfz unter NPS-Beeinflussung

In Abschn. 3 wurde bereits ausführlich erläutert, dass eine Strafbarkeit hinsichtlich der NPS nicht möglich ist. Diese rechtliche Würdigung bleibt jedoch neben den Verkehrsstraftaten (§§ 316 bzw. 315c StGB, 24a Abs. 2 StVG) unberührt, wobei sich für § 24a Abs. 2 StVG die gleiche Problematik wie für das BtMG zeigt und die entsprechenden Stoffe sich häufig nicht in der Anlage zum StVG wiederfinden.[367] Laut BGH sind berauschende Mittel gemäß §§ 316 und 315c StGB solche, deren Wirkung denen des Alkohols ähnlich sind und die die intellektuellen und motorischen Fähigkeiten sowie das Hemmungsvermögen beeinträchtigen.[368] In diesem Kontext können auch die NPS als Beweismittel und als Einziehungsgegenstände sichergestellt/beschlagnahmt werden, solange ein Bezug zum Führen eines Kraftfahrzeugs besteht. Diese materiellen Voraussetzungen führen jedoch zu prozessualen und praktischen Problemen, da zurzeit keine effektiven Drogenvortests oder ähnliche Vortests bei den Strafverfolgungsbehörden vorgehalten werden, geschweige denn, aufgrund der Vielfalt der NPS überhaupt existent sind. Um einen Anfangsverdacht in diesem Lebensbereich zu begründen, ist es daher unerlässlich, in den häufigen Fällen eigene Feststellungen über die körperliche Konstitution des Fahrzeugführers durch die Polizeibeamten zu dokumentieren und bei einer entsprechenden Blutprobe dies kenntlich zu machen, wobei die Labore wiederum in den meisten Fällen einen konkreten Untersuchungsantrag nach einer Substanz (die nicht bekannt ist) fordern. Dieses Dilemma kann aus der Sicht der Strafverfolgungsbehörden als untragbar angesehen werden, jedoch ist für die Zukunft keine wesentliche Veränderung in prozessualer Hinsicht denkbar.

Neben der strafrechtlichen Bewertung ist jedoch weiterhin aus verwaltungsrechtlicher Hinsicht zu erwähnen, dass nach § 2 Abs. 12 S. 1 StVG die Polizei Informationen über Tatsachen, die auf nicht nur vorübergehende Mängel hinsichtlich der Eignung oder auf Mängel hinsichtlich der Befähigung einer Person zum Führen von Kraftfahrzeugen schließen lassen, den Fahrerlaubnisbehörden zu übermitteln hat, soweit dies für die Überprüfung der Eignung oder Befähigung aus der Sicht der übermittelnden Stelle erforderlich ist. Gemäß § 14 Abs. 2 Nr. 2 FEV i. V. m. der Anlage 4 Nr. 9.4 zur Fahrerlaubnis-Verordnung kann eine Anordnung für eine medizinische- psychologi-

---

[367] Weidig, Blutalkohol 2013, S. 57 (61):Patzak/Volkmer, NStZ 2011, S. 498 (502).
[368] BGH, VRS 53, S. 356; Patzak/Volkmer, NStZ 2011, S, 498 (503).

sche Untersuchung erfolgen.[369] Das Verwaltungsgericht Neustadt hatte in seinem Beschluss aus dem Jahre 2009 die Rechtmäßigkeit der sofortigen Entziehung der Fahrerlaubnis nach dem Konsum von Spice bestätigt. In seiner Begründung verwies das Gericht darauf, dass Fahrerlaubnisinhaber, die Betäubungsmittel (außer Cannabis) i. S. d. BtMG einnehmen, nach Nr. 9.1 der Anlage 4 zur FeV ungeeignet zum Führen von Kraftfahrzeugen sind. Es genügt bereits der einmalige Konsum und auf einen Zusammenhang zwischen der Einnahme (von Spice) und dem Führen eines Kraftfahrzeuges kommt es nicht an. Eine Gleichbehandlung von Spice mit Cannabis wird wohl auszuschließen sein, da die synthetischen Cannabinoide um ein Vielfaches stärker wirken als das in der Cannabispflanze enthaltene THC. Somit geht von NPS ein signifikant höheres Risiko für den Straßenverkehr aus als von Cannabis-Wirkstoff THC. Das Gericht stellt weiter klar, dass die Ungeeignetheit auch dann gegeben wäre, wenn die vorgenannten Wirkstoffe zum Zeitpunkt noch nicht dem BtMG unterstellt gewesen wären.[370]

---

[369] Kalus, VD 2012, S. 146; Kalus, OzSR 2/2012; Weidig, Blutalkohol 2013, S. 57 (70); Krumdiek, StRR 2011, S. 213 f.
[370] VG Neustadt, Urteil vom 07.5.2009, Az. 3 L 315/09.

3 Zitate

alles gut ... find ich sehr gut das du dieses Thema zur Masterarbeit einreichen willst ... diese Produkte sind eine echte Gefahr für die Leute .... kann es beurteilen, denn ich habe sucht in allen Varianten durch und bin seit fast 8 Jahren clean von harten Drogen .... und der unterscheid im Entzug ..... bei Kräutern und harten Drogen wie Heroin ... ist nicht viel unterschiedlich ich bin für ein Legalisierung von Cannabis .... dann hat dieses Elend ein Ende mit den Chemiecocktails :-)das Zeug macht die Leute so abgefuckt ...... kaum zu glauben das dieses Zeug legal ist. Ich hoffe ich konnte helfen!!!würde auch persönlich Rede und Antwort stehen .... habe den Artikel in der legal highs gruppe als 2ter kommentiert. Viel Glück mit dieser Arbeit .-)

An ihren Fragebogen gibt es nichts zu beanstanden. Anmerkung: Herr Siebler, mit großer Begeisterung habe ich ihre Befragung über dieses sehr sehr ernste Thema zur Kenntnis genommen. Aus eigener langjähriger Erfahrung in der Welt der Drogen, in der wirklich alles von Alkohol; Nikotin über Cannabis; LSD; MDMA bis hin zu Heroin; Fentanyl; Kokain vorkam, muss ich sagen nie etwas gesehen/konsumiert/bei anderen beobachtet zu haben, das mit den unvorhersehbaren, nicht kontrollierbaren Folgen für Körper und Geist auch nur annähernd mit den "Legal Highs" vergleichbar ist. (CrystalMeth könnte vielleicht hinkommen). Legal Highs hätten niemals eine so große Nachfrage wenn nicht auch die kleinsten Mengen Cannabis, Mdma oder LSD sehr fragwürdige gesetzliche Strafen mit sich ziehen würden.

Eine Droge illegal zu machen hilft leider nichts um zu verhindern, dass sie konsumiert wird. Einige Bekannte bekamen erst richtige Probleme und wurden erst richtig abhängig, nachdem sie ihren Führerschein verloren oder in Arrest kamen. Meiner Meinung nach sollte man in den Schulen viel bessere und wahrheitsgemäße Aufklärungen machen, da man meiner Meinung nach in der Schule nur "Scheiße" lernt, z. B. wie schlimm und gefährlich kiffen ist, aber dann sieht man wie hunderte von Leuten es jeden Tag machen und trotzdem arbeiten, oder ein gutes Studium absolvieren. Somit denkt man dass alles nicht stimmt was man in der Schule drüber gelernt hat und findet dass es nicht so schlimm ist. Man sollte über die echten Risiken aufklären, bei kiffen z. B. dass man total antriebslos wird und man soziale Kontakte vernachlässigt.

Ich bin ein sehr bewusster Drogenkonsument, ich habe 13 Jahre lang Cannabis geraucht und nur weil ich mit reinem Gewissen niemals Platt am Steuer war aber in meinem Blut mir der Gebrauch von Cannabis dauerhaft nachgewiesen werden konnte, musste ich meinen Führerschein abgegeben. Deshalb wechselte ich aufgrund der MPU Verordnung zu Legal Highs nächsten Monat bekomme ich den Lappen wieder und werde weiter Konsumieren diesmal brauche ich aber keine Angst zu habe 2 Tage nach Konsum meinen Führerschein los zu werden! Scheiß Politik Cannabis ist soviel gesünder.....

Ich bin für eine Strafverfolgung, da die Auswirkungen von diesen Mischungen aus versch. chemischen Substanzen sich sicherlich negativ auf die Gesundheit auswirken. Man sollte Cannabis legalisieren! Dadurch würden viele Menschen auf diese Räuchermischungen verzichten, da viele dieses Zeug nur konsumieren als Ersatz für Cannabis. Cannabis = Naturprodukt, Pflanze; Räuchermischungen etc. = pure Chemie

Ich bin Vater eines Sohnes, der Kräuter konsumiert

Ich fände es gut, wenn dieser Fragebogen in gedruckter Weise unter uns Schüler bringen würde. Und wenn es mehr Vorträge zu dem Thema Drogen an den Schulen geben würde.

Ich finde es echt, toll über eine solche Substanz als Masterstudent zu schreiben. Ich kenne mich mit psychoaktiven Substanzen eher weniger aus, und dennoch weiß ich, dass sie süchtig machen, wenn man sie öfter konsumiert, oder falsch dosiert. Meiner Meinung, sollten nur Ärzte, bei der Arbeit, solche Substanzen verwenden. Ich finde es mega Klasse, dass man uns jüngeren auch zu diesem Thema befragt und das anonym.:) Hab mich echt gefreut, als ich davon gehört habe. Ich persönlich kenne sehr, sehr viele 16jährige, vor allem Jungs. Ca. 70%, von denen die ich kenne, rauchen.

Ich hatte im Urlaub im Ausland ersten Kontakt. Hatte zufolge das ich nach drei Zügen einen Horrortrip mit Todesangst. Dann sofort einen epileptischen Anfall. Musste in die Notaufnahme gebracht werden. Kosten 1300 Euro für den Aufenthalt im Krankenhaus und die Untersuchungen. Nie wieder !!!!!!

Jeder der feiern geht, sollte sich vorab informieren, was es mit den Substanzen auf sich auf, welche Kombinationen von Substanzen gut funktionieren und welche nicht. Drogen sollen und können niemals eine Flucht vor der Wirklichkeit sein! In Maßen konsumiert können sie eine schöne Ergänzung sein, insb. beim Feiern. Ich persönlich mache keinen Unterschied ob es sich um eine legale (= research) oder illegale Droge handelt, es geht um die Wirkung und den Spaß beim Feiern. (Wenn die Polizei ein Tütchen weißes Pulver findet ist es ja erstmal egal, ob es sich um eine legale Substanz handelt oder nicht, Probleme hat man dann erstmal bis zur Klärung in jedem Fall!)Aufklärung ist Wissen, Wissen ist Macht! Mehr Aufklärung statt Verteufelung! Gerade in der Welt der Jüngeren

Paradoxer Weise finde ich illegale Drogen vertrauenserweckender als die sog. "legal highs"

vielleicht könnte mal jemand die Inhaltsstoffe der aktuellen legal highs mit Produktname (z.b.Galaxy new Bonsei Jamaika Alien u.s.w.im Internet veröffentlichen um eventuell gefahren zu vermeiden. Das die Onlineshops das nicht machen ist verständlich aber warum hält die Regierung solche Infos zurück

4 Adresslisten

4.1. Schulträger

Alle nationalen Bildungsträger wurden per E-Mail über die vorliegende Umfrage, mittels eines Informationsblattes (vgl. Anlage 6) und einem Anschreiben informiert. Die entsprechenden E-Mailadressen wurden aus den nachfolgenden Internetauftritten ermittelt:

> **Bremen**:
>
> http://bildung.bremen.de/sixcms/detail.php?gsid=bremen117.c.3714.de (Stand 21.12.2014)

> **Niedersachsen**:
>
> http://www.nibis.de/nibis.php?menid=590 (Stand 21.12.2014)

> **Hamburg**:
>
> https://gateway.hamburg.de/hamburggateway/fvp/fv/BBS/SchulenAuskunft/wf SchulenAuskunft.aspx?sid=32 (Stand 21.12.2014)

> **Schleswig-Holstein**:
>
> http://www.statistik-nord.de/fileadmin/Dokumente/Verzeichnisse/SCHUVA_1112_S_01.pdf (Stand 21.12.2014)

> **Brandenburg**:
>
> http://www.mbjs.brandenburg.de/sixcms/detail.php?template=schulverzeichnis (Stand 21.12.2014)

> **Berlin:**
>
> http://www.berlin.de/sen/bildung/schulverzeichnis_und_portraets/anwendung/ (Stand 21.12.2014)

> **Sachsen:**
>
> https://schuldatenbank.sachsen.de/index.php?id=50 (Stand 21.12.2014)

> **Thüringen:**
>
> https://www.schulportal-thuerin-gen.de/schools?p_p_id=portlet_school_search_WAR_tisonlineportlet&p_p_life cycle=0&p_p_state=   normal&p_p_mode=view&p_p_col_id=column-2&p_p_col_pos=1&p_p_col_count=2&_portlet_school_search_WAR_tisonline portlet
>
> _struts.portlet.mode=view&_portlet_school_search_WAR_tisonlineportlet_vsid

=&_portlet_school_search_WAR_tisonlineportlet_struts.portlet.action=%2Fsch
ool_search%2Fsearch&_portlet_school_search_WAR_tisonlineportlet_tspi=&_
portlet_school_search_WAR_tisonlineportlet_mode=2 (Stand 21.12.2014)

> **Hessen:**
  http://schul-db.bildung.hessen.de/schul_db.html (Stand 21.12.2014)

> **Bayern;**
  http://www.km.bayern.de/ministerium/schule-und-ausbildung/schulsuche.html
  (Stand 21.12.2014)

> **Baden-Württemberg:**
  http://www.schule-bw.de/service/schulen/ (Stand 21.12.2014)

> **Rheinland-Pfalz:**
  http://schulen.bildung-rp.de/gehezu/startseite.html (Stand 21.12.2014)

> **Saarland:**
  http://www.saarland.de/4526.htm (Stand 21.1.2.2014)

> **Nordrhein-Westfalen:**
  https://www.schulministerium.nrw.de/BP/SchuleSuchen?action=917.83230645
  9805 (Stand 21.12.2014)

> **Mecklenburg-Vorpommern:**
  http://www.mecklenburg-
  vorpom-
  pom-
  mern.eu/cms2/Landesportal_prod/Landesportal/content/de/Bildung_und_Fors
  chung/Schulen/ (Stand 21.12.2014)

> **Sachsen-Anhalt:**
  http://www2.bildung-lsa.de/schule.html (Stand 21.12.2014)

4.2 Adresslisten der Hochschulen und Fachhochschulen

Alle nationalen Hochschulen wurden per E-Mail über die vorliegende Umfrage, mittels eines Informationsblattes (vgl. Anlage 6) und einem Anschreiben informiert. Die entsprechenden E-Mailadressen wurden aus den nachfolgenden Internetauftritten ermittelt:

- **Hochschulen in Nordrhein- Westfalen:**

  http://www.hochschulen-in-nrw.de/hochschulen.html (Stand 21.12.2014)

- **Hochschulen in Niedersachsen:**

  http://www.hochschulen-niedersachsen.de/ (Stand 21.12.2014)

- **Hochschulen in Bremen:**

  http://www.meinprof.de/unis/bremen (Stand 21.12.2014)

- **Hochschulen in Hamburg:**

  http://www.studis-online.de/StudInfo/Studieren_in/Hamburg.php (Stand 21.12.2014)

- **Hochschulen in Schleswig-Holstein:**

  http://www.schleswig-holstein.de/Wissenschaft/DE/Service/HochschulenKarte/hochschulen.html (Stand 21.12.2014)

- **Hochschulen in Mecklenburg-Vorpommern:**

  http://www.regierung-mv.de/cms2/Regierungsportal_prod/Regierungsportal/de/bm/Themen/Hochschule_und_Studium/Hochschulen_und_Studiengaenge/index.jsp (Stand 21.12.2014)

- **Hochschulen in Berlin:**

  http://www.berlin.de/sen/wissenschaft-und-forschung/berliner-hochschulen/ (Stand 21.12.2014)

- **Hochschulen in Berlin und Brandenburg:**

  http://www.studieren-in-bb.de/content/%C3%B6ffentliche-und-private-hochschulen-berlin-und-brandenburg (Stand 21.12.2014)

- **Hochschulen in Sachsen:**

  http://www.uniturm.de/links/hochschulen/sachsen (Stand 21.12.2014)

- **Hochschulen in Thüringen:**

  http://www.uniturm.de/links/hochschulen/thueringen (Stand 21.12.2014)

➤ **Hochschulen in Bayern:**

http://www.uniturm.de/links/hochschulen/bayern (Stand 21.12.2014)

➤ **Hochschulen in Baden-Württemberg:**

https://www.studieninfo-bw.de/service/links_und_adressen/hochschulen/
(Stand 21.12.2014)

➤ **Hochschulen in Hessen:**

http://www.hochschulen-hessen.de/ (Stand 21.12.2014)

➤ **Hochschulen in Rheinland-Pfalz:**

http://mbwwk.rlp.de/wissenschaft/hochschulen/hochschulen-in-rheinland-pfalz/
(Stand 21.12.2014)

➤ **Hochschulen im Saarland:**

http://www.saarland.de/6210.htm (Stand 21.12.2014)

➤ **Hochschulen in Sachsen-Anhalt:**

http://www.uniturm.de/links/hochschulen/sachsen-anhalt (Stand 21.12.2014)

4.3 Angeschriebene Krankenkassen[371]

Alle wesentlichen namentlich bekannten Krankenversicherungen (s. u.) wurden per E-Mail über die vorliegende Umfrage, mittels eines Informationsblattes (vgl. Anlage 6) und einem Anschreiben informiert.

Barmer GEK
Techniker Krankenkasse
DAK-Gesundheit
AOK Bayern
AOK Baden-Württemberg
IKK- Classic
AOK Plus
AOK Rheinland-Pfalz
AOK Nordwest
AOK Niedersachsen
Knappschaft
AOK Nordost
KKH
AOK Hessen

5 Stellungnahmen

5.1 Stellungnahme der AOK

Lieber Herr Siebler,

vielen Dank nochmal für das interessante Gespräch, ich finde das total spannend! Wir würden auch gern mal in unseren Daten recherchieren, allerdings benötigen wir etwas, was wir „Aufgreifkriterien" nennen. Dabei handelt es sich in diesem Fall um eine Diagnose, im Expertensprech „ICD".

Im Internet können Sie sich das Gesamtverzeichnis hier anschauen:
http://www.dimdi.de/static/de/klassi/icd-10-gm/kodesuche/onlinefassungen/htmlgm2014/index.htm

Ich habe in zwei Kapiteln gesucht, die passen könnten, aber für mein dafürhalten nichts passendes gefunden, zum einen im Kapitel XIX bei den Vergiftungen, mit der Annahme, dass solche user wegen Vergiftungserscheinungen behandelt würden, zum anderen im Kapitel V bei den Suchtdiagnosen.

Die Kunst bzw. Schwierigkeit bei Ihrer Fragestellung ist, dass es nicht genügt zu wissen, dass solche user vielleicht häufig wg. Wahnvorstellungen im Krankenhaus behandelt werden. Wenn wir die Fälle mit Wahnvorstellungen zählten hätten wir aber im Umkehrschluss nicht die Legal High User. Wenn Sie da von anderer Stelle noch Infos bekommen, wie man solche Menschen halbwegs sicher finden kann, dann würden wir gern die entsprechenden Daten selektieren.

---

[371]   http://de.statista.com/statistik/daten/studie/218457/umfrage/groesste-gesetzliche-krankenkassen-nach-anzahl-der-versicherten/ (Stand 17.01.2015).

Bundesagentur für Arbeit
Regionaldirektion Sachsen

Regionaldirektion Sachsen, Paracelsusstr. 12, 09114 Chemnitz

Herr
Björn Siebler

Ihr Zeichen:
Ihre Nachricht:
Mein Zeichen:
(Bei jeder Antwort bitte angeben)

Datum: 09. September 2014

Sehr geehrter Herr Siebler,

für Ihr Interesse, das Sie durch Ihre Anfrage gegenüber der Bundesagentur für Arbeit zum Ausdruck gebracht haben, bedanke ich mich.

Leider muss ich Ihnen mitteilen, dass die Regionaldirektion Sachsen der Bundesagentur für Arbeit und die ihr zugeordneten Agenturen für Arbeit Sie bei Ihrem Vorhaben nicht unterstützen können.

Mit dem Thema Ihrer Masterarbeit zum Konsum von sog. Neuen psychoaktiven Substanzen haben Sie ein interessantes aktuelles Thema aufgegriffen, das aber nicht den Aufgabenbereich der Bundesagentur für Arbeit berührt.
Die Agenturen für Arbeit erbringen insbesondere Dienstleistungen für Arbeitgeber, Arbeitnehmerinnen und Arbeitnehmer. Sie tragen dazu bei dem Entstehen von Arbeitslosigkeit entgegenzuwirken, die Dauer der Arbeitslosigkeit zu verkürzen und den Ausgleich von Angebot und Nachfrage auf dem Ausbildungs- und Arbeitsmarkt zu unterstützen. Aus Wettbewerbs- und Datenschutzgründen kann die Bundesagentur für Arbeit Ihnen daher keine Plattform für die Onlinebefragung Ihrer Kunden, Arbeitssuchende und Arbeitslose, bieten.

Ich bedaure, Ihnen keine günstigere Nachricht geben zu können.
Für Ihre berufliche Zukunft wünsche ich Ihnen alles Gute und viel Erfolg bei Ihrer Masterarbeit.

Mit freundlichen Grüßen
im Auftrag

5.3 Stellungnahme des Bundesministeriums für Inneres

Von:

Gesendet: Dienstag, 9. Dezember 2014 08:21
An: Siebler, Björn (MI)
Betreff: Ihre Anfrage vom 31.08.2014 - Masterstudie zu dem Thema NpS V 2014-0013539829

Sehr geehrter Herr Siebler,

vielen Dank für Ihre freundliche Anfrage an das Bundeskriminalamt. Zunächst entschuldige ich mich für die verspätete Rückmeldung.

Leider teile ich Ihnen mit, dass es seitens der Fachabteilung nicht möglich ist, Ihre Masterarbeit zu unterstützen.

Ich wünsche Ihnen viel Erfolg und gutes Gelingen für Ihre Arbeit.

Mit freundlichen Grüßen

Berlin BKA KI 35 Öffentlichkeitsarbeit, i.A.   , ..., 09.12.2014

6 Informationsblatt

Befragung zu dem Thema

"Wie gut kennst Du dich mit neuen psychoaktiven Substanzen aus?"

Mit dieser Umfrage hast Du die Gelegenheit deine persönlichen Einschätzungen zu den neuen psychoaktiven Substanzen abzugeben. Mein Name ist Björn Siebler und ich bin 34 Jahre alt. Ich bin Masterstudent an der Ruhr- Universität in Bochum und schreibe aktuell im Fachbereich Kriminologie meine Masterarbeit. Im Rahmen dieser Masterarbeit führe ich diese Umfrage durch.

Mit meinem Masterarbeitsthema bezüglich des Aufklärungsstands über neue psychoaktive Substanzen in Deutschland möchte ich gerne den Ist-Stand, unter anderem in der Altersgruppe 15 bis 40, erheben.

Was sind jedoch neue psychoaktive Substanzen oder auch „Legal Highs" genannt?

Zu dem Thema neue psychoaktive Substanzen ist aufzuführen, dass dieser als Oberbegriff für Kräuter-/ Räuchermischungen und Research Chemicals – synthetische Reinsubstanzen – fungiert. In den jeweiligen Produkten sind weit verbreitet synthetische Ersatzstoffe (sie wirken wie THC und haben eine dem Amphetamin ähnliche Wirkung), wobei ihr Wirkgehalt wesentlich höher ist als z. B. der „normale" THC-Gehalt. Neue psychoaktive Substanzen werden oft als „Räuchermischungen", „Raumduft", „Pflanzendünger", „Badesalz" oder „Bongreiniger" in Headshops angeboten.

Ich würde mich sehr freuen, wenn Ihr mich bei meinem Forschungsprojekt unterstützt, da das Ergebnis meiner Masterarbeit von den Umfrageergebnissen abhängt.

Jeder soll sich bei dieser Umfrage angesprochen fühlen, unabhängig davon, ob er/sie bereits Drogen konsumiert hat oder nicht. Bei der Umfrage geht es ausschließlich um Eure Meinung und Einschätzung zu der Drogenart der neuen psychoaktiven Substanzen. Die Umfrage dauert **max. 11 Minuten** und ist daher auch mit einem kleinen Zeitaufwand (z. B. in einer Pause) schnell zu beantworten. Ich würde mich sehr freuen, wenn Ihr meine Umfrage ebenfalls an Euren Freunde oder Bekannten mitteilt (z. B. via Facebook), um einen großen Personenkreis zu erreichen.

Als Dankeschön werde ich unter allen Teilnehmern und Teilnehmerinnen mehrere Gutscheine von Amazon verlosen. Näheres dazu, könnt Ihr auf meiner Startseite der Umfrage entnehmen. Einen direkten Zugang zu der Umfrage erhaltet Ihr über die Adresse: **http://tinyurl.com/nnr9au2** oder über den vorliegenden **QR-Codes**.
Die Umfrage ist **bis zum 30.11.2014 aktiv**.
Euer *Björn Siebler, LL. M.*

7. Fragebögen

7.1. Webbasierter Fragebogen

Erhebungsumfrage zum Thema Aufklärungsstand über "Neue psychoaktive Substanzen"

Online Befragung zu dem Thema

" Wie gut kennst Du dich mit neuen psychoaktiven Substanzen aus?"

Herzlich Willkommen auf meiner Umfrageseite. Ich freue mich sehr, dass du Dir kurz Zeit für meine Umfrage nimmst.

Kurz zu mir: Ich bin 34 Jahre alt und Masterstudent an der Ruhr- Universität in Bochum und schreibe aktuell im Fachbereich Kriminologie meine Masterarbeit.

Mit meinem Masterarbeitsthema bezüglich des Aufklärungsstands über neue psychoaktive Substanzen in Deutschland, möchte ich gerne den Ist-Stand erheben.

Was sind jedoch neue psychoaktive Substanzen, da nicht jeder der Teilnehmer mit Ihnen in Kontakt kam oder bereits einmal den Begriff gehört hat?

Zu dem Thema neue psychoaktive Substanzen ist aufzuführen, dass dieser als Oberbegriff für Kräuter-/ Räuchermischungen und Research Chemicals – synthetische Reinsubstanzen – fungiert. In den jeweiligen Produkten sind weit verbreitet synthetische Ersatzstoffe (sie wirken wie THC und haben eine dem Amphetamin ähnliche Wirkung) enthalten, wobei ihr Wirkgehalt wesentlich höher ist als z. B. der „normale" THC-Gehalt. Neue psychoaktive Substanzen werden oft auch als „Räuchermischungen", „Raumduft", „Pflanzendünger", „Badesalz" oder „Bongreiniger" in Headshops angeboten und sind häufig auch unter dem Begriff **"Legal Highs"** bekannt.

In der vorliegenden Befragung wird unter „Neue psychoaktive Substanzen (Legal Highs)" nachfolgende Produkte verstanden:

- *die legal erhältlich sind (eventuell auch in einem anderen Land),*
- *die meistens nicht als psychoaktive Droge angeboten werden*
- *die häufig mit „nicht zum menschlichen Konsum bestimmt" bezeichnet werden*
- *und die synthetische Wirkstoffe enthalten.*

Ich würde mich sehr freuen, wenn Ihr mich bei meinem Forschungsprojekt unterstützt, da das Ergebnis meiner Masterarbeit von den Umfrageergebnissen abhängt.

Jeder Teilnehmer und Teilnehmerin soll sich bei dieser Umfrage angesprochen fühlen, sei es dass er/sie bereits Drogen konsumiert hat oder nicht. Bei der Umfrage geht es **ausschließlich** um Eure Meinung und Einschätzung zu der Drogenart der neuen psychoaktiven Substanzen.

Die Umfrage dauert **max. 11 Minuten** und ist daher auch mit einem kleinen Zeitaufwand (z. B. in einer Pause) schnell zu beantworten. Ich würde mich sehr freuen, wenn Ihr meine Umfrage ebenfalls an Eure Freunde und/oder Bekannten weiterleitet (z. B. via Facebook), um einen großen Personenkreis zu erreichen.

Die Umfrage ist anonym, sodass keine personenbezogenen Daten gespeichert werden!

Als **keines Dankeschön** für die Beantwortung des Fragebogens, habe ich mich entschieden als

- ersten Preis: Amazon Gutschein 100 €

- zweiten Preis: Amazon Gutschein 50 €

- dritter Preis: Amazon Gutschein 25 €

- vierter bis zum achten Platz: Gutschein a 5 €

zu verlosen. Die Anmeldung zum Gewinnspiel befindet sich auf der letzten Seite der Umfrage, sie *kann* aber muss nicht ausgefüllt werden!

Die Umfrage ist **bis zum 30.11.2014** aktiv.

Bei Fragen oder Anmerkungen, könnt Ihr mich sehr gerne unter siebler-umfrage@web.de kontaktieren.

Diese Umfrage enthält 52 Fragen.

Persönliche Angaben

Wie alt bist Du? *

In dieses Feld dürfen nur Zahlen eingegeben werden.
Jede Antwort muss mindestens 1 sein

Bitte geben Sie Ihre Antwort hier ein:

Welches Geschlecht hast Du? *

Bitte wählen Sie nur eine der folgenden Antworten aus:

○ weiblich

○ männlich

C

In welchem Bundesland wohnst du? *

Bitte wählen Sie nur eine der folgenden Antworten aus:

- ○ Baden- Württemberg
- ○ Bayern
- ○ Berlin
- ○ Brandenburg
- ○ Bremen
- ○ Hamburg
- ○ Hessen
- ○ Mecklenburg- Vorpommern
- ○ Niedersachsen
- ○ Nordrhein- Westfalen
- ○ Rheinland- Pfalz
- ○ Saarland
- ○ Sachsen- Anhalt
- ○ Sachsen
- ○ Schleswig- Holstein
- ○ Thüringen

Wie groß ist der Ort, in dem Du wohnst? *

Bitte wählen Sie nur eine der folgenden Antworten aus:

- ○ unter 20.000 Einwohner
- ○ 20.001 - 100.000 Einwohner
- ○ über 100.000 Einwohner

Bist Du Schüler/-in? *

Bitte wählen Sie nur eine der folgenden Antworten aus:

- ○ Ja
- ○ Nein

CI

Welche Schulform besuchst Du? *

Beantworten Sie diese Frage nur, wenn folgende Bedingungen erfüllt sind:
Antwort war 'Ja' bei Frage '5 [G1Q00005]' (Bist Du Schüler/-in?)

Bitte wählen Sie nur eine der folgenden Antworten aus:

- ○ Hauptschule
- ○ Realschule
- ○ Gymnasium
- ○ Integrierte Gesamtschule (IGS)
- ○ Förderschule
- ○ Waldorfschule
- ○ Berufsschule
- ○ wenn sonstiges, dann bitte kommentieren

Bitte schreiben Sie einen Kommentar zu Ihrer Auswahl

Welchen Schul- bzw. Hochschulabschluss hast Du? *

Beantworten Sie diese Frage nur, wenn folgende Bedingungen erfüllt sind:
Antwort war 'Nein' bei Frage '5 [G1Q00005]' (Bist Du Schüler/-in?)

Bitte wählen Sie nur eine der folgenden Antworten aus:

- ○ Hauptschulabschluss
- ○ Mittlere Reife (Realschulabschluss)
- ○ Abitur/ Fachabitur
- ○ Doktortitel
- ○ keinen Abschluss
- ○ Uni- und/oder FH- Abschluss

Wie ist Deine derzeitige Arbeitssituation? *

Beantworten Sie diese Frage nur, wenn folgende Bedingungen erfüllt sind:
Antwort war 'keinen Abschluss' oder 'Doktortitel' oder 'Mittlere Reife (Realschulabschluss)' oder 'Hauptschulabschluss' oder 'Umi- und/oder FH- Abschluss' oder 'Abitur/ Fachabitur' oder 'Uni- und/oder FH- Abschluss' bei Frage '7 (G1Q00007)' [Welchen Schul- bzw. Hochschulabschluss hast Du?)

Bitte wählen Sie nur eine der folgenden Antworten aus:

- ◯ Studium
- ◯ Selbständig
- ◯ Ausbildung/Lehre
- ◯ im Arbeitnehmerverhältnis
- ◯ im Beamtenverhältnis
- ◯ Hausfrau
- ◯ arbeitslos
- ◯ wenn sonstiges, dann bitte kommentieren

Bitte schreiben Sie einen Kommentar zu Ihrer Auswahl

Wie ist Dein Familienstand bzw. Partnerschaftssituation? *

Bitte wählen Sie nur eine der folgenden Antworten aus:

- ◯ ledig
- ◯ verheiratet
- ◯ in einer festen Beziehung
- ◯ verwitwet
- ◯ geschieden
- ◯ Eingetragene Lebenspartnerschaft

Hast Du Kinder? *

Bitte wählen Sie nur eine der folgenden Antworten aus:

- ◯ Ja
- ◯ Nein

Wie hast Du über die vorliegende Umfrage Kenntnis erlangt? *

Bitte wählen Sie nur eine der folgenden Antworten aus:

○ Freunde/Bekannte

○ allg. Schule (Haupt-, Realschule, Gymnasium)

○ Internet

○ Soziale Träger (z. B. Jugendamt, sonstige Beratungsstellen)

○ Hochschule über StudIP (internes Netz)

○ Krankenkassen

○ Sonstiges

○ Zeitung/Magazin

Konsumverhalten

Hast Du schon mal in Deinem Leben Drogen konsumiert? (Zigaretten, Alkohol ausgenommen)

(bitte auch bei dem einmaligen Zug an einem Joint die Frage mit Ja beantworten) *

Bitte wählen Sie nur eine der folgenden Antworten aus:

○ Ja

○ Nein

Hast Du schon mal neue psychoaktive Substanzen/Legal Highs ("Badezusätze", "Bongreiniger", Räuchermischungen oder Research Chemicals] synthetische psychoaktive Reinsubstanzen) oder ähnliches) konsumiert? *

Bitte wählen Sie nur eine der folgenden Antworten aus:

○ Ja

○ Nein

CV

Welche Drogen hast Du als erstes konsumiert? (Nur eine Benennung möglich) *

Beantworten Sie diese Frage nur, wenn folgende Bedingungen erfüllt sind:
Antwort war 'Ja' bei Frage '12 [G2Q00001]' (Hast Du schon mal in Deinem Leben Drogen konsumiert? (Zigaretten, Alkohol ausgenommen) (bitte auch bei dem einmaligen Zug an einem Joint die Frage mit Ja beantworten))

Bitte wählen Sie nur eine der folgenden Antworten aus:

- ○ Cannabis
- ○ Heroin
- ○ Medikamentenmissbrauch
- ○ Metamphetamine/Crystal
- ○ LSD
- ○ Amphetamine
- ○ Neue psychoaktive Substanzen
- ○ wenn sonstiges, dann bitte kommentieren

Bitte schreiben Sie einen Kommentar zu Ihrer Auswahl

Wann kamst Du mit neuen psychoaktiven Substanzen in Kontakt? *

Beantworten Sie diese Frage nur, wenn folgende Bedingungen erfüllt sind:
Antwort war 'Ja' bei Frage '13 [G2Q00002]' («Hast Du schon mal neue psychoaktive Substanzen/Legal Highs ("Badezusätze", "Bongreiniger", Räuchermischungen oder Research Chemicals] synthetische psychoaktive Reinsubstanzen] oder ähnliches) konsumiert?)

Bitte wählen Sie nur eine der folgenden Antworten aus:

- ○ **nach** dem Konsum von illegalen Drogen
- ○ **vor** dem Konsum von illegalen Drogen
- ○ Ich habe nur Legal Highs konsumiert

CVI

Durch wen bist Du als Erstes mit den neue psychoaktive Substanzen in kontakt gekommen? *

Beantworten Sie diese Frage nur, wenn folgende Bedingungen erfüllt sind:
Antwort war 'Ja' bei Frage '13 [G20Q00002]' (Hast Du schon mal neue psychoaktive Substanzen/Legal Highs ("Badezusätze", "Bongreiniger", Räuchermischungen oder Research Chemicals] synthetische psychoaktive Reinsubstanzen) oder ähnliches) konsumiert?)

Bitte wählen Sie nur eine der folgenden Antworten aus:

- ◯ Freunde
- ◯ Internet
- ◯ Arbeitskollegen
- ◯ Familie
- ◯ Messen
- ◯ in einem Drogeriegeschäft
- ◯ Headshops
- ◯ wenn Sonstiges, bitte kurz kommentieren

Bitte schreiben Sie einen Kommentar zu Ihrer Auswahl

Wie oft hast Du eine sogenannte Räuchermischung geraucht (z. B. Spice, Dream, Lava Red, Monkees go Bananas)? Bitte wählen Sie die zutreffende Antwort für jeden Punkt aus: *

Beantworten Sie diese Frage nur, wenn folgende Bedingungen erfüllt sind:
Antwort war 'Ja' bei Frage '13 [G20Q00002]' (Hast Du schon mal neue psychoaktive Substanzen/Legal Highs ("Badezusätze", "Bongreiniger", Räuchermischungen oder Research Chemicals] synthetische psychoaktive Reinsubstanzen) oder ähnliches) konsumiert?)

Bitte wählen Sie die zutreffende Antwort für jeden Punkt aus:

	1 - 5 Mal	5 - 10 Mal	häufiger als 10 Mal	keinmal
Anzahl an Gelegenheiten jemals im Leben	◯	◯	◯	◯
Anzahl an Gelegenheiten in den letzten 30 Tagen	◯	◯	◯	◯

Kreuze bitte die Räuchermischungen an, die Du bereits genommen haben: Um welche Produkte handelte es sich? (Mehrfachnennungen bitte in die Kommentarbox schreiben) *

Beantworten Sie diese Frage nur, wenn folgende Bedingungen erfüllt sind:
Antwort war 'häufiger als 10 Mal' oder '5 - 10 Mal' oder '1 - 5 Mal' bei Frage '17 (G2Q00006)' (Wie oft hast Du eine sogenannte Räuchermischung geraucht (z. B. Spice, Dream, Lava Red, Monkees go Bananas)? Bitte wählen Sie die zutreffende Antwort für jeden Punkt aus: (Anzahl an Gelegenheiten jemals im Leben))

Bitte wählen Sie nur eine der folgenden Antworten aus:

○ Spice Silber
○ Spice Gold
○ Spice Diamond
○ Sencation
○ Morning Star
○ Monkees go Bananas
○ Bonzai
○ Winter Bost
○ Smoke
○ Sence
○ Dream
○ eine Benennung ist nicht mehr möglich
○ bei sonstiges oder Mehrfachnennungen bitte die Kommentarbox verwenden

Bitte schreiben Sie einen Kommentar zu Ihrer Auswahl

Wie oft hast Du bisher ein anderes psychoaktives Produkt genommen (verkauft als "Badezusätze", "Pflanzendünger", "Bongreiniger", "Raumlufterfrischer" oder ähnliches)? *

Beantworten Sie diese Frage nur, wenn folgende Bedingungen erfüllt sind:
Antwort war 'Ja' bei Frage '13 [G2Q000002]' (Hast Du schon mal neue psychoaktive Substanzen/Legal Highs ("Badezusätze", "Bongreiniger", Räuchermischungen oder Research Chemicals] synthetische psychoaktive Reinsubstanzen] oder ähnliches] konsumiert?)

Bitte wählen Sie die zutreffende Antwort für jeden Punkt aus:

	keinmal	1 - 5 Mal	5 - 10 Mal	häufiger als 10 Mal
Anzahl an Gelegenheiten jemals im Leben	○	○	○	○
Anzahl an Gelegenheiten in den letzten 30 Tagen	○	○	○	○

Kreuze bitte die anderen psychoaktiven Produkte an, die Du bereits genommen hast.

Mehrfachbenennungen bitte in die Kommentarbox schreiben. *

Beantworten Sie diese Frage nur, wenn folgende Bedingungen erfüllt sind:
Antwort war "5 - 10 Mal" oder "1 - 5 Mal" oder "häufiger als 10 Mal" bei Frage '19 [G2Q000008]' (Wie oft hast Du bisher ein anderes psychoaktives Produkt genommen (verkauft als "Badezusätze", "Pflanzendünger", "Bongreiniger", "Raumlufterfrischer" oder ähnliches)? (Anzahl an Gelegenheiten jemals im Leben))

Bitte wählen Sie nur eine der folgenden Antworten aus:

○ Volt 220

○ Charge +

○ Raz

○ Crystal X

○ Kity Cat

○ Freedom

○ Explosion

○ Deuterium

○ Tritium

○ Protium

○ keinen Benennung mehr möglich

○ bei sonstiges oder Mehrfachbenennung bitte die Kommentarbox verwenden

Bitte schreiben Sie einen Kommentar zu Ihrer Auswahl

Wie oft hast Du bisher sogenannte Research Chemicals (synthetische psychoaktive Reinsubstanzen) konsumiert (z. B. Diementhocain, 5- APM, MDAU oder Mephedron)? *

Beantworten Sie diese Frage nur, wenn folgende Bedingungen erfüllt sind:

Antwort war 'Ja' bei Frage '13 [G2Q00002]' (Hast Du schon mal neue psychoaktive Substanzen/Legal Highs ["Badezusätze", "Bongreiniger", Räuchermischungen oder Research Chemicals] synthetische psychoaktive Reinsubstanzen] oder ähnliches) konsumiert?)

Bitte wählen Sie die zutreffende Antwort für jeden Punkt aus:

	keinmal	1 - 5 Mal	5 - 10 Mal	häufiger als 10 Mal
Anzahl an Gelegenheiten jemals im Leben	○	○	○	○
Anzahl an Gelegenheiten in den letzten 30 Tagen	○	○	○	○

Um welche Research Chemicals bzw. Reinsubstanzen handelte es sich dabei genau? *

Beantworten Sie diese Frage nur, wenn folgende Bedingungen erfüllt sind:
Antwort war "5 - 10 Mal" oder "1 - 5 Mal oder" häufiger als 10 Mal" bei Frage '21 [G2Q00010]r (Wie oft hast Du bisher sogenannte Research Chemicals (syntetische psychoaktive Reinsubstanzen) konsumiert (z. B. Dimenthrocain, 5- APM, MDAU oder Mephedron)? (Anzahl an Gelegenheiten jemals im Leben))

Bitte wählen Sie nur eine der folgenden Antworten aus:

- ( ) Methylon
- ( ) 4- fluoromethamphetamine
- ( ) 3,4-Methylendioxypyrovaleron (MDPV)
- ( ) Naphyron
- ( ) 2c-b
- ( ) 2c-e
- ( ) 2c-i
- ( ) AL-LAD
- ( ) MXE
- ( ) 5-MEO-DMT
- ( ) LSZ
- ( ) 4-ACO-DMT
- ( ) Methiopropamine
- ( ) Ethcathinon
- ( ) Flephedron (4-Fluormethcathinon, 4- FMC)
- ( ) Methedron (4- Methoxymethcathinon, PMMC)
- ( ) 4-Methylethcathinon (4-MEC)
- ( ) Metamfepramon
- ( ) MDAI
- ( ) Pyrovaleron
- ( ) Butylon
- ( ) wenn sonstiges, dann bitte in die Kommentarbox schreiben

Bitte schreiben Sie einen Kommentar zu Ihrer Auswahl

Wo hast Du das letzte Mal Räuchermischungen, andere psychoaktive Substanzen oder Research Chemicals konsumiert? *

Beantworten Sie diese Frage nur, wenn folgende Bedingungen erfüllt sind:
Antwort war 'Ja' bei Frage '13 [S32OG00602]' (Hast Du schon mal neue psychoaktive Substanzen/Legal Highs ("Badezusätze", "Bongreiniger", Räuchermischungen oder Research Chemicals) synthetische psychoaktive Reinsubstanzen] oder ähnliches) konsumiert?)

Bitte wählen Sie nur eine der folgenden Antworten aus:

- ○ bei Ihnen zuhause
- ○ bei Anderen zuhause
- ○ Straße/Park/ irgendwo draußen
- ○ Schule
- ○ Arbeitsplatz
- ○ Diskothek/Club/Party
- ○ Bar/Kneipe/Restaurant
- ○ wenn Sonstiges, bitte kommentieren

Bitte schreiben Sie einen Kommentar zu Ihrer Auswahl

Hast Du dich bisher über die neuen psychoaktiven Substanzen (Legal Highs) informiert? Bitte wähle die zutreffenden Antworten für jeden Punkt aus: *

Bitte wählen Sie die zutreffende Antwort für jeden Punkt aus:

	Gar nicht	selten	manchmal	häufig	sehr oft	keine Angaben
Online- Foren	○	○	○	○	○	○
Internetshops	○	○	○	○	○	○
Messen	○	○	○	○	○	○
Präventionswebseites	○	○	○	○	○	○
Internetsuchmaschinen	○	○	○	○	○	○
Fernsehen	○	○	○	○	○	○
Schule	○	○	○	○	○	○
Zeitschriften/Zeitungen	○	○	○	○	○	○
Freunde/Bekannte	○	○	○	○	○	○
Sonstiges	○	○	○	○	○	○

Wie wichtig sind/waren für Dich folgende Motive für den Konsum von Räuchermischungen, andere psychoaktiven Substanzen oder Research Chemicals?

Bitte wähle die zutreffenden Antworten für jeden Punkt aus: *

Beantworten Sie diese Frage nur, wenn folgende Bedingungen erfüllt sind:
Antwort war 'Ja' bei Frage '13 [G2Q00002]' (Hast Du schon mal neue psychoaktive Substanzen/Legal Highs ("Badezusätze", "Bongreniger", Räuchermischungen oder Research Chemicals] synthetische psychoaktive Reinsubstanzen] oder ähnliches) konsumiert?)

Bitte wählen Sie die zutreffende Antwort für jeden Punkt aus:

	Sehr unwichtig	unwichtig	teils-teils	wichtig	Sehr wichtig	keine Angaben
Neugierde	○	○	○	○	○	○
weil ich Probleme hatte/habe	○	○	○	○	○	○
Mutprobe	○	○	○	○	○	○
weil Freunde von mir es ebenfalls konsumieren	○	○	○	○	○	○
weil es legal erhältlich war/ist	○	○	○	○	○	○
um mich zu entspannen	○	○	○	○	○	○
weil die Wirkstoffe im Körper nicht nachweisbar sind	○	○	○	○	○	○
um einen Rausch zu erhalten	○	○	○	○	○	○
der Preis	○	○	○	○	○	○
Leistungs-/Konzentrationssteigerung	○	○	○	○	○	○

Wie würde Dein Substanzkonsum aussehen, wenn es es keine psychoaktiven Substanzen (Legal Highs) gäbe? *

Beantworten Sie diese Frage nur, wenn folgende Bedingungen erfüllt sind:
Antwort war 'Ja' bei Frage '13 [G2OQ00002]' (Hast Du schon mal neue psychoaktive Substanzen/Legal Highs ("Badezusätze", "Bongreiniger", Räuchermischungen oder Research Chemicals] synthetische psychoaktive Reinsubstanzen] oder ähnliches konsumiert?)

Bitte wählen Sie nur eine der folgenden Antworten aus:

○ Bis auf den Wegfall des Konsums dieser Substanzen würde sich nichts ändern

○ Ich würde vermutlich Cannabis rauchen bzw. mehr Cannabis rauchen

○ Ich würde vermutlich mehr Zigaretten rauchen

○ Ich würde vermutlich mehr andere illegale Drogen konsumieren

○ Ich würde vermutlich mehr Alkohol trinken

○ wenn Sonstiges, bitte kommentieren

Bitte schreiben Sie einen Kommentar zu Ihrer Auswahl

Wurdest Du bereits einmal (positiv oder negativ) auf den Konsum illegaler Drogen (Cannabis, oder ähnliches) getestet? *

Bitte wählen Sie nur eine der folgenden Antworten aus:

○ Ja

○ Nein

Wo wurdest Du getestet?

Beantworten Sie diese Frage nur, wenn folgende Bedingungen erfüllt sind:
Antwort war 'Ja' bei Frage '27 [G2Q00016]' ('Wurdest Du bereits einmal (positiv oder negativ) auf den Konsum illegaler Drogen (Cannabis, oder ähnliches) getestet?')

Bitte wählen Sie die zutreffende Antwort für jeden Punkt aus:

	Mindestens einmal negativ getestet	Mindestens einmal positiv getestet
Im Straßenverkehr (Schnelltest)	○	○
Im Straßenverkehr (Blutprobe)	○	○
im Zusammenhang mit einer Straftat (z. B. Körperverletzung)	○	○
Im Rahmen einer Medizinischen Psychologischen Untersuchung (MPU)	○	○
Im Betrieb	○	○
Im Rahmen sportlicher Aktivitäten (Dopingtest)	○	○
Sonstiges	○	○

Wie wurden die neue psychoaktive Substanzen konsumiert? *

Beantworten Sie diese Frage nur, wenn folgende Bedingungen erfüllt sind:
Antwort war 'Ja' bei Frage '13 [G2Q00002]' ('Hast Du schon mal neue psychoaktive Substanzen/Legal Highs ("Badezusätze", "Bongreiniger", "Räuchermischungen oder Research Chemicals] synthetische psychoaktive Reinsubstanzen] oder ähnliches konsumiert?')

Bitte wählen Sie nur eine der folgenden Antworten aus:

○ geraucht
○ nasal (über die Nase)
○ intravenös (gespritzt)
○ getrunken
○ wenn sonstiges, dann bitte kommentieren

Bitte schreiben Sie einen Kommentar zu Ihrer Auswahl

Wie alt warst Du, als du das erste Mal Legal Highs konsumiert hast? *

Beantworten Sie diese Frage nur, wenn folgende Bedingungen erfüllt sind:
Antwort war 'Ja' bei Frage '13 [G2Q00002]' (Hast Du schon mal neue psychoaktive Substanzen/Legal Highs ["Badezusätze", "Bongreiniger", Räuchermischungen oder Research Chemicals] synthetische psychoaktive Reinsubstanzen] oder ähnliches] konsumiert?)

In dieses Feld dürfen nur Zahlen eingegeben werden.

Bitte geben Sie Ihre Antwort hier ein.

Konsumrisiken

Wie schätzt Du folgende Risiken des Konsums von Räuchermischungen/Research Chemicals ein?

Bitte wähle die zutreffende Antwort für jeden Punkt aus: *

Bitte wählen Sie die zutreffende Antwort für jeden Punkt aus:

	Sehr gering	Eher gering	Mittel	Eher hoch	Sehr hoch	keine Angaben
Aktuelle gesundheitliche Probleme z.B. Herzrasen, Kopfschmerzen, Übelkeit	○	○	○	○	○	○
Angstzustände, "Horrortrips" oder ähnliches	○	○	○	○	○	○
Dauerhafte gesundheitliche Schäden	○	○	○	○	○	○
Strafverfolgung	○	○	○	○	○	○
Abhängig bzw. süchtig zu werden	○	○	○	○	○	○
Ärger in der Schule/ am Arbeitsplatz	○	○	○	○	○	○
Ärger mit Freunden/ Partner	○	○	○	○	○	○
Ärger mit Eltern	○	○	○	○	○	○
Verlust der sozialen Kontakte	○	○	○	○	○	○
Änderung von persönlichen Merkmalen (z. B aggressiv, ungeduld)	○	○	○	○	○	○

Wie schätzt Du folgende Risiken des Konsums von anderen psychoaktiven Substanzen ("Badesalze", "Düngerpillen", "Bongreiniger" oder ähnlichem) ein?

Bitte wähle die zutreffenden Antworten für jeden Punkt aus: *

Bitte wählen Sie die zutreffende Antwort für jeden Punkt aus:

	Sehr gering	Eher gering	Mittel	Eher hoch	Sehr hoch	Keine Angaben
Aktuelle gesundheitliche Probleme z. B. Herzrasen, Kopfschmerzen, Übelkeit	O	O	O	O	O	O
Angstzustände, "Horrortrips" oder ähnlichem	O	O	O	O	O	O
Dauerhafte gesundheitliche Schäden	O	O	O	O	O	O
Strafverfolgung	O	O	O	O	O	O
Abhängig bzw. süchtig zu werden	O	O	O	O	O	O
Ärger in der Schule/ am Arbeitsplatz	O	O	O	O	O	O
Ärger mit Freunden/ Partner	O	O	O	O	O	O
Ärger mit Eltern	O	O	O	O	O	O
Verlust der sozialen Kontakte	O	O	O	O	O	O
Änderung von persönlichen Merkmalen (z. B. aggressiv, ungeduld)	O	O	O	O	O	O

Hast Du folgende Nebenwirkungen nach dem Konsum von psychoaktiven Substanzen (Legal Highs) schon mal erlebt? *

Beantworten Sie diese Frage nur, wenn folgende Bedingungen erfüllt sind:
Antwort war 'Ja' bei Frage '13 [G2CQ00002]' (>Hast Du schon mal neue psychoaktive Substanzen/Legal Highs ("Badezusätze", "Bongreiniger", "Räuchermischungen oder Research Chemicals] synthetische psychoaktive Reinsubstanzen] oder ähnliches konsumiert?)

Bitte wählen Sie die zutreffende Antwort für jeden Punkt aus:

	Niemals	Einmal	Zweimal	3 - 4 Mal	Öfters als 5 Mal
Herzrasen	O	O	O	O	O
Kopfschmerzen	O	O	O	O	O
Übelkeit	O	O	O	O	O
Schweißausbrüche	O	O	O	O	O
Magenschmerzen	O	O	O	O	O
Kreislaufprobleme	O	O	O	O	O
Muskelkrämpfe	O	O	O	O	O
Bewußtlosigkeit	O	O	O	O	O
Angstzustände	O	O	O	O	O
Halluzinationen	O	O	O	O	O

Haben bestimmte Nebenwirkungen Dich davon abgehalten, bestimmte psychoaktiven Substanzen (Legal High)- Produkte weiterhin zu konsumieren? *

Beantworten Sie diese Frage nur, wenn folgende Bedingungen erfüllt sind:
Antwort war 'Ja' bei Frage '13 [G2Q00002]' (Hast Du schon mal neue psychoaktive Substanzen/Legal Highs ["Badezusätze", "Bongreiniger", Räuchermischungen oder Research Chemicals] synthetische psychoaktive Reinsubstanzen] oder ähnliches) konsumiert?)

Bitte wählen Sie nur eine der folgenden Antworten aus:

○ Ja
○ Nein

Hast Du Dich vor dem Konsum über Risiken eines Legal High- Produkts informiert? *

Beantworten Sie diese Frage nur, wenn folgende Bedingungen erfüllt sind:
Antwort war 'Ja' bei Frage '13 [G2Q00002]' (Hast Du schon mal neue psychoaktive Substanzen/Legal Highs ["Badezusätze", "Bongreiniger", Räuchermischungen oder Research Chemicals] synthetische psychoaktive Reinsubstanzen] oder ähnliches) konsumiert?)

Bitte wählen Sie nur eine der folgenden Antworten aus:

○ nein
○ wenn ja, dann bitte kommentieren über welches Produkt Du Dich informiert haben

Bitte schreiben Sie einen Kommentar zu Ihrer Auswahl

Würdest Du bezüglich dem Thema psychoaktiven Substanzen (Legal Highs), vor dem eigentlichen Konsum, durch die nachfolgende Einrichtungen aufgeklärt?

Bitte wählen Sie die zutreffende Antwort für jeden Punkt aus: *

Beantworten Sie diese Frage nur, wenn folgende Bedingungen erfüllt sind:
Antwort war 'nach dem Konsum von illegalen Drogen' oder 'ich habe nur Legal Highs konsumiert' bei Frage '15 [G2QO0004]'
(Wann kamst Du mit neuen psychoaktiven Substanzen in Kontakt?)

Bitte wählen Sie die zutreffende Antwort für jeden Punkt aus:

	ja	nein
Familie	◯	◯
Schule	◯	◯
Freunde	◯	◯
Drogenberatung	◯	◯
Arbeitsstätte	◯	◯
Präventionsprogramme	◯	◯
der Polizei	◯	◯
Arbeitskollegen	◯	◯
Universität/	◯	◯
Fachhochschule	◯	◯
Sonstiges	◯	◯

Führte der Konsum von psychoaktiven Substanzen/Räuchermischungen oder Research Chemicals dazu, dass Du nicht unter anderem zur Arbeit oder Schule ... gehen konntest? *

Beantworten Sie diese Frage nur, wenn folgende Bedingungen erfüllt sind:
Antwort war 'Ja' bei Frage '13 [G2QO0002]' (Hast Du schon mal neue psychoaktive Substanzen/Legal Highs ("Badezusätze", "Bongreiniger", "Räuchermischungen oder Research Chemicals) synthetische psychoaktive Reinsubstanzen] oder ähnliches) konsumiert?)

Bitte wählen Sie nur eine der folgenden Antworten aus

◯ Ja
◯ Nein

Wie lange warst du krank wegen dem Konsum von psychoaktiven Substanzen/Räuchermischungen oder Research Chemicals? *

Beantworten Sie diese Frage nur, wenn folgende Bedingungen erfüllt sind:
Antwort war 'Ja' bei Frage '37 [b01]' (Führte der Konsum von psychoaktiven Substanzen/Räuchermischungen oder Research Chemicals dazu, dass Du nicht unter anderem zur Arbeit oder Schule ... gehen konntest?)

Bitte wählen Sie nur eine der folgenden Antworten aus:

◯ 1 Tag
◯ 2-3 Tage
◯ 4 bis 7 Tage
◯ 8 bis 14 Tage
◯ Über 15 Tage
◯ keine Angaben

Musstest du nach einem Konsum von psychoaktiven Substanzen stationär im Krankenhaus aufgenommen werden? *

Beantworten Sie diese Frage nur, wenn folgende Bedingungen erfüllt sind:
Antwort war 'Ja' bei Frage '13 [G32Q00O002]' (Hast Du schon mal neue psychoaktive Substanzen/Legal Highs ("Badezusätze", "Bongreiniger", Räuchermischungen oder Research Chemicals] synthetische psychoaktive Reinsubstanzen] oder ähnliches) konsumiert?)

Bitte wählen Sie nur eine der folgenden Antworten aus:

○ Ja
○ Nein

Wie lange warst du in stationärer Behandlung?

Beantworten Sie diese Frage nur, wenn folgende Bedingungen erfüllt sind:
Antwort war 'Ja' bei Frage '39 [b00]' (Musstest du nach einem Konsum von psychoaktiven Substanzen stationär im Krankenhaus aufgenommen werden?)

Bitte wählen Sie nur eine der folgenden Antworten aus:

○ 1 Tag
○ 2-3 Tage
○ 4-7 Tage
○ über 8 Tage

Warst du schon ein mal wegen dem Konsum von Legal-High Produkten in therapeutischer Behandlung? *

Beantworten Sie diese Frage nur, wenn folgende Bedingungen erfüllt sind:
Antwort war 'Ja' bei Frage '13 [G32Q00O002]' (Hast Du schon mal neue psychoaktive Substanzen/Legal Highs ("Badezusätze", "Bongreiniger", Räuchermischungen oder Research Chemicals] synthetische psychoaktive Reinsubstanzen] oder ähnliches) konsumiert?)

Bitte wählen Sie nur eine der folgenden Antworten aus:

○ Ja
○ Nein

Hattest du eine therapeutisch-stationäre Behandlung durchlaufen? *

Beantworten Sie diese Frage nur, wenn folgende Bedingungen erfüllt sind:
Antwort war 'Ja' bei Frage '41 [b999/99]' (Warst du schon ein mal wegen dem Konsum von Legal-High Produkten in therapeutischer Behandlung?)

Bitte wählen Sie nur eine der folgenden Antworten aus:

○ Ja
○ Nein

Wie lange dauerte dein längster stationäre therapeutische Aufenthalt? *

Beantworten Sie diese Frage nur, wenn folgende Bedingungen erfüllt sind:
Antwort war 'Ja' bei Frage '42 [b10]' (Hattest du eine therapeutisch-stationäre Behandlung durchlaufen?)

Bitte wählen Sie nur eine der folgenden Antworten aus:

○ bis 1 Woche

○ 1 bis 3 Wochen

○ 4 bis 8 Wochen

○ über 8 Wochen

Verfügbarkeit von psychoaktiven Substanzen

Wo kaufst oder bekommst Du meistens Deine Räuchermischungen? *

Beantworten Sie diese Frage nur, wenn folgende Bedingungen erfüllt sind:
Antwort war 'keinmal' oder '5 - 10 Mal' oder '1 - 5 Mal' bei Frage '17 [G2Q0O006]' (Wie oft hast Du eine sogenannte
Räuchermischung geraucht (z. B. Spice, Dream, Lava Red, Monkees go Bananas)? Bitte wählen Sie die zutreffende Antwort
für jeden Punkt aus: (Anzahl an Gelegenheiten jemals im Leben))

Bitte wählen Sie nur eine der folgenden Antworten aus:

- ○ von Freunden/Bekannten
- ○ im Internet/Onlineshop aus Deutschland
- ○ im Internet/Onlineshop aus Europa
- ○ im Internet/Onlineshop aus Asien
- ○ persönlicher Erwerb im Ausland
- ○ in einem Headshop
- ○ wenn Sonstiges, dann bitte kommentieren

Bitte schreiben Sie einen Kommentar zu Ihrer Auswahl

Wo kaufst oder bekommst Du meistens Deine psychoaktiven Substanzen ("Badesalze", "Düngerpillen" etc.)? *

Beantworten Sie diese Frage nur, wenn folgende Bedingungen erfüllt sind:
Antwort war 'häufiger als 10 Mal' oder '5 - 10 Mal' oder '1 - 5 Mal' bei Frage '19 [G2Q00008]' (Wie oft hast Du bisher ein anderes psychoaktives Produkt genommen (verkauft als "Badezusätze", "Pflanzendünger", "Bongreiniger", "Raumlufterfrischer" oder ähnliches)? (Anzahl an Gelegenheiten jemals im Leben))

Bitte wählen Sie nur eine der folgenden Antworten aus:

○ Drogerie

○ von Freunden/Bekannten

○ Arbeitskollegen

○ in einem Headshop

○ persönlicher Erwerb im Ausland

○ im Internet/Onlineshop aus Deutschland

○ im Internet/Onlineshop aus Europa

○ im Internet/Onlineshop aus Asien

○ wenn Sonstiges, dann bitte kommentieren

Bitte schreiben Sie einen Kommentar zu Ihrer Auswahl

Wo kaufst oder bekommst Du meistens Deine Research Chemicals?

Bitte wählen Sie alle zutreffenden Antworten aus: *

Beantworten Sie diese Frage nur, wenn folgende Bedingungen erfüllt sind:
Antwort war '1 - 5 Mal' oder '5 - 10 Mal' oder 'häufiger als 10 Mal' bei Frage '21 [G2Q000101]' ('Wie oft hast Du bisher sogenannte Research Chemicals (synthetische psychoaktive Reinsubstanzen) konsumiert (z. B. Diamenthocain, 5- APM, MDAU oder Mephedron)? (Anzahl an Gelegenheiten jemals im Leben))'

Bitte wählen Sie nur eine der folgenden Antworten aus:

○ von Freunden/Bekannten

○ in einem Headshop

○ im Internet/Onlineshop aus Deutschland

○ im Internet/Onlineshop aus Europa

○ im Internet/Onlineshop aus Asien

○ persönlicher Erwerb im Ausland

○ direkt online beim Hersteller

○ wenn Sonstiges, dann bitte kommentieren

Bitte schreiben Sie einen Kommentar zu Ihrer Auswahl

Wie wird der Konsum von psychokativen Substanzen (Legal High)/ Research Chemicals/ Räuchermischungen finanziert? *

Beantworten Sie diese Frage nur, wenn folgende Bedingungen erfüllt sind:
Antwort war 'Ja' bei Frage '13 [G2Q00002]' ('Hast Du schon mal neue psychoaktive Substanzen/Legal Highs ("Badezusätze", "Bongreiniger", Räuchermischungen oder Research Chemicals) synthetische psychoaktive Reinsubstanzen] oder ähnliches konsumiert?')

Bitte wählen Sie nur eine der folgenden Antworten aus:

○ durch legale Mittel

○ durch illegale Mittel (z. B. Straftaten, pp.)

Welche legalen Mittel werden zum Erwerb eingesetzt? Ich erinnere nochmal, die Umfrage ist anonym! *

Beantworten Sie diese Frage nur, wenn folgende Bedingungen erfüllt sind:
Antwort war 'durch legale Mittel' bei Frage '47 [G4Q00004]' (Wie wird der Konsum von psychokativen Substanzen (Legal High)/Research Chemicals/ Räuchermischungen finanziert?)

Bitte wählen Sie nur eine der folgenden Antworten aus:

- ○ Taschengeld
- ○ geliehenes Geld von Freunden
- ○ durch Sachtausch
- ○ eigenes Geld
- ○ Anschreiben lassen beim Verkäufer

Bitte schreiben Sie einen Kommentar zu Ihrer Auswahl

Soll nach Deiner Meinung der Besitz sowie der Konsum von psychoaktiven Substanzen (Legal High)- Produkten unter Strafe gestellt werden? *

Bitte wählen Sie nur eine der folgenden Antworten aus:

- ○ Ja
- ○ Nein
- ○ Egal
- ○ keine Angaben

Bewertung des Fragebogens

Warst Du mit der Befragung zufrieden?

Bitte in jedem Bereich antworten *

Bitte wählen Sie die zutreffende Antwort für jeden Punkt aus:

	stimmt	teils- teils	stimmt nicht
Länge des Fragebogens war angemessen	○	○	○
Die Fragen waren verständlich	○	○	○

Hast Du sonstige Anmerkungen zu dem Fragebogen?

Bitte geben Sie Ihre Antwort hier ein.

Gewinnspiel

Als keines Dankeschön für die Beantwortung des Fragebogens habe ich mich entschieden als

- ersten Preis: Amazon Gutschein 100 €

- zweiten Preis: Amazon Gutschein 50 €

- dritter Preis: Amazon Gutschein 25 €

- vierter bis achter Preis: Amazon Gutschein a` 5 €

zu verlosen. Die Voraussetzung ist jedoch, dass Ihr auf dieser Seite Eure E-Mailadresse eintragt, damit ich Kontakt zu Euch aufnehmen kann, wenn Ihr gewonnen haben solltet. Die E-Mailanschriften werden seperat von der eigentlichen Umfrage aufbewahrt, sodass eine Zuordnung der Fragen nicht möglich ist.

Bitte geben Sie Ihre Antwort hier ein:

Ich möchte mich sehr herzlich bei Dir bedanken, dass Du an dieser Umfrage mitgewirkt hast.

Möchten Deine Freunde ebenfalls bei der Umfrage und bei dem Gewinnspiel mitmachen, dann druck einfach die vorliegende Seite aus und händige Sie deinem Freund oder Freundin aus. Über **http://tinyurl.com/nnr9au2** gelangt sie/er zu dieser Umfrage.

Bezüglich des Gewinners des Gewinnspiels, vorausgesetzt Du hast Deine Emailadresse hinterlassen, werde ich Dich Anfang 2015 in Kenntnis setzen.

Wenn Ihr euch über das Thema psychoaktive Substanzen (Legal Highs) weiter informieren möchtet kann ich die nachfolgenden Seiten empfehlen:

- https://www.elternberatung-sucht.de/legal-highs

- http://www.drogenbeauftragte.de/drogen-und-sucht/illegale-drogen/heroin-und-andere-drogen/neue-psychoaktive-substanzen.html

- http://www.aerzteblatt.de/pdf/111/9/m139.pdf

02.11.2014 – 00:00

Übermittlung Ihres ausgefüllten Fragebogens:
Vielen Dank für die Beantwortung des Fragebogens.

CXXX

7.2 Fragebogen (Vergleichsschule)

Persönliche Angaben

1. Wie alt bist Du? *

In diesem Feld dürfen nur Zahlen eingegeben werden.
Jede Antwort muss mindestens 1 sein.

Bitte geben Sie Ihre Antwort hier ein:

2. Welches Geschlecht hast Du? *

Bitte wählen Sie nur eine der folgenden Antworten aus:

○ weiblich
○ männlich

3. In welchem Bundesland wohnst du? *

Bitte wählen Sie nur eine der folgenden Antworten aus:

○ Baden-Württemberg
○ Bayern
○ Berlin
○ Brandenburg
○ Bremen
○ Hamburg
○ Hessen
○ Mecklenburg-Vorpommern
○ Niedersachsen
○ Nordrhein-Westfalen
○ Rheinland-Pfalz
○ Saarland
○ Sachsen-Anhalt
○ Sachsen
○ Schleswig-Holstein
○ Thüringen

4. **Wie groß ist der Ort, in dem Du wohnst?** *

Bitte wählen Sie nur eine der folgenden Antworten aus:

○ unter 20.000 Einwohner
○ 20.001 - 100.000 Einwohner
○ über 100.000 Einwohner

5. **Bist Du Schüler/-in?** *

Bitte wählen Sie nur eine der folgenden Antworten aus:

○ Ja
○ Nein

6. **Welche Schulform besuchst Du?** *

Bitte wählen Sie nur eine der folgenden Antworten aus:

○ Hauptschule
○ Realschule
○ Gymnasium
○ Integrierte Gesamtschule (IGS)
○ Förderschule
○ Waldorfschule
○ Berufsschule
○ wenn sonstiges, dann bitte kommentieren

Bitte schreiben Sie einen Kommentar zu Ihrer Auswahl

Konsumverhalten

7. Hast Du schon mal in Deinem Leben Drogen konsumiert? (Zigaretten, Alkohol ausgenommen)

(bitte auch bei dem einmaligen Zug an einem Joint die Frage mit "Ja beantworten") *

Bitte wählen Sie nur eine der folgenden Antworten aus:

○ Ja
○ Nein

8. Hast Du schon mal neue psychoaktive Substanzen/Legal Highs ("Badezusätze", "Bongreiniger", "Räuchermischungen oder Research Chemicals] synthetische psychoaktive Reinsubstanzen] oder ähnliches) konsumiert? *

Bitte wählen Sie nur eine der folgenden Antworten aus:

○ Ja
○ Nein

9. Welche Drogen hast Du als erstes konsumiert? (Nur eine Benennung möglich) *

Beantworten Sie diese Frage nur, wenn folgende Bedingungen erfüllt sind:
Antwort war 'Ja' bei Frage '7.' [! Hast Du schon mal in Deinem Leben Drogen konsumiert? (Zigaretten, Alkohol ausgenommen) (bitte auch bei dem einmaligen Zug an einem Joint die Frage mit "Ja beantworten)]

Bitte wählen Sie nur eine der folgenden Antworten aus:

○ Cannabis
○ Heroin
○ Medikamentenmissbrauch
○ Metamphetamine/Crystal
○ LSD
○ Amphetamine
○ Neue psychoaktive Substanzen
○ wenn sonstige, dann bitte kommentieren

Bitte schreiben Sie einen Kommentar zu Ihrer Auswahl

CXXXIII

10.

Wenn kannst Du mit neuen psychoaktiven Substanzen in Kontakt? *

Beantworten Sie diese Frage nur, wenn folgende Bedingungen erfüllt sind:
Antwort war "Ja" bei Frage *__9__* (Hast Du schon mal neue psychoaktive Substanzen und Legal Highs ("Badesalze", "Bongadünger", "Räuchermischungen oder Research Chemicals), synthetische psychoaktive "Badesalze" oder Kräuter) konsumiert?)

Bitte wählen Sie nur eine der folgenden Antworten aus:

○ noch kein Konsum von illegalen Drogen
○ bei dem Konsum von illegalen Drogen
○ Ich habe nur Legal Highs konsumiert

11.

Durch wen bist Du als Erstes mit den neuen psychoaktiven Substanzen in Kontakt gekommen? *

Beantworten Sie diese Frage nur, wenn folgende Bedingungen erfüllt sind:
Antwort war "Ja" bei Frage *__9__* (Hast Du schon mal neue psychoaktive Substanzen und Legal Highs ("Badesalze", "Bongadünger", "Räuchermischungen oder Research Chemicals), synthetische psychoaktive "Badesalze" oder Kräuter) konsumiert?)

Bitte wählen Sie nur eine der folgenden Antworten aus:

○ Freunde
○ Internet
○ Arbeitskollegen
○ Familie
○ Medien
○ in einem Drogengeschäft
○ Headshops
○ wenn Sonstiges, bitte kurz kommentieren

Bitte schreiben Sie einen Kommentar zu Ihrer Auswahl:

12.

Wie oft hast Du eine sogenannte Räuchermischung geraucht (z. B. Spice, Dream, Lava Red, Monkees go Bananas)? Bitte wählen Sie die zutreffende Antwort für jeden Punkt aus: *

Beantworten Sie diese Frage nur, wenn folgende Bedingungen erfüllt sind:
Antwort war "Ja" bei Frage *__9__* (Hast Du schon mal neue psychoaktive Substanzen und Legal Highs ("Badesalze", "Bongadünger", "Räuchermischungen oder Research Chemicals), synthetische psychoaktive "Badesalze" oder Kräuter) konsumiert?)

Bitte wählen Sie die zutreffende Antwort für jeden Punkt aus:

	1 - 5 Mal	5 - 10 Mal	häufiger als 10 Mal	niemal
Anzahl an Gelegenheiten jemals im Leben	○	○	○	○
Anzahl an Gelegenheiten in den letzten 30 Tagen	○	○	○	○

13.

Kreuze bitte die Räuchermischungen an, die Du bereits genommen hast: Um welche Produkte handelte es sich? (Mehrfachnennungen bitte in die Kommentarbox schreiben). *

Beantworten Sie diese Frage nur, wenn folgende Bedingungen erfüllt sind:
Antwort war "häufiger als 10 Mal" oder "5 - 10 Mal" zuletzt" - & Mal bei Frage 12

(Wie oft hast Du eine sogenannte Räuchermischung genommt (z. B. Spice, Dream, Lava Red, Monkees go Bananas? Bitte wählen Sie die zutreffende Antwort für jeden Punkt aus (Anzahl an Gelegenheiten jeweils im Leben))

Bitte wählen Sie nur eine der folgenden Antworten aus:

- ◯ Spice Silber
- ◯ Spice Gold
- ◯ Spice Diamond
- ◯ Sensation
- ◯ Morning Star
- ◯ Monkees go Bananas
- ◯ Bonzai
- ◯ Winter Boost
- ◯ Smoke
- ◯ Sence
- ◯ Dream
- ◯ eine Benennung ist nicht mehr möglich
- ◯ be sonstiges oder Mehrfachnennungen bitte die Kommentarbox verwenden

Bitte schreiben Sie einen Kommentar zu Ihrer Auswahl

14.

Wie oft hast Du bisher ein anderes psychoaktives Produkt genommen (verkauft als "Badezusätze", "Pflanzendünger", "Bongreiniger", "Raumlufterfrischer" oder ähnliches)? *

Beantworten Sie diese Frage nur, wenn folgende Bedingungen erfüllt sind:
Antwort war "Ja" bei Frage 9

(Hast Du schon mal neue psychoaktive Substanzen/Legal Highs ("Badezusätze", "Bongreiniger", "Raumreiniger", Räuchermischungen oder Research Chemicals), analkoste psychoaktive Reinsubstanzen) oder Blüstiers) konsumiert?)

Bitte wählen Sie die zutreffende Antwort für jeden Punkt aus:

	niemals	1 - 5 Mal	5 - 10 Mal	häufiger als 10 Mal
Anzahl an Gelegenheiten jemals im Leben	◯	◯	◯	◯
Anzahl an Gelegenheiten in den letzten 30 Tagen	◯	◯	◯	◯

CXXXV

15. Kreuze bitte die anderen psychoaktiven Produkten an, die Du bereits genommen hast.

Mehrfachbenennungen bitte in die Kommentarbox schreiben. *

Beantworten Sie diese Frage nur, wenn folgende Bedingungen erfüllt sind:
Antwort war '5 - 10 Mal' oder 'häufiger als 10 Mal' bei Frage 14

(Wie oft hast Du bisher ein anderes psychoaktives Produkt genommen (verkauft als "Badesalze", "Pflanzendünger", "Düngerpilze", "Raumlufterfrischer" oder Ähnliche)? (Anzahl an Gelegenheiten ganz es im Leben))

Bitte wählen Sie nur eine der folgenden Antworten aus:

○ Volt 229
○ Charge +
○ Raz
○ Crystal X
○ KeyCat
○ Freedom
○ Explosion
○ Daydream
○ Tritium
○ Posture
○ keinen Benennung mehr möglich
○ bei sonstiges oder Mehrfachbenennung bitte die Kommentarbox verwenden

Bitte schreiben Sie einen Kommentar zu Ihre Auswahl

16. Wie oft hast Du bisher sogenannte Research Chemicals (synthetische psychoaktive Reinsubstanzen) konsumiert (z. B. Dimenthocain, 5- APH, MDAU oder Mephedron)? *

Beantworten Sie diese Frage nur, wenn folgende Bedingungen erfüllt sind:
Antwort war 'Ja' bei Frage 8

(Hast Du schon mal reine psychoaktive Substanzen/Legal Highs ("Badesalze", "Pflanzendünger", "Düngerpilze", "Raumlufterfrischer" oder Research Chemicals) gelöst/ohne psychoaktive Reinsubstanz) oder Ähnliche) konsumiert?)

Bitte wählen Sie die zutreffende Antwort für jeden Punkt aus.

	keinmal	1 - 5 Mal	5 - 10 Mal	häufiger als 10 Mal
Anzahl an Gelegenheiten jemals im Leben	○	○	○	○
Anzahl an Gelegenheiten in den letzten 30 Tagen	○	○	○	○

17. Um welche Research Chemicals bzw. Reinsubstanzen handelte es sich dabei genau? *

Beantworten Sie diese Frage nur, wenn folgende Bedingungen erfüllt sind:
Antwort war '5 – 10 Mal' oder '1-5 Mal' oder 'häufiger als 10 Mal bei Frage' ___16___ (Wie oft hast Du bisher sogenannte Research Chemicals [synthetische psychoaktive Reinsubstanzen] konsumiert.); 8. Clonentriazin, 5- APN, MDAU oder Mephedrin]? (Anzahl an Gelegenheiten, gemalt im Leben])

Bitte wählen Sie nur eine der folgenden Antworten aus:

○ Methylon
○ 4-fluoromethcathinone
○ 3,4-Methylendioxypyrovaleron (MDPV)
○ Nephyron
○ 2cb
○ 2ce
○ 2ci
○ AL-LAD
○ MXE
○ 1-MEO-DMT
○ LSZ
○ 4-ACO-DMT
○ Methoxpramine
○ Etizathinon
○ Flephedron (4-Fluoromethcathinon, 4-FMC)
○ Methadron (4-Methoxymethcathinon, PMMC)
○ 4-Methylethcathon (4-MEC)
○ Methamfetamin
○ MDAI
○ Pyrovaleron
○ Butylon
○ wenn sonstiges, dann bitte in die Kommentarbox schreiben

Bitte schreiben Sie einen Kommentar zu Ihrer Auswahl

18. Wo hast Du das letzte Mal das Räuchermischungen, andere psychoaktive Substanzen oder Research Chemicals konsumiert? *

Beantworten Sie diese Frage nur, wenn folgende Bedingungen erfüllt sind:
Antwort war [Ja] bei Frage '   9   ' [Hast Du schon mal neue psychoaktive Substanzen(Legal Highs ("Räuchermischung", "Badesalz", "Reiniger", "Blumendünger", "Research Chemicals", synthetische psychoaktive Reinsubstanzen) oder Ähnliches) konsumiert?]

Bitte wählen Sie nur eine der folgenden Antworten aus:

- ○ bei Ihnen zuhause
- ○ bei Anderen zuhause
- ○ Straße/Park/ irgendwo draußen
- ○ Schule
- ○ Arbeitsplatz
- ○ Diskothek/Club/Party
- ○ Bar/Kneipe/Restaurant
- ○ wenn Sonstiges, bitte konkretisieren

Bitte schreiben Sie einen Kommentar zu Ihrer Auswahl

19. Hast Du Dich bisher über die neuen psychoaktiven Substanzen (Legal Highs) informiert? Bitte wähle die zutreffenden Antworten für jeden Punkt aus: *

Bitte wählen Sie die zutreffende Antwort für jeden Punkt aus.

	Gar nicht	selten	manchmal	häufig	sehr oft	keine Angaben
Online- Foren	○	○	○	○	○	○
Internetshops	○	○	○	○	○	○
Medien	○	○	○	○	○	○
Präventionsveranstaltungen	○	○	○	○	○	○
Internetsuchmaschinen	○	○	○	○	○	○
Fernsehen	○	○	○	○	○	○
Schule	○	○	○	○	○	○
Zeitschriften/Zeitungen	○	○	○	○	○	○
Freunde/Bekannte	○	○	○	○	○	○
Sonstiges	○	○	○	○	○	○

CXXXVIII

20.

Wie wichtig sind/waren für Dich folgende Motive für den Konsum von Räuchermischungen, andere psychoaktiven Substanzen oder Research Chemicals? Bitte wähle die zutreffenden Antworten für jeden Punkt aus: *

Beantworten Sie diese Frage nur, wenn folgende Bedingungen erfüllt sind:
Antwort war `ja` bei Frage `2` (Hast Du schon mal neue psychoaktive Substanzen[Legal Highs ("Räuchermischung", "Badesalz", "Bongenger", "Räuchermischungen oder Research Chemicals), synthetische psychoaktive Reinsubstanzen] oder ähnliches) konsumiert?)

Bitte wählen Sie die zutreffende Antwort nur jeden Punkt aus:

	Sehr unwichtig	unwichtig	teils-teils	wichtig	Sehr wichtig	keine Angaben
Neugierde	○	○	○	○	○	○
weil ich Probleme habe/hatte	○	○	○	○	○	○
Mutprobe	○	○	○	○	○	○
weil Freunde von mir es ebenfalls konsumieren	○	○	○	○	○	○
weil es legal erhältlich war/ist	○	○	○	○	○	○
um mich zu entspannen	○	○	○	○	○	○
weil die Wirkstoffe im Körper nicht nachweisbar sind	○	○	○	○	○	○
um einen Rausch zu erleben	○	○	○	○	○	○
der Preis	○	○	○	○	○	○
Leistungs-/Konzentrationssteigerung	○	○	○	○	○	○

21.

Wie würde Dein Substanzkonsum aussehen, wenn es keine psychoaktiven Substanzen (Legal Highs) gäbe? *

Beantworten Sie diese Frage nur, wenn folgende Bedingungen erfüllt sind:
Antwort war `ja` bei Frage `2` (Hast Du schon mal neue psychoaktive Substanzen[Legal Highs ("Räuchermischung", "Bongenger", "Räuchermischungen oder Research Chemicals), synthetische psychoaktive Reinsubstanzen] oder ähnliches) konsumieren?)

Bitte wählen Sie nur eine der folgenden Antworten aus:

○ Es an den Wegfall des Konsums dieser Substanzen würde sich nichts ändern
○ Ich würde vermutlich Cannabis rauchen bzw. mehr Cannabis rauchen
○ Ich würde vermutlich mehr Zigaretten rauchen
○ Ich würde vermutlich mehr andere illegale Drogen konsumieren
○ Ich würde vermutlich mehr Alkohol trinken
○ wenn Sonstiges, bitte konsumieren

Bitte schreiben Sie einen Kommentar zu Ihrer Auswahl:

[   ]

22.

Würdest Du bereits einmal (positiv oder negativ) auf den Konsum illegaler Drogen (Cannabis oder ähnliches) getestet? *

Bitte wählen Sie nur eine der folgenden Antworten aus:

○ Ja
○ Nein

23.

Wo wurdest Du getestet?

Beantworten Sie diese Frage nur, wenn folgende Bedingungen erfüllt sind:
Antwort war "Ja" bei Frage " 22 " (Wurdest Du bereits einmal (positiv oder negativ) auf den Konsum illegaler Dingen (Cannabis oder Ähnliches) getestet?)

Bitte wählen Sie die zutreffende Antwort für jeden Punkt aus:

	Mindestens einmal negativ getestet	Mindestens einmal positiv getestet	Keine Angaben
Im Straßenverkehr (Schnelltest)	○	○	○
Im Straßenverkehr (Bluttest/Urin)	○	○	○
Im Zusammenhang mit einer Straftat (z. B. Körperverletzung)	○	○	○
Im Rahmen einer medizinischen Psychologischen Untersuchung (MPU)	○	○	○
Im Betrieb	○	○	○
Im Rahmen sportlicher Aktivitäten (Dopingtest)	○	○	○
Sonstiges	○	○	○

24.

Wie wurden die neuen psychoaktiven Substanzen konsumiert? *

Beantworten Sie diese Frage nur, wenn folgende Bedingungen erfüllt sind:
Antwort war "Ja" bei Frage " 8 " (Hast Du schon mal neue psychoaktive Substanzen ("Legal Highs ("Badesalze" "Badezusätze" "Bongreiniger", Räuchermischungen oder Research Chemicals) synthetische psychomotore Reinsubstanz) oder ähnliches) konsumiert?)

Bitte wählen Sie nur eine der folgenden Antworten aus:

○ geraucht
○ nasal (über die Nase)
○ intraorale (geschluckt)
○ getrunken
○ wenn sonstiges, dann bitte kommentieren

Bitte schreiben Sie einen Kommentar zu Ihrer Auswahl

25.

Wie alt warst Du, als du das erste Mal Legal Highs konsumiert hast? *

Beantworten Sie diese Frage nur, wenn folgende Bedingungen erfüllt sind:
Antwort war "Ja" bei Frage " 8 " (Hast Du schon mal neue psychoaktive Substanzen ("Legal Highs ("Badesalze", "Badezusätze", "Bongreiniger", Räuchermischungen oder Research Chemicals) synthetische psychomotore Reinsubstanz) oder ähnliches) konsumiert?)

In dieses Feld dürfen nur Zahlen eingegeben werden.

Bitte geben Sie Ihre Antwort hier ein:

Konsumrisiken

26. Wie schätzt Du folgende Risiken des Konsums von Räuchermischungen/Research Chemicals ein?

Bitte wähle die zutreffende Antwort für <u>jeden</u> Punkt aus: *

Bitte wählen Sie die zutreffende Antwort für jeden Punkt aus:

	Sehr gering	Eher gering	Mittel	Eher hoch	Sehr hoch	keine Angaben
Aktuelle gesundheitliche Probleme, z.B. Herzrasen, Kopfschmerzen, Übelkeit	○	○	○	○	○	○
Angstzustände, "Horrortrips" oder ähnliches	○	○	○	○	○	○
Dauerhafte gesundheitliche Schäden	○	○	○	○	○	○
Strafverfolgung	○	○	○	○	○	○
Abhängig bzw. süchtig zu werden	○	○	○	○	○	○
Ärger in der Schule/ am Arbeitsplatz	○	○	○	○	○	○
Ärger mit Freunden/ Partner	○	○	○	○	○	○
Ärger mit Eltern	○	○	○	○	○	○
Verlust der sozialen Kontakte	○	○	○	○	○	○
Änderung von persönlichen Merkmalen (z.B. aggressiv, ungepflegt)	○	○	○	○	○	○

27. Wie schätzt Du folgende Risiken des Konsums von anderen psychoaktiven Substanzen ("Badesalze", "Düngerpillen", "Bongreiniger" oder ähnlichem) ein? Bitte wähle die zutreffenden Antworten für <u>jeden</u> Punkt aus: *

Bitte wählen Sie die zutreffende Antwort für jeden Punkt aus:

	Sehr gering	Eher gering	Mittel	Eher hoch	Sehr hoch	Keine Angaben
Aktuelle gesundheitliche Probleme z.B. Herzrasen, Kopfschmerzen, Übelkeit	○	○	○	○	○	○
Angstzustände, "Horrortrips" oder ähnlichem	○	○	○	○	○	○
Dauerhafte gesundheitliche Schäden	○	○	○	○	○	○
Strafverfolgung	○	○	○	○	○	○
Abhängig bzw. süchtig zu werden	○	○	○	○	○	○
Ärger in der Schule/ am Arbeitsplatz	○	○	○	○	○	○
Ärger mit Freunden/ Partner	○	○	○	○	○	○
Ärger mit Eltern	○	○	○	○	○	○
Verlust der sozialen Kontakte	○	○	○	○	○	○
Änderung von persönlichen Merkmalen (z.B. aggressiv, ungepflegt)	○	○	○	○	○	○

28. Hast Du folgende Nebenwirkungen nach dem Konsum von psychoaktiven Substanzen (Legal Highs) schon mal erlebt? *

Beantworten Sie diese Frage nur, wenn folgende Bedingungen erfüllt sind:
Antwort war Ja bei Frage **8** [Bist Du schon mal mit einer psychoaktive Substanz (Legal Highs ("Badesalze", "Bongreiniger", "Räuchermischungen oder Research Chemicals"), synthetische psychoaktive Reinsubstanzen) oder ähnliches) konsumiert?]

Bitte wählen Sie die zutreffende Antwort für jeden Punkt aus:

	Niemals	Einmal	Zweimal	3-4 Mal	Öfters als 5 Mal
Herzrasen	○	○	○	○	○
Kopfschmerzen	○	○	○	○	○
Übelkeit	○	○	○	○	○
Schweißausbrüche	○	○	○	○	○
Magenschmerzen	○	○	○	○	○
Kreislaufprobleme	○	○	○	○	○
Muskelkrämpfe	○	○	○	○	○
Bewußtlosigkeit	○	○	○	○	○
Angstzustände	○	○	○	○	○
Halluzinationen	○	○	○	○	○

29.

Haben bestimmte Nebenwirkungen Dich davon abgehalten, bestimmte psychoaktive Substanzen (Legal High)- Produkte weiterhin zu konsumieren? *

Beantworten Sie diese Frage nur, wenn folgende Bedingungen erfüllt sind:
Antwort war "Ja" bei Frage *   (Hast Du schon mal neue psychoaktive Substanzen,Legal Highs ("Badesalze", "Düngerpilze", "Räuchermischungen oder Research Chemicals)/ synthetische psychoaktive [neuesubstanzen] oder [ähnliches] konsumiert?)

Bitte wählen Sie nur eine der folgenden Antworten aus:

○ Ja
○ Nein

30.

Hast Du Dich vor dem Konsum über Risiken eines Legal High- Produkts informiert? *

Beantworten Sie diese Frage nur, wenn folgende Bedingungen erfüllt sind:
Antwort war "Ja" bei Frage *   (Hast Du schon mal neue psychoaktive Substanzen,Legal Highs ("Badesalze", "Düngerpilze", "Räuchermischungen oder Research Chemicals)/ synthetische psychoaktive [neuesubstanzen] oder [ähnliches] konsumiert?)

Bitte wählen Sie nur eine der folgenden Antworten aus:

○ nein
○ wenn ja, dann bitte kommentieren über welches Produkt Du Dich informiert haben

Bitte schreiben Sie einen Kommentar zu Ihrer Auswahl

31.

Würdest Du bezüglich dem Thema psychoaktive Substanzen (Legal Highs), vor dem eigentlichen Konsum, durch die nachfolgende Einrichtungen aufgeklärt?

Bitte wählen Sie die zutreffende Antwort für jeden Punkt aus: *

Beantworten Sie diese Frage nur, wenn folgende Bedingungen erfüllt sind:
Antwort war "noch nie beim Konsum von Illegalen Drogen" oder "ich habe nur Legal Highs konsumiert" bei Frage 10   (Wenn kamst Du mit neuen psychoaktiven Substanzen in Kontakt)

Bitte wählen Sie die zutreffende Antwort für jeden Punkt aus:

	ja	nein
Familie	○	○
Schule	○	○
Freunde	○	○
Drogenberatung	○	○
Arztwaltliste	○	○
Präventionsprogramme der Polizei	○	○
Arztbildklagen	○	○
Universität/ Fachhochschule	○	○
Sonstiges	○	○

CXLII

32. Führte der Konsum von psychoaktiven Substanzen/Räuchermischungen oder Research Chemicals dazu, dass Du nicht unter anderem zur Arbeit oder zur Schule gehen konntest? *

Beantworten Sie diese Frage nur, wenn folgende Bedingungen erfüllt sind:
Antwort war "Ja" bei Frage " 8 " (Hast Du schon mal neue psychoaktive Substanzen, egal Highs ("Badesalze", "Bongreiniger", "Räuchermischungen oder Research Chemicals), synthetische psychoaktive Rensubstanzen) oder ähnliches) konsumiert?)

Bitte wählen Sie nur eine der folgenden Antworten aus:

○ Ja
○ Nein

---

33. Wie lange warst Du krank wegen dem Konsum von psychoaktiven Substanzen/ Räuchermischungen oder Research Chemicals? *

Beantworten Sie diese Frage nur, wenn folgende Bedingungen erfüllt sind:
Antwort war "Ja" bei Frage " 32 " ("Führte der Konsum von psychoaktiven Substanzen/Räuchermischungen oder Research Chemicals dazu, dass Du nicht unter anderem zur Arbeit oder zur Schule gehen konntest?")

Bitte wählen Sie nur eine der folgenden Antworten aus:

○ 1 Tag
○ 2-3 Tage
○ 4 bis 7 Tage
○ 8 bis 14 Tage
○ Über 15 Tage
○ keine Angaben

---

34. Musstest Du nach einem Konsum von psychoaktiven Substanzen stationär im Krankenhaus aufgenommen werden? *

Beantworten Sie diese Frage nur, wenn folgende Bedingungen erfüllt sind:
Antwort war "Ja" bei Frage " 8 " (Hast Du schon mal neue psychoaktive Substanzen, egal Highs ("Badesalze", "Bongreiniger", "Räuchermischungen oder Research Chemicals), synthetische psychoaktive Rensubstanzen) oder ähnliches) konsumiert?)

Bitte wählen Sie nur eine der folgenden Antworten aus:

○ Ja
○ Nein

---

35. Wie lange warst Du in stationärer Behandlung?

Beantworten Sie diese Frage nur, wenn folgende Bedingungen erfüllt sind:
Antwort war "Ja" bei Frage " 34 " (Musstest Du nach einem Konsum von psychoaktiven Substanzen stationär im Krankenhaus aufgenommen werden?)

Bitte wählen Sie nur eine der folgenden Antworten aus:

○ 1 Tag
○ 2-3 Tage
○ 4-7 Tage
○ über 8 Tage

---

36. Warst Du schon ein mal wegen dem Konsum von Legal-High Produkten in therapeutischer Behandlung? *

Beantworten Sie diese Frage nur, wenn folgende Bedingungen erfüllt sind:
Antwort war "Ja" bei Frage " 8 " (Hast Du schon mal neue psychoaktive Substanzen, egal Highs ("Badesalze", "Bongreiniger", "Räuchermischungen oder Research Chemicals), synthetische psychoaktive Rensubstanzen) oder ähnliches) konsumiert?)

Bitte wählen Sie nur eine der folgenden Antworten aus:

○ Ja
○ Nein

37. Hattest Du eine therapeutisch-stationäre Behandlung durchlaufen? *

Beantworten Sie diese Frage nur, wenn folgende Bedingungen erfüllt sind:
Antwort war _Ja_ bei Frage "16" (Wirst Du schon ein mal wegen dem Konsum von Legal-High Produkten in therapeutischer Behandlung?)

Bitte wählen Sie nur eine der folgenden Antworten aus:

○ Ja
○ Nein

38. Wie lange dauerte Dein längster stationärer therapeutische Aufenthalt? *

Beantworten Sie diese Frage nur, wenn folgende Bedingungen erfüllt sind:
Antwort war _Ja_ bei Frage "37" (Hattest Du eine therapeutisch-stationär Behandlung durchlaufen?)

Bitte wählen Sie nur eine der folgenden Antworten aus:

○ bis 1 Woche
○ 1 bis 3 Wochen
○ 4 bis 8 Wochen
○ Über 8 Wochen

Verfügbarkeit von psychoaktiven Substanzen

3.9. **Wo kaufst oder bekommst Du meistens Deine Räuchermischungen?** *

Beantworten Sie diese Frage nur, wenn folgende Bedingungen erfüllt sind: *(Wie oft hast Du eine sogenannte Räuchermischung geraucht (z. B. Spice, Dream, Lava Red, Monkees go Bananas)? Bitte wählen Sie die zutreffende Antwort für jeden Punkt aus. (Anzahl an Gelegenheiten jemals im Leben))*
Antwort war *"10 Mal"*, *"19 Mal"* oder *"1-5 Mal bei Frage"* _____

Bitte wählen Sie nur eine der folgenden Antworten aus.

- ○ von Freunden/Bekannten
- ○ im Internet/Onlineshop aus Deutschland
- ○ im Internet/Onlineshop aus Europa
- ○ im Internet/Onlineshop aus Asien
- ○ persönlicher Erwerb im Ausland
- ○ in einem Headshop
- ○ wenn Sonstiges, dann bitte kommentieren
- ○ keine Angaben

Bitte schreiben Sie einen Kommentar zu Ihrer Auswahl

40. Wo kaufst oder bekommst Du meistens Deine psychoaktiven Substanzen ("Badesalze", "Düngerpillen" etc.)? *

Beantworten Sie diese Frage nur, wenn folgende Bedingungen erfüllt sind:
Antwort wie "häufiger als 10 Mal" oder "3-10 Mal" oder "1-3 Mal bei Frage" 14

(Wie oft hast Du bisher ein anderes psychoaktives Produkt genommen (verkauft als "Badesalze", "Pflanzendünger", "Bongreiniger", "Raumlufterfrischer" oder ähnliches)? (Anzahl an Gelegenheiten jemals im Leben))

Bitte wählen Sie nur eine der folgenden Antworten aus

○ Drogerie
○ Von Freunden/Bekannten
○ Arbeitskollegen
○ In einem Headshop
○ persönlicher Erwerb im Ausland
○ Im Internet/Onlineshop aus Deutschland
○ Im Internet/Onlineshop aus Europa
○ Im Internet/Onlineshop aus Asien
○ wenn Sonstiges, dann bitte kommentieren
○ keine Angaben

Bitte schreiben Sie einen Kommentar zu Ihrer Auswahl

41.

Wo kaufst oder bekommst Du meistens Deine Research Chemicals?

Bitte wählen Sie alle zutreffenden Antworten aus: *

Beantworten Sie diese Frage nur, wenn folgende Bedingungen erfüllt sind: Antwort war "1 - 5 Mal" oder "5 - 10 Mal" oder "Mehr als 10 Mal" bei Frage '16' (Wie oft hast Du bisher sogenannte Research Chemicals (synthetische psychoaktive Reinsubstanzen) konsumiert (z. B. Dimenthoxan, 5- APB, MDAI oder Meph etoxo)? (Anzahl an Gelegenheiten, jemals im Leben))

Bitte wählen Sie nur eine der folgenden Antworten aus:

- ○ von Freunden/Bekannten
- ○ in einem Headshop
- ○ im Internet/Onlineshop aus Deutschland
- ○ Im Internet/Onlineshop aus Europa
- ○ im Internet/Onlineshop aus Asien
- ○ persönlicher Erwerb im Ausland
- ○ direkt online beim Hersteller
- ○ wenn Sonstiges, dann bitte kommentieren
- ○ keine Angaben

Bitte schreiben Sie einen Kommentar zu Ihrer Auswahl

42.

Wie wird der Konsum von psychoaktiven Substanzen (Legal High)/Research Chemicals/ Räuchermischungen finanziert? *

Beantworten Sie diese Frage nur, wenn folgende Bedingungen erfüllt sind: Antwort war "Ja" bei Frage ' 9 ' . (Hast Du schon mal neue psychoaktive Substanzen/Legal Highs ("Badesalze", "Badezusätze", "Bürgerager", "Räuchermischungen oder Research Chemicals) synthetische psychoaktive Reinsubstanzen oder Badesalze) konsumiert?

Bitte wählen Sie nur eine der folgenden Antworten aus:

- ○ durch legale Mittel
- ○ durch illegale Mittel (z. B. Straftaten, ggf.)

CXLVII

43. Welche legalen Mittel werden zum Erwerb eingesetzt? Ich erinnere nochmal, die Umfrage ist anonym! *

Beantworten Sie diese Frage nur, wenn folgende Bedingungen erfüllt sind:
Antwort war "durch legale Mittel" bei Frage "42   We wird der Konsum von psychoaktiven Substanzen (Legal High)/Research Chemicals/ Räuchermischungen finanziert?"

Bitte wählen Sie nur eine der folgenden Antworten aus:

○ Taschengeld
○ geliehenes Geld von Freunden
○ durch Sachtausch
○ eigenes Geld
○ Anschreiben lassen bem Verkäufer

Bitte schreiben Sie einen Kommentar zu Ihrer Auswahl

44. Soll nach Deiner Meinung der Besitz sowie der Konsum von psychoaktiven Substanzen (Legal High)- Produkten unter Strafe gestellt werden? *

Bitte wählen Sie nur eine der folgenden Antworten aus:

○ Ja
○ Nein
○ Egal
○ keine Angaben

Bewertung des Fragebogens

45. Warst Du mit der Befragung zufrieden?

Bitte in jedem Bereich antworten *

Bitte wählen Sie die zutreffende Antwort für jeden Punkt aus:

	stimmt	teils-teils	stimmt nicht
Länge des Fragebogens war angemessen	○ ○	○ ○	○ ○
Die Fragen waren verständlich			

46. Hast Du sonstige Anmerkungen zu dem Fragebogen?

Bitte geben Sie Ihre Antwort hier ein:

An die Eltern und Erziehungsberechtigten
der Schülerinnen und Schüler des 10. Jahrgangs

Sehr geehrte Eltern und Erziehungsberechtigte,
liebe Schülerinnen und Schüler

im Folgenden möchte ich Sie über die Einzelheiten eines geplanten Forschungsvorhaben, über das Thema „Legal Highs" informieren, bei dem sich die   im Rahmen ihres Erziehungsauftrags beteiligt. Die Umfrage wurde ebenfalls von der Niedersächsischen Landesschulbehörde genehmigt.

Verantwortlich für das Forschungsvorhaben ist Herr Björn Siebler. Er ist Masterstudent an der Ruhr- Universität Bochum, Fachbereich Kriminologie, und schreibt seine Masterarbeit über das Thema

„*Gesellschaftliche Betrachtung von „Legal-High-Produkten"*.

Sogenannte „Legal High-Produkte" sind alle synthetischen aber auch natürlichen Substanzen, die keiner Strafbarkeit unterliegen. Klassisches Beispiel sind sog. Kräutermischungen, die vermutlich z. Zt. bei den Jugendlichen sehr beliebt sind, da diese Mischungen als Substitut für Cannabis gesehen werden, zumal der Europäische Gerichtshof (EuGH, Beschluss v. 10.07.2014, Az.: C-358/13, C-181/14.) in diesem Jahr die Straflosigkeit von „Legal High-Produkten" festgestellt hat. Dieses Urteil wurde umfassend in den Medien dargestellt und auch in der Öffentlichkeit breit thematisiert. Eine aktuelle Studie der Europäischen Kommission zeigte ebenfalls, dass bereits der Konsumanteil von „Legal High-Produkten" in der Altersklasse von 15-24 Jahren von 5% (2011) auf 8% (2013) gestiegen sei. Durch die leichte Verfügbarkeit von „Legal High- Produkten" über das Internet, konnte in dem Jahresbericht 2010 der Europäischen Beobachtungsstelle für Drogen und Drogensucht (EBDD 2010) sowie im aktuellen Alternativen Sucht und Drogenbericht 2014 ebenfalls festgestellt werden, dass der Konsum von „Legal-High-Produkten" zugenommen hat. Eine nationale Umfrage zu der Beliebtheit von „Legal High- Produkten" gibt es jedoch nicht, obwohl diese Substanzen sehr gefährlich sind und teilweise auch zum Tod führen können. Eine solche Umfrage unterstütze ich als Schulleiter und erhoffe mir davon Aufschluss, ob und in welchem Umfang tatsächlich Schülerinnen und Schüler mit „Legal High-Produkten" in Berührung gekommen sind.

Der Schwerpunkt der vorliegenden Umfrage liegt daher auf individualisierten, aber komplett anonymisierten Daten wie z. B.: den möglichen Konsumerfahrungen und Konsummustern bezüglich unterschiedlicher „Legal High- Produkten", Konsummotivationen, Bezugsquellen, Nebenwirkungen *und Informationsquellen über Präventionsträger*. Aus den Ergebnissen der Studie können Rückschlüsse gezogen werden, welchen Wissensstand die Befragten über das besagte Thema haben, um so auch einen möglichen Präventionsbedarf in den Schulen, bei den sozialen Trägern, aber auch bei der Polizei darzulegen.

Die Daten Ihrer Kinder werden **ausschließlich** von Herrn Siebler bearbeitet sowie gespeichert. Die Fragebögen werden in den 10. Klassen von Herr Siebler ausgegeben. Nach der Beantwortung der Fragebögen werden diese durch Herrn Siebler eingesammelt.

Die personenbezogenen Daten Ihres Kindes werden **nur** für dieses Forschungsvorhaben verwendet. Sie werden nicht an Dritte zu anderen Zwecken weitergegeben.

Sobald der Forschungszweck es zulässt, werden die personenbezogenen Daten Ihres Kindes vernichtet bzw. gelöscht. Dies wird spätestens am 01.12.2015 sein.

Ihre Einwilligung ist freiwillig. Durch eine Verweigerung der Einwilligung entstehen Ihrem Kind keine Nachteile. Sie können Ihre Einwilligung unter umfrage-siebler@web.de jederzeit mit Wirkung für die Zukunft widerrufen und die Löschung bzw. Vernichtung der personenbezogenen Daten verlangen.

Aufgrund der besonderen Bedeutung dieses Themas, würde ich mich über Ihre Unterstützung freuen.

Mit freundlichem Gruß

Schulleiter

Bitte ausgefüllt und unterschrieben zurück!

✂

Einverständniserklärung zur Teilnahme am Forschungsvorhaben
„Gesellschaftliche Betrachtung von „Legal-High-Produkten".

_____
Name des Schülers /der Schülerin / Klasse

Ich habe die Informationen über das Forschungsvorhaben erhalten. Ich bin mit der vorgesehenen Verarbeitung der o. g. personenbezogenen Daten meines Kindes einverstanden.

_____
Datum/ Unterschrift des /der Erziehungsberechtigten

_____
Datum / Unterschrift des Schülers / der Schülerin

8 Abbildungs-/Tabellenverzeichnis

8.1 Abbildungsverzeichnis

Abbildung 4: Erkenntnisquelle über die Umfrage (%)

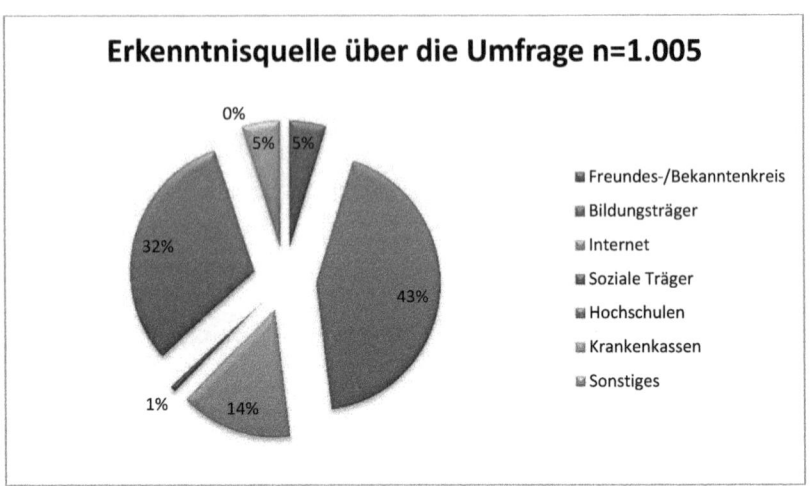

Abbildung 5: Plot-Spot Altersverteilung der NPS-Konsumenten

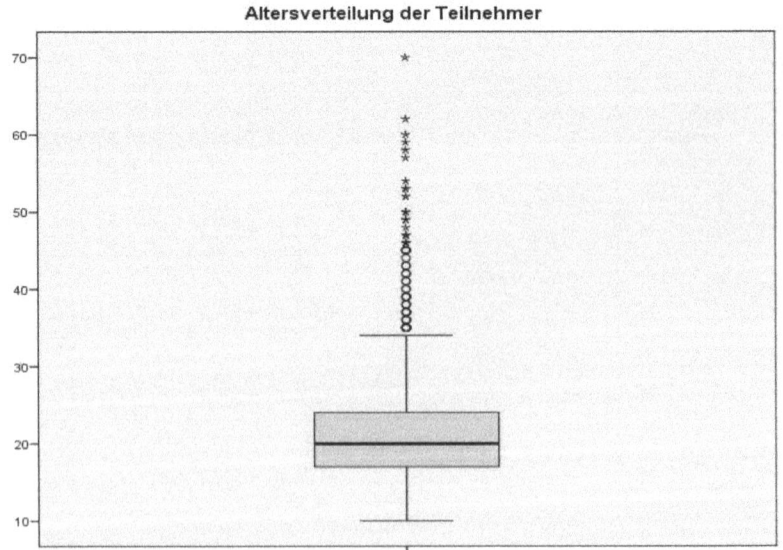

Abbildung 6: Altersverteilung der Befragten nach Altersklassen (%)

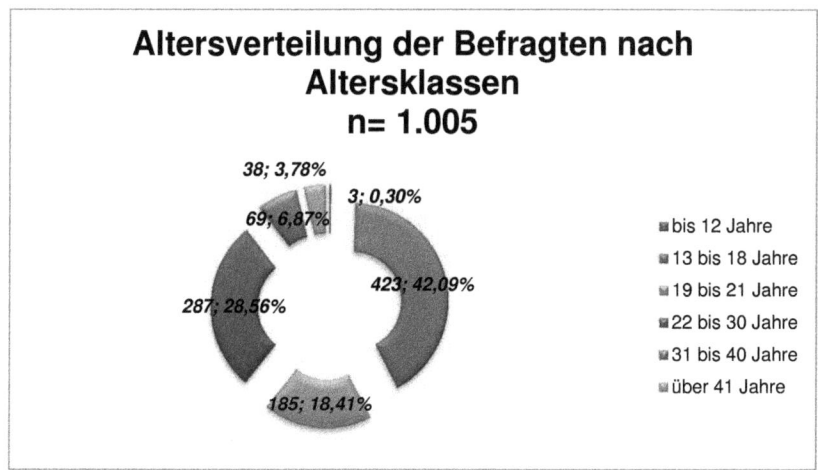

Altersverteilung der Befragten nach Altersklassen
n= 1.005

38; 3,78%
3; 0,30%
69; 6,87%
423; 42,09%
287; 28,56%
185; 18,41%

- bis 12 Jahre
- 13 bis 18 Jahre
- 19 bis 21 Jahre
- 22 bis 30 Jahre
- 31 bis 40 Jahre
- über 41 Jahre

Abbildung 7: Histrogramm der NPS-Konsumenten

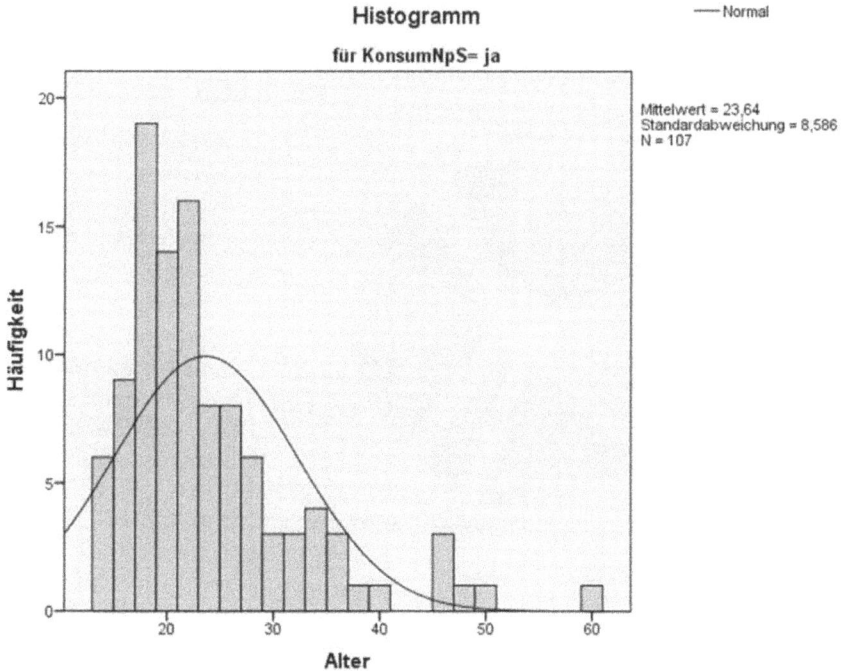

Histogramm
für KonsumNpS= ja

—— Normal

Mittelwert = 23,64
Standardabweichung = 8,586
N = 107

Häufigkeit

Alter

Abbildung 8: NPS-Konsumenten nach Bundesländern (%)

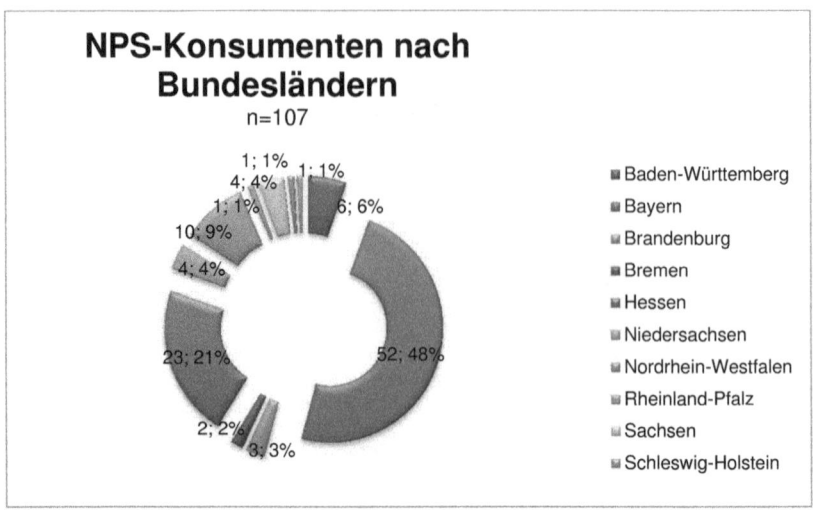

NPS-Konsumenten nach Bundesländern
n=107

- Baden-Württemberg
- Bayern
- Brandenburg
- Bremen
- Hessen
- Niedersachsen
- Nordrhein-Westfalen
- Rheinland-Pfalz
- Sachsen
- Schleswig-Holstein

Abbildung 9: Zuordnung der Befragten zu den jeweiligen Bundesländern (%)

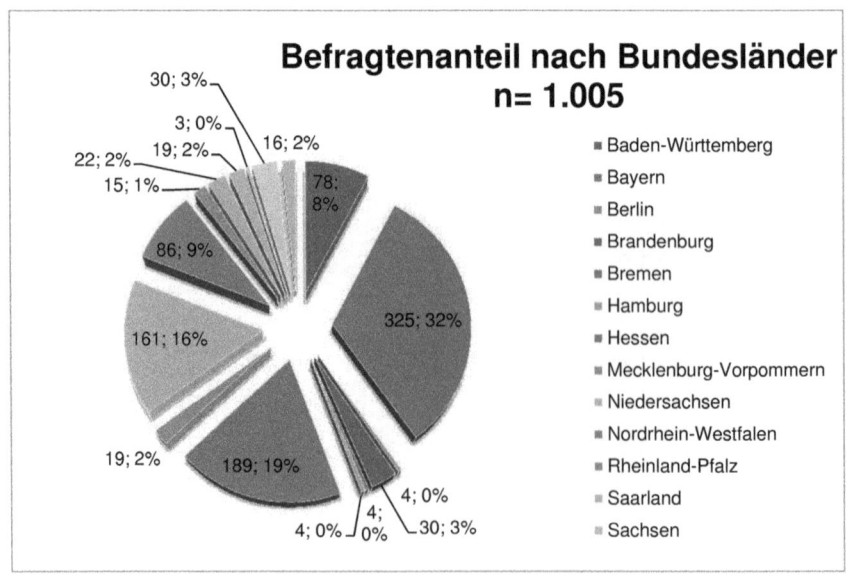

Befragtenanteil nach Bundesländer
n= 1.005

- Baden-Württemberg
- Bayern
- Berlin
- Brandenburg
- Bremen
- Hamburg
- Hessen
- Mecklenburg-Vorpommern
- Niedersachsen
- Nordrhein-Westfalen
- Rheinland-Pfalz
- Saarland
- Sachsen

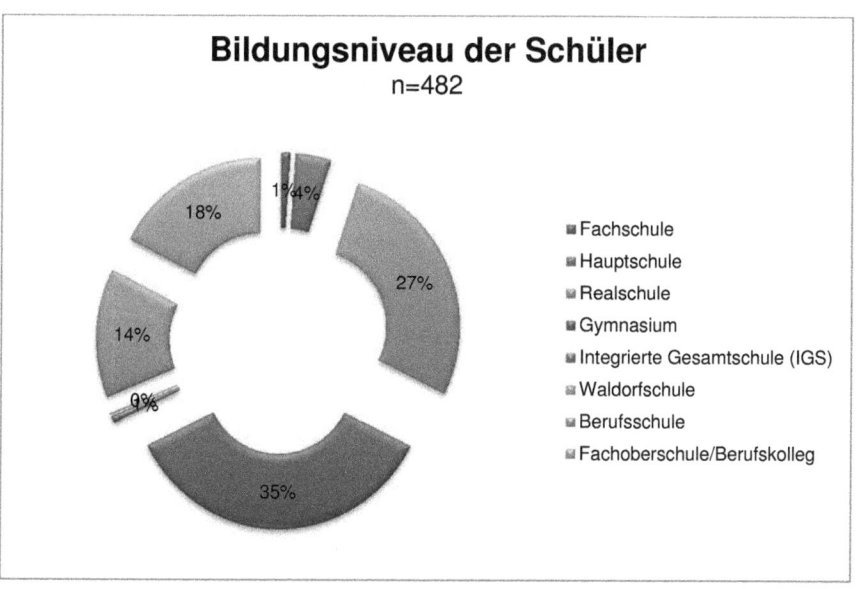

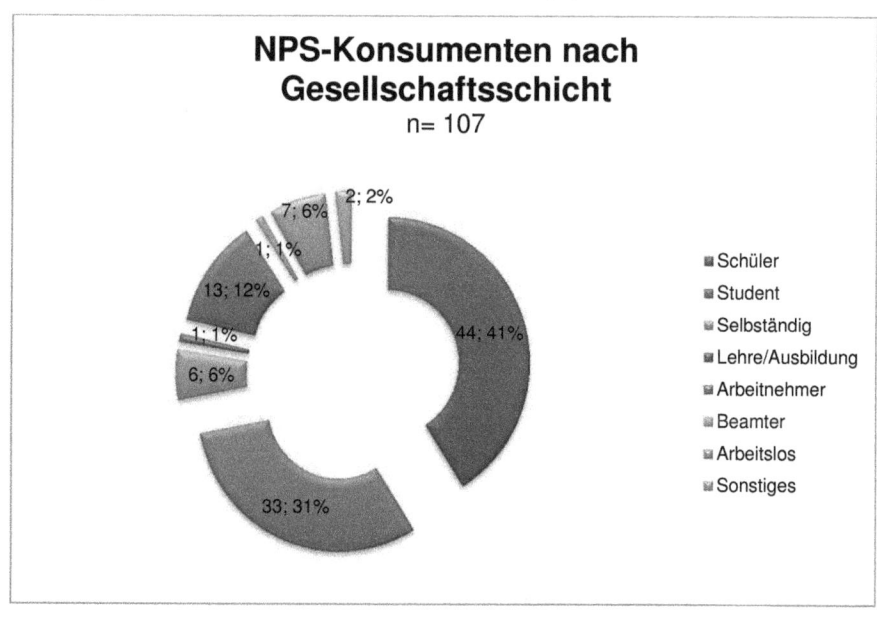

Abbildung 12: Befragungsanteil nach Gesellschaftsschichten

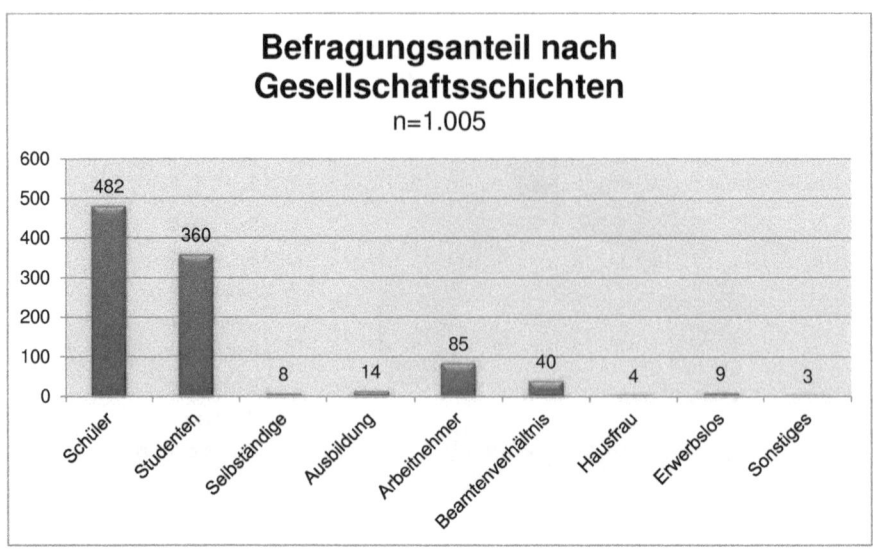

Abbildung 13: Illegaler Drogenkonsum der Befragten (%)

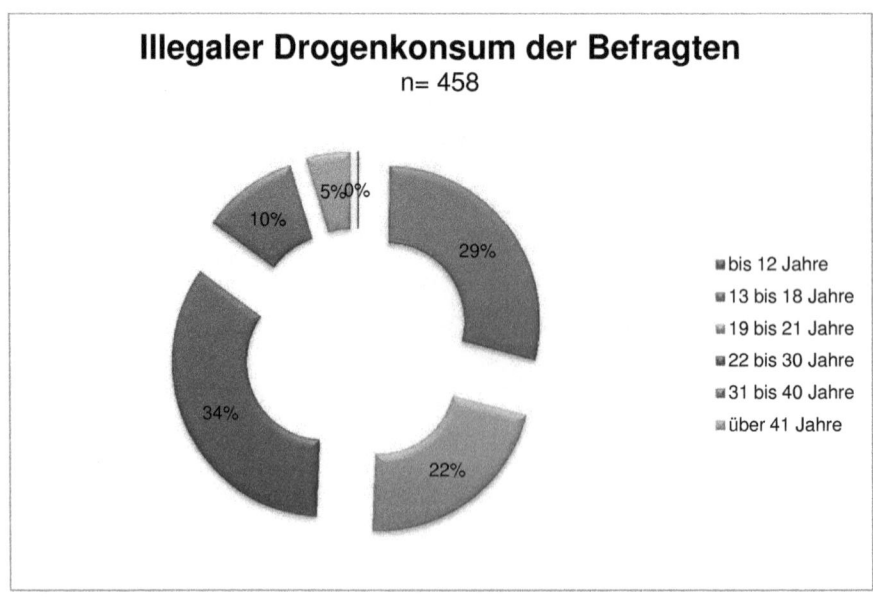

Abbildung 14: Übersicht Informationsquellen über NPS aller Befragten (%)[372]

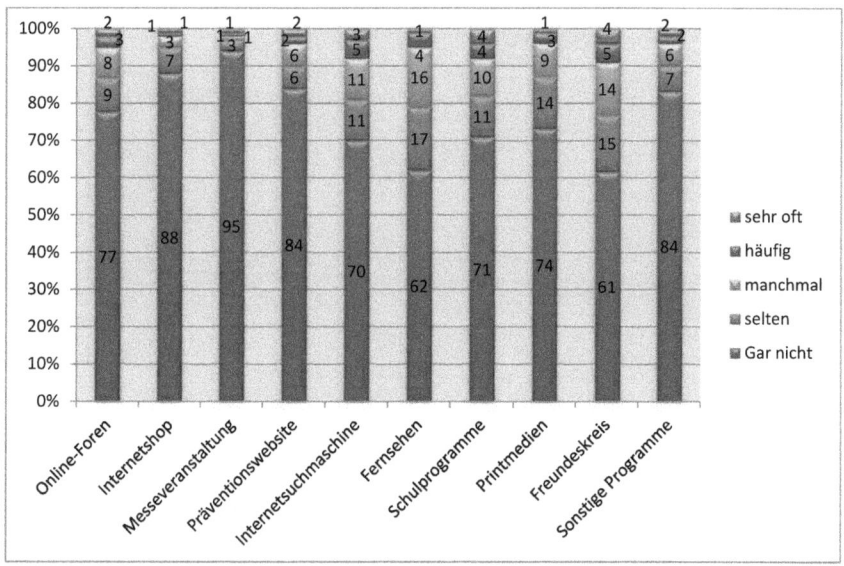

Abbildung 15: Informationsquellen über NPS Nichtkonsumenten (%)

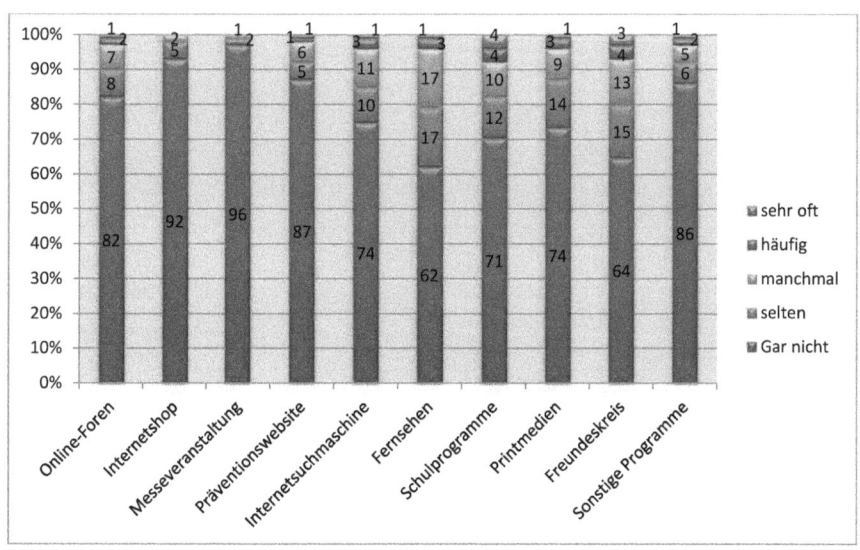

[372] Bei dem Item „Schulprogramme" wurden ausschließlich auf die fachspezifische Variable „Schüler/JA" abgestellt.

CLVII

Abbildung 16: Informationsquelle der NPS-Konsumenten (%)

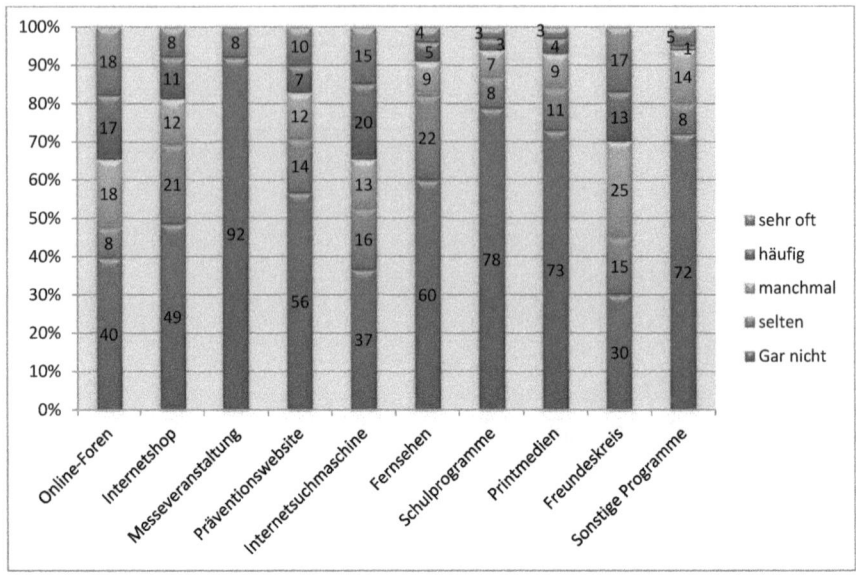

Abbildung 17: Informationsquellen der Nichtkonsumenten in der Vergleichsschule (%)

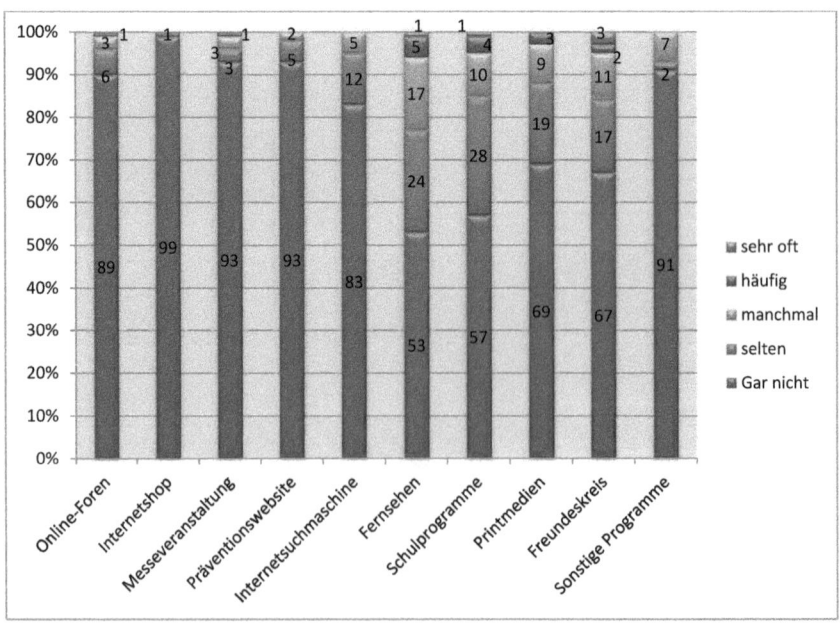

Abbildung 18: Übersicht Informationsquellen der Konsumenten von <u>Räuchermischungen</u> (Lifetime-/ 30-Tages-Prävalenz) (%)

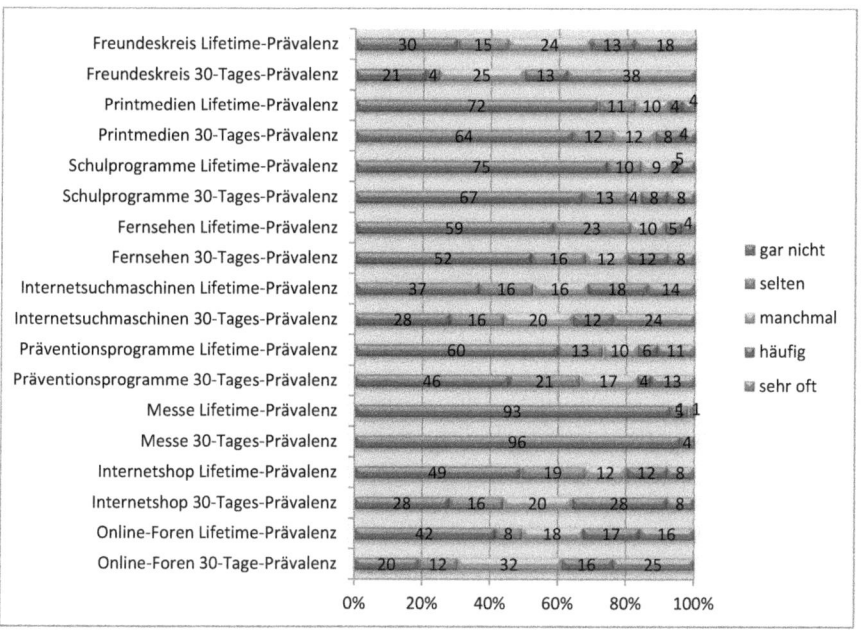

Abbildung 19: Übersicht Informationsquellen der Konsumenten von <u>Badesalzen</u> oder ähnlichen (Lifetime-/30-Tages-Prävalenz) (%)

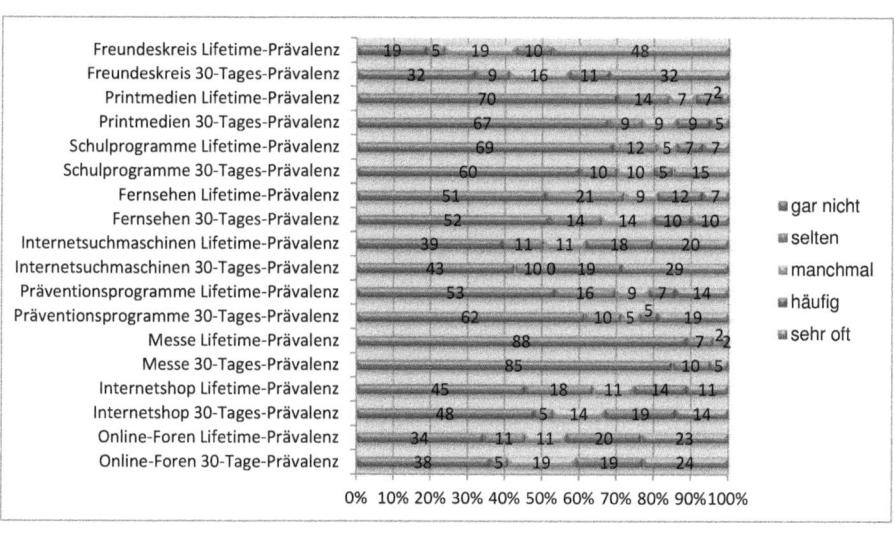

CLIX

Abbildung 20: Übersicht der Informationsquellen der <u>Research Chemicals</u> Konsumenten (Lifetime-/30-Tages-Prävalenz) (%)

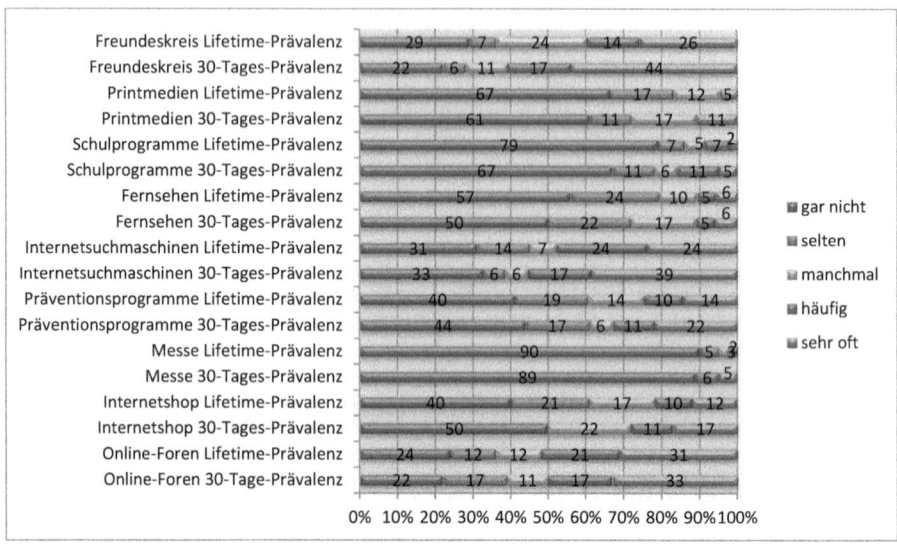

Abbildung 21: Prävalenzraten nach NPS-Produkten (Personen)

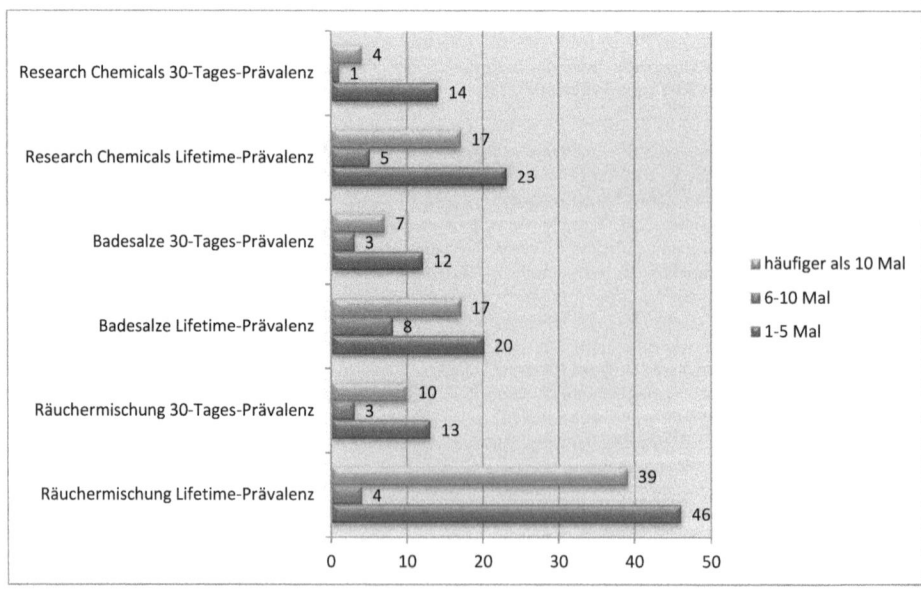

Abbildung 22: Motivationslagen der NPS-Konsumenten (Lifetime-Prävalenz) (%)

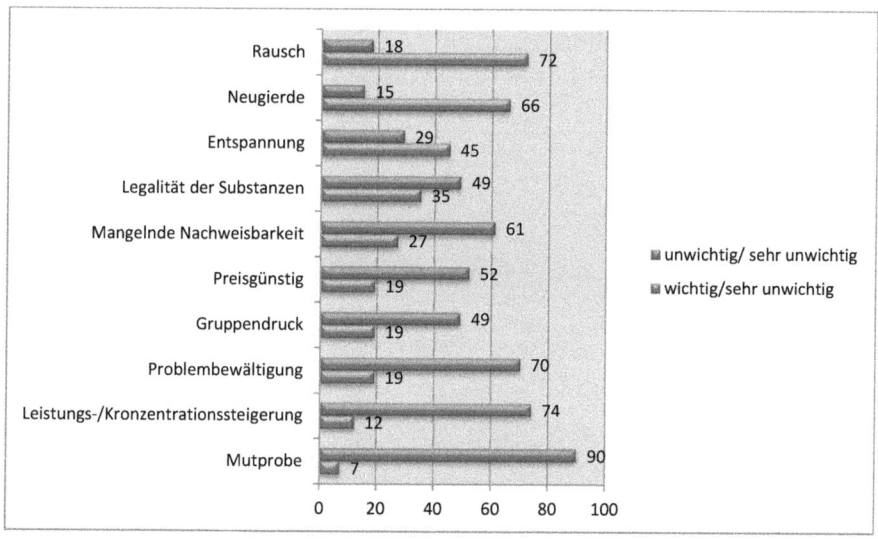

Abbildung 23: Motivationslagen der NPS-Konsumenten (30-Tages-Prävalenz) (%)

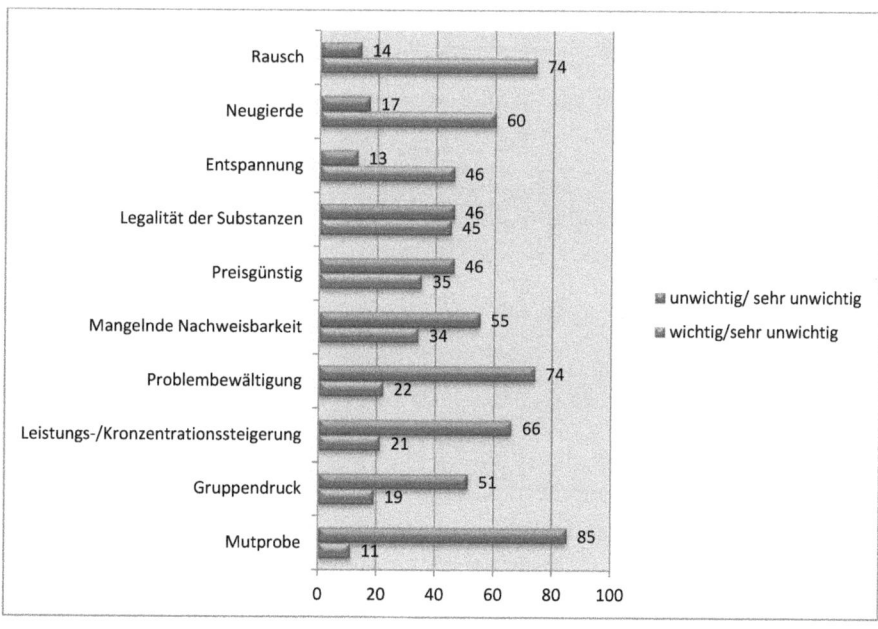

Abbildung 24: Unerwünschte Wirkungen und Intoxikationssymptome synthetischer Cathinone[373]

KASTEN 1

Unerwünschte Wirkungen und Intoxikationssymptome synthetischer Cathinone*

● kardiovaskulär
- Tachykardie (22–56 %)
- arterielle Hypertonie (4–25 %)
- Palpitationen (11–28 %)
- Brustschmerzen (6–28 %)
- Dyspnoe (8–11 %)
- Vasokonstriktion (6–8 %)
- EKG-Veränderungen (2 %)
- Arrhythmie
- Myokardinfarkt
- Myokarditis
- ST-Segmentveränderungen
- Synkope

● neurologisch
- Kopfschmerzen (5–17 %)
- Mydriasis (7–13 %)
- Benommenheit (8–12 %)
- Parästhesien (4 %)
- Krampfanfälle (2–4 %)
- dystone Bewegungen (2 %)
- Tremor (2 %)
- Amnesie
- Dysgeusie
- Hirnödem
- motorische Automatismen
- Muskelspastik
- Nystagmus
- Parkinson-Syndrom
- Schlaganfall

● psychiatrisch
- Agitation (50–82 %)
- Aggression (57 %)
- Halluzinationen (27–40 %)
- Verwirrtheit (14–34 %)
- Angst (15–17 %)
- Insomnie (4 %)
- Katatonie (1 %)
- Anhedonie
- Anorexie
- Depression
- erhöhte Libido
- fremdschädigendes Verhalten
- Panikattacken
- selbstschädigendes Verhalten
- Suizidalität
- psychotische Symptome

● metabolisch
- Hyponatriämie
- Hypokaliämie (4 %)
- Azidose (1 %)

● gastrointestinal
- Nausea/Emesis (5–22 %)
- abdominale Schmerzen (2–5 %)

● nephrologisch
- Kreatininanstieg (1–5 %)
- akutes Nierenversagen

● pulmologisch
- Hyperventilation/Tachypnoe (7 %)
- Dyspnoe (8–11 %)

● muskulär
- CK-Erhöhung (3–20 %)
- Rhabdomyolyse (6 %)
- Kompartment-Syndrom

● dermatologisch
- Hautausschlag (6–7 %)

● andere
- Fieber (9–11 %)
- gestörte Leberfunktionstests (2 %)
- Abszesse, Bruxismus
- Diaphorese
- disseminierte intravasale Gerinnung (DIC)
- Hyperthermie
- Miktionsstörungen
- nekrotisierende Fasziitis
- spontanes subkutanes Emphysem
- unangenehmer Körpergeruch (Mephedron)
- Weichteilschäden

*modifiziert nach (13, 16, 19, 20, e12)

Abbildung 25: Unerwünschte Wirkungen und Intoxikationssymptome synthetischer Cannabinoide[374]

KASTEN 2

Unerwünschte Wirkungen und Intoxikationssymptome synthetischer Cannabinoide*

● kardiovaskulär
- Tachykardie (37–76 %)
- arterielle Hypertonie (10–34 %)
- EKG-Veränderungen (2–14 %)
- Brustschmerzen (7–10 %)
- Hypotonie (2–7 %)
- Synkope (3–4 %)
- Bradykardie (2–3 %)
- kardiale Ischämie

● neurologisch
- Schwindel (9–24 %)
- Bewusstseinsverlust (2–17 %)
- Somnolenz (17–19 %)
- Anästhesie/Parästhesie (2–10 %)
- Muskelkrämpfe/Faszikulationen (7 %)
- Krampfanfälle (3–4 %)
- Kopfschmerzen (3 %)
- Ataxie (2 %)
- Tremor (4 %)
- Irritation

● psychiatrisch
- Agitation (19–41 %)
- Halluzinationen (11–38 %)
- Angststörung/Panikattacken (21 %)
- Verwirrtheit (9–14 %)
- anterograde Amnesie (7 %)
- psychotische Symptome (3 %)
- aggressives Verhalten (3 %)
- Wahnvorstellung

● metabolisch
- Hyperglykämie (31 %)
- Hypokaliämie (28 %)
- andere Elektrolytveränderungen (2 %)

● gastrointestinal
- Nausea/Emesis (9–28 %)

● nephrologisch
- Nierenversagen

● pulmologisch
- Dyspnoe (5 %)
- Hyperventilation (2–4 %)

● muskulär
- CK-Erhöhung (14 %)
- Myalgie (7 %)

● dermatologisch
- Xerostomie (14 %)
- Diaphorese (4 %)
- Blässe (1 %)
- Photosensitivität

● Augen
- Mydriasis (3–38 %)
- konjunktivale Hyperämie (14 %)

● andere
- Fieber (2 %)
- Hyperthermie

*modifiziert nach (5, 28, e18, e19)

---

[373] Hohmann/Mikus/Czock, Deutsches Ärzteblatt 2014, S. 139 (143).
[374] Hohmann/Mikus/Czock, Deutsches Ärzteblatt 2014, S. 139 (143).

Abbildung 26: Gesamtübersicht: Mindestens einmal erlebte Nebenwirkungen (%)

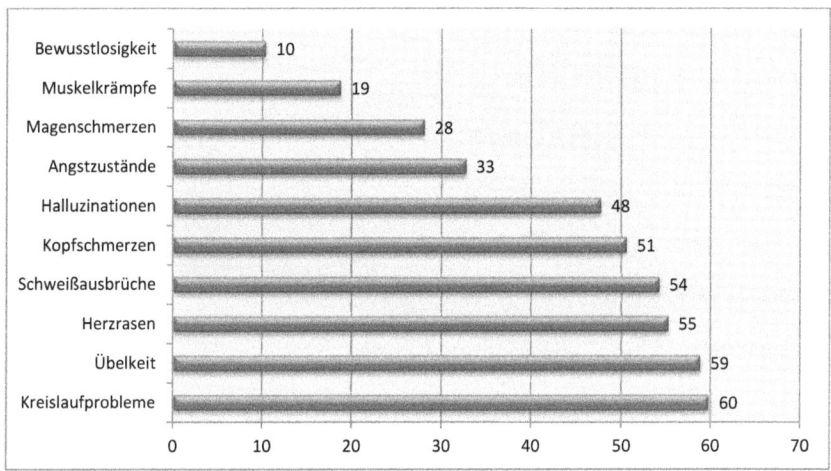

Abbildung 27: Gesamtübersicht: Mindestens einmal erlebte Nebenwirkungen nach NPS-Substanzen und Lifetime-Prävalenz (%)

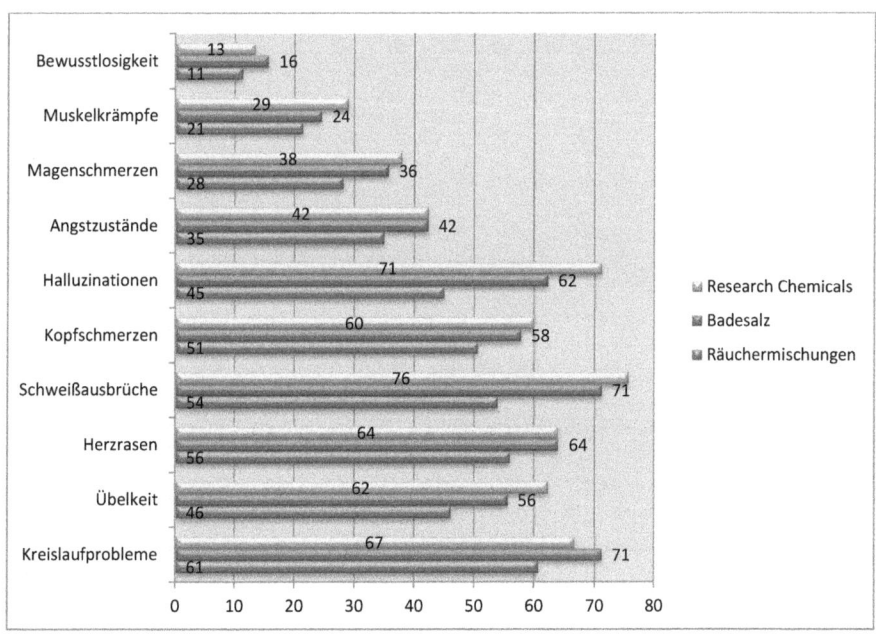

Abbildung 28: Gesamtübersicht: Mindestens einmal erlebte Nebenwirkungen nach NPS-Substanzen (%) 30-Tages-Prävalenz

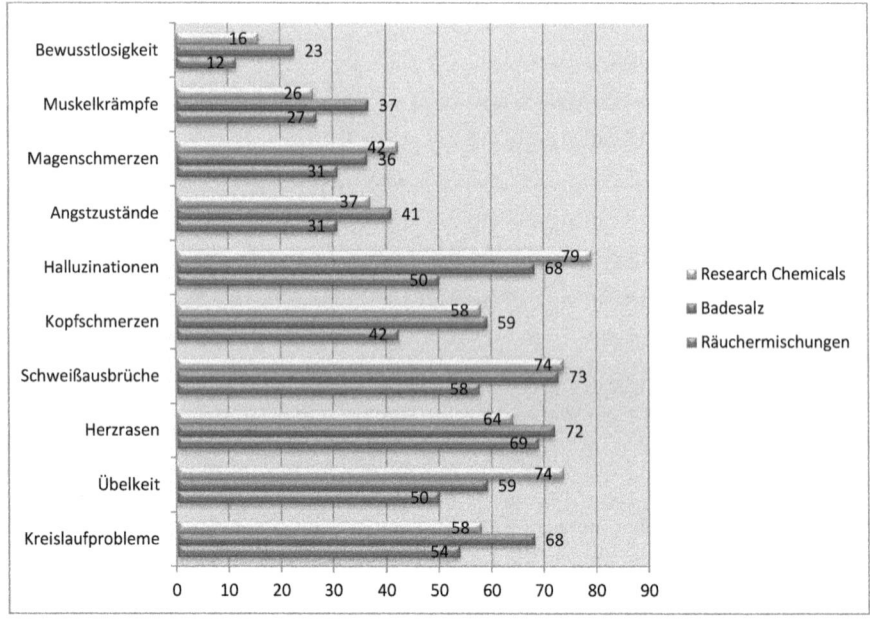

Tabelle 13: NPS-Konsumenten nach Altersklassen

			Konsum von NPS		Gesamtsumme
			ja	nein	
Altersklasse	bis 12 Jahre	Anzahl	0	3	3
		% in Altersklasse	0,0%	100,0%	100,0%
		% Konsum von NPS	0,0%	0,3%	0,3%
	13 bis 18 Jahre	Anzahl	34	389	423
		% in Altersklasse	8,0%	92,0%	100,0%
		% Konsum von NPS	31,8%	43,3%	42,1%
	19 bis 21 Jahre	Anzahl	20	165	185
		% in Altersklasse	10,8%	89,2%	100,0%
		% Konsum von NPS	18,7%	18,4%	18,4%
	22 bis 30 Jahre	Anzahl	35	252	287
		% in Altersklasse	12,2%	87,8%	100,0%
		% Konsum von NPS	32,7%	28,1%	28,6%
	31 bis 40 Jahre	Anzahl	12	57	69
		% in Altersklasse	17,4%	82,6%	100,0%
		% Konsum von NPS	11,2%	6,3%	6,9%

über 41 Jahre	Anzahl	6	32	38
	% in Altersklasse	15,8%	84,2%	100,0%
	% Konsum von NPS	5,6%	3,6%	3,8%
Gesamtsumme	Anzahl	107	898	1005
	% in Altersklasse	10,6%	89,4%	100,0%
	% Konsum von NPS	100,0%	100,0%	100,0%

Tabelle 14: NPS-Konsumenten vs.- Gender Mainstreaming

Konsum von NPS			Geschlecht		Gesamtsumme
			weiblich	männlich	
Altersklasse	13 bis 18 Jahre	Anzahl	15	19	34
		% in Altersklasse	44,1%	55,9%	100,0%
		% Geschlecht	41,7%	26,8%	31,8%
	19 bis 21 Jahre	Anzahl	5	15	20
		% in Altersklasse	25,0%	75,0%	100,0%
		% Geschlecht	13,9%	21,1%	18,7%
	22 bis 30 Jahre	Anzahl	11	24	35
		% in Altersklasse	31,4%	68,6%	100,0%
		% Geschlecht	30,6%	33,8%	32,7%
	31 bis 40 Jahre	Anzahl	3	9	12
		% in Altersklasse	25,0%	75,0%	100,0%
		% Geschlecht	8,3%	12,7%	11,2%
	über 41 Jahre	Anzahl	2	4	6
		% in Altersklasse	33,3%	66,7%	100,0%
		% Geschlecht	5,6%	5,6%	5,6%
Gesamtsumme		Anzahl	36	71	107
		% in Altersklasse	33,6%	66,4%	100,0%
		% Geschlecht	100,0%	100,0%	100,0%

Tabelle 15: Ausgewählte Bundesländer Lifetime-Prävalenz bei Schülern

			Nordrhein-Westfalen	Baden-Württemberg	Bayern	Hessen	Niedersachsen
Konsum von NPS	ja	Anzahl	10	6	52	23	4
		% Bundesland	11,6%	7,7%	16,0%	12,2%	2,5%
	nein	Anzahl	76	72	273	166	157
		% Bundesland	88,4%	92,3%	84,0%	87,8%	97,5%
Gesamtsumme		Anzahl	86	78	325	189	161
		% Bundesland	100,0%	100,0%	100,0%	100,0%	100,0%

Tabelle 16: Lifetime von Drogenkonsum an der Vergleichsschule

		Konsum von Drogen		Gesamtsumme
		ja	nein	
14	Anzahl	1	1	2
	% Altersklasse	50,0%	50,0%	100,0%
	% Konsumerfahrungen	4,8%	1,3%	2,0%
15	Anzahl	8	51	59
	% Altersklasse	13,6%	86,4%	100,0%
	% Konsumerfahrungen	38,1%	65,4%	59,6%
16	Anzahl	12	24	36
	% Altersklasse	33,3%	66,7%	100,0%
	% Konsumerfahrungen	57,1%	30,8%	36,4%
17	Anzahl	0	2	2
	% Altersklasse	0,0%	100,0%	100,0%
	% Konsumerfahrungen	0,0%	2,6%	2,0%
Gesamtsumme	Anzahl	21	78	99
	% Altersklasse	21,2%	78,8%	100,0%
	% Konsumerfahrungen	100,0%	100,0%	100,0%

Tabelle 17: NPS-Konsum und der Konsum von illegalen Drogen

| | | | Konsum von NPS | | |
			ja	nein	Gesamtsumme
Konsum von illegalen Drogen	ja	Anzahl	104	354	458
		% Konsum von illegalen Drogen	22,7%	77,3%	100,0%
		% Konsum von NPS	97,2%	39,4%	45,6%
	nein	Anzahl	3	544	547
		% Konsum von illegalen Drogen	0,5%	99,5%	100,0%
		% Konsum von NPS	2,8%	60,6%	54,4%
Gesamtsumme		Anzahl	107	898	1005
		% Konsum von illegalen Drogen	10,6%	89,4%	100,0%
		% Konsum von NPS	100,0%	100,0%	100,0%

Tabelle 18: Zeitpunkt des Erstkonsums von NPS

		Geschlecht		Gesamtsumme
		weiblich	männlich	
Nach dem Konsum von illegalen Drogen	Anzahl	30	61	91
	% Zeitpunkt der Kontaktaufnahme von NPS	33,0%	67,0%	100,0%
	% Geschlecht	83,3%	85,9%	85,0%
Vor dem Konsum von illegalen Drogen	Anzahl	3	6	9
	% Zeitpunkt der Kontaktaufnahme von NPS	33,3%	66,7%	100,0%
	% Geschlecht	8,3%	8,5%	8,4%
Ich habe nur Legal Highs konsumiert.	Anzahl	3	4	7
	% Zeitpunkt der Kontaktaufnahme von NPS	42,9%	57,1%	100,0%
	% Geschlecht	8,3%	5,6%	6,5%
Gesamtsumme	Anzahl	36	71	107
	% Zeitpunkt der Kontaktaufnahme von NPS	33,6%	66,4%	100,0%
	% Geschlecht	100,0%	100,0%	100,0%

Tabelle 19: Hinweisquelle die zum NPS-Konsum führte

		Hinweis auf NPS							
		Headshops	Freunde	Internet	Arbeitskollegen	Familie	in einem Drogeriegeschäft	Sonstiges	Gesamtsumme
weiblich	Anzahl	0	30	3	0	1	2	0	36
	% Geschlecht	0,0%	83,3%	8,3%	0,0%	2,8%	5,6%	0,0%	100,0%
	% Hinweis auf NPS	0,0%	36,1%	23,1%	0,0%	100,0%	50,0%	0,0%	33,6%
männlich	Anzahl	3	53	10	1	0	2	2	71
	% Geschlecht	4,2%	74,6%	14,1%	1,4%	0,0%	2,8%	2,8%	100,0%
	% Hinweis auf NPS	100,0%	63,9%	76,9%	100,0%	0,0%	50,0%	100,0%	66,4%
Gesamtsumme	Anzahl	3	83	13	1	1	4	2	107
	% Geschlecht	2,8%	77,6%	12,1%	0,9%	0,9%	3,7%	1,9%	100,0%
	% Hinweis auf NPS	100,0%	100,0%	100,0%	100,0%	100,0%	100,0%	100,0%	100,0%

Tabelle 20: Vergleichsbefunde Informationsquellen NPS-Konsumenten

	CDR-Studie[375]		vorliegende Studie	
	sehr oft	häufig	sehr oft	häufig
Online-Foren	49%	23%	18%	17%
Internetsuchmaschinen	20%	19%	15%	20%
Freundeskreis	17%	19%	17%	13%
Internetshops	11%	18%	8%	11%
Präventionswebsites	8%	10%	10%	7%
Fernsehen	1%	2%	4%	5%
Printmedien	1%	2%	3%	4%

[375] Werse/Morgenstern, S. 52.

Tabelle 21: Vorinformationen der NPS-Konsumenten über Risiken vor dem Konsum

		Vorinformation über Risiken von NPS		Gesamtsumme
		nein	ja	
Altersklasse	13 bis 18 Jahre			
	Anzahl	23	11	34
	% in Altersklasse	67,6%	32,4%	100,0%
	% Konsum von NPS	34,3%	27,5%	31,8%
	19 bis 21 Jahre			
	Anzahl	14	6	20
	% in Altersklasse	70,0%	30,0%	100,0%
	% Konsum von NPS	20,9%	15,0%	18,7%
	22 bis 30 Jahre			
	Anzahl	17	18	35
	% in Altersklasse	48,6%	51,4%	100,0%
	% Konsum von NPS	25,4%	45,0%	32,7%
	31 bis 40 Jahre			
	Anzahl	9	3	12
	% in Altersklasse	75,0%	25,0%	100,0%
	% Konsum von NPS	13,4%	7,5%	11,2%
	über 41 Jahre			
	Anzahl	4	2	6
	% in Altersklasse	66,7%	33,3%	100,0%
	% Konsum von NPS	6,0%		5,6%
Gesamtsumme	Anzahl	67	40	107
	% in Altersklasse	62,6%	37,4%	100,0%
	% Konsum von NPS	100,0%	100,0%	100,0%

Tabelle 22: Finanzierungsquelle für den NPS Konsum

		Finanzierungsquelle		Gesamtsumme
		durch legale Mittel	durch illegale Mittel	
Altersklasse	13 bis 18 Jahre			
	Anzahl	26	8	34
	% in Altersklasse	76,5%	23,5%	100,0%
	% Konsum von NPS	27,7%	61,5%	31,8%
	19 bis 21 Jahre			
	Anzahl	18	2	20
	% in Altersklasse	90,0%	10,0%	100,0%
	% Konsum von NPS	19,1%	15,4%	18,7%
	22 bis 30 Jahre			
	Anzahl	33	2	35
	% in Altersklasse	94,3%	5,7%	100,0%
	% Konsum von NPS	35,1%	15,4%	32,7%
	31 bis 40 Jahre			
	Anzahl	11	1	12
	% in Altersklasse	91,7%	8,3%	100,0%
	% Konsum von NPS	11,7%	7,7%	11,2%
	über 41 Jahre			
	Anzahl	6	0	6
	% in Altersklasse	100,0%	0,0%	100,0%
	% Konsum von NPS	6,4%	0,0%	5,6%
Gesamtsumme	Anzahl	94	13	107
	% in Altersklasse	87,9%	12,1%	100,0%
	% Konsum von NPS	100,0%	100,0%	100,0%

Tabelle 23: Konsummotive ("wichtig"/"sehr wichtig") nach Prävalenzraten und NPS Produkten

Konsummuster	Räuchermischungen			Badesalze			Research Chemicals		
	Lifetime	30 Tage	30 Tage CDR[376]	Lifetime	30-Tage	30 Tage CDR	Lifetime	30 Tage	30 Tage CDR
Neugierde	64	56	52	66	57	58	67	63	69
Problembewältigung	13	17	7	24	26	5	20	22	7
Mutprobe	5	8	Nicht erhoben	9	14	Nicht erhoben	7	11	Nicht erhoben
Gruppendruck	22	16	10	20	24	13	16	16	11
Legalität	37	52	77	49	41	61	18	42	45
Entspannung	37	24	75	55	68	64	42	47	47
Mangelnder Nachweis	22	36	51	36	41	43	22	26	23
Rausch	66	76	76	77	71	79	73	74	83
Geringer Preis	16	33	15	25	38	17	16	33	23
Leistungssteigerung	8	17	Nicht erhoben	16	25	Nicht erhoben	13	21	Nicht erhoben

---

[376] Werse/Morgenstern, S. 38.

Tabelle 24: Abhaltungseffekt nach Nebenwirkungen nach Altersklassen

			Altersklasse					
			13 bis 18 Jahre	19 bis 21 Jahre	22 bis 30 Jahre	31 bis 40 Jahre	über 41 Jahre	Gesamtsumme
Abhaltungseffekt nach Nebenwirkungen	ja	Anzahl	14	15	23	5	2	59
		% Abhaltungseffekt	23,7%	25,4%	39,0%	8,5%	3,4%	100,0%
		% in Altersklasse	41,2%	75,0%	65,7%	41,7%	33,3%	55,1%
	nein	Anzahl	20	5	12	7	4	48
		% Abhaltungseffekt	41,7%	10,4%	25,0%	14,6%	8,3%	100,0%
		% in Altersklasse	58,8%	25,0%	34,3%	58,3%	66,7%	44,9%
Gesamtsumme		Anzahl	34	20	35	12	6	107
		% Abhaltungseffekt	31,8%	18,7%	32,7%	11,2%	5,6%	100,0%
		% in Altersklasse	100,0%	100,0%	100,0%	100,0%	100,0%	100,0%

Tabelle 25: Wie würde ihr Substanzkonsum aussehen, wenn es keine NPS gäbe?- nach diversen Prävalenzraten (%)

	Räuchermischungen			Research Chemicals			Badesalze	
	30 Tage		Lifetime	30 Tage		Lifetime	30 Tage	Lifetime
	CDR[377]	Studie	Studie	CDR	Studie	Studie	Studie	Studie
Bis auf den Wegfall des Konsums dieser Substanzen würde sich nichts ändern	24	12	45	37	21	38	23	30
Ich würde vermutlich Cannabis rauchen bzw. mehr Cannabis rauchen	65	44	30	29	32	31	32	33
Ich würde vermutlich mehr andere illegale Drogen nehmen	26	28	14	63	32	20	27	21
Ich würde vermutlich mehr Alkohol trinken	28	4	4	16	5	4	5	7
Ich würde vermutlich mehr Zigaretten rauchen	22	12	7	11	11	7	14	9

---
377 Werse/Morgenstern, S. 43.

Tabelle 26: Durchschnittliche Risikoeinschätzung beim Konsum von Räuchermischungen/Research Chemicals und Badesalze aller Befragten (Skala 1 bis 5) Vergleichsschule

	Akute gesundheitliche Probleme	Angstzustände	Dauerhafte gesundheitliche Schäden	Strafverfolgung	Abhängigkeit	Ärger am Arbeitsplatz/Schule	Ärger in der Partnerschaft/Freundeskreis	Ärger mit den Eltern	Sozialer Kontaktverlust	Veränderung der Persönlichkeit
Mittelwert Räuchermischung/RC	4,05	3,63	3,86	3,03	3,99	3,56	3,36	4,16	3,16	3,74
Mittelwert Badesalze/ähnliches	3,79	3,26	3,62	2,78	3,78	3,39	3,31	3,97	3,08	3,67

9 Sonstiges

Sehr geehrter Herr Siebler,

ich bin Biologielehrerin in der Realschule   und gerne unterstützen wir in unserer Schule Ihre Umfrage. Da wir aber bereits ab morgen in die Herbstferien gehen, werde ich wahrscheinlich erst Mitte Oktober viele Schüler erreichen können.

Vielleicht wird es Sie interessieren, dass es in unserem Fachbereich **Biologie** (NRW - Sek I) seit 2011 neue "Kernlehrpläne" gibt. Hier wurde das Thema **Drogen** komplett aus dem Programm genommen. Meine Kollegen und ich waren sehr erstaunt darüber. Man findet vereinzelt nur noch kleine Themenfragmente, wie z.B. "Schwangerschaft und Rauchen!" etc. - unglaublich! Wie es in der Sek II (gymn. Oberstufe) ist, kann ich leider nicht sagen.

Wir haben uns in unserer Schule entschlossen, trotzdem in den Klassen 9 das Thema Drogen zu besprechen.

Lightning Source UK Ltd.
Milton Keynes UK
UKHW042223120219
337216UK00001B/75/P